生活技能 080

U0010988

遊韓國
行程規劃指南

作者◎Helena

太雅

幫助每一個前往韓國的你，
勇敢邁步，感受最道地的韓式熱情

忽然瞥見一本靜躺在地上、頁面正巧翻開在「正東津日出列車」介紹的旅遊指南，「這是哪裡？我想去看海！」這是2009年第二次訪韓前忽然對韓國心動緣起的時刻！從此一頭栽進走訪韓國上癮又不可自拔、一路親身收集交通資訊的甜蜜負荷中。

隨便哪一家店都好吃的正統全州拌飯；地靈人傑、環境清幽的安東河回村；被喻為「沒有圍牆的博物館」的古新羅首都慶州；正東津和木浦看過就忘不了的美麗大海；因找訪各韓劇名場景拍攝地得到意外的收穫與樂趣……。

因為語言和文字的障礙，韓國旅遊出了國際城市首爾，自助旅行的門檻便拉高許多，對我來說也是如此。但真不想自己在韓國親身感受到的迷人魅力，就此被埋沒啊！我特別喜歡去一些還不是太多外籍遊客去過的地方，語言不太通也許不太方便，但這些韓國人才會去的地方，可以更貼近、深入當地的生活，對喜歡歷史的我來說，是最好的探險地，我也真心希望能把那些地方介紹給更多人、去看看韓國不同的風貌。

地圖上雖已圈著30多個自己去訪過的韓國城鄉，但最喜歡的幾個地方，還是再去幾次都不會膩的，不同季節的美更是看不完。韓國對我來說真是如此迷人。

但只因為我在首爾以外地區旅行時，深刻體會龐雜交錯的大眾交通脈絡，若不能被詳盡的整理成有效實用的工具書，旅行中難以更自由安心的調整組合行程。所以發了願想要完成一個我甚且低估難度的工具書寫作計畫。

這本工具書若未來能對訪韓旅人們有些許幫助，要感謝的人真的太多了！了解、溝通、包容、接納和支持，不僅是身為旅人和旅伴、甚至是旅行國家之間需要透過接觸彼此學習磨合妥協的一個功課，在寫書的過程中亦是一再的在壓力與挫折中忍耐、卻又感謝著許許多多朋友們的幫助和容忍。

感謝媽媽對我的支持，感謝太雅出版社的總編輯芳玲姐和各位姐妹替我的祝福禱告，感謝本書的編輯敏慧、雲芳，和美編仙玲，如果沒有各位辛勤的付出和指導、且包容我的龜毛和對這個領域的生澀與不足，這本書不可能問世。感謝我的韓文老師，國立台師大進修推廣學院韓語快易通的王清棟(왕청동)老師、李美林(이미림)老師和李炫周(이현주)老師的指導、鼓勵

井邑內藏山的楓葉隧道

和支持，讓我可以勇敢的跨出那第一大步，選擇去韓國自助旅行。

我的韓文班張同學、丁同學、潘同學，我的攝影指導Bird，曾經和我一起旅行的小康、粉圓、金狐狸、婉婷和雅玲，我的韓國朋友金延珍(김연진)和孫民炅(손민경)，在韓國各地給我幫助的朋友和陌生人，還有背包客棧上一起交流旅遊資訊的各位好朋友們，衷心的感謝各位對我的協助和包容。最最要感謝的是小呆姐，在每一個我覺得身心都快撐不下去、和需要援手的時候，總是毫不保留的給予我超過我能想像的幫助，不僅是許多旅人們在韓國旅行時的天使，也是我的大天使，若沒有小呆姐，就不會有今天的Helena。

一切無怨無悔的付出，只希望對於想走出首爾、但又裹足不前的你，可以打破對外星文的恐懼和障礙有所幫助，勇敢的跨出步伐、親自到韓國各地，去感受最道地的韓國生活，去接觸最真誠的韓式熱情。

Helena

作者簡介

關於Helena

講起大海、歷史和韓劇都會笑瞇了眼的Helena覥靦的說：「韓國怎麼會去膩呢？人們熱情爽朗的笑臉總不嫌多！每個海邊的故事都不一樣！」從網路抄了點筆記、連買機票都不懂，只帶一張地圖，湊熱鬧的去首爾自助旅行5天，只記得走路走到腳殘，其他啥也說不上來。直到返回台灣要入境的剎那，心裡起了不清楚的變化，10天後就訂了下次重返韓國的住宿……。

「就是想到首爾以外的地方去看看！」2009年過完年開始，Helena密集飛了韓國8次，在地圖上圈出自己加起來超過130幾天、走訪過超過30個的大小城鄉，喜歡的地方還會在不同季節重返。總有當地人看到她就驚呼：「你又來了！」與韓國連接的記憶中，Helena最難忘的，是那位已離職的旅客服務中心的小姐，邀她一起回農村故鄉作客的日子。

Helena一步一腳印的破解韓國看似複雜、實有規律的城鄉串連交通，讓韓國人都嘖嘖稱奇！終於寫完資料爆炸的第一本書，她腦子裡繼續盤繞著，下次再出發的韓國新探索！

CONTENTS

144 釜山

166 濟州島

178 全州

196 木浦

重要交通站點快搜

韓遊8大祕方

說到韓國，大多數人都會先想到首爾。的確，身為韓國600年來的首都，首爾有很多值得參觀的地方，也是個好吃、好玩、好買的魅力都市，但除了首爾，韓國還是有很多相當有特色的城鄉，值得細細品味和遊覽。只是，雖然都一樣是在韓國，其他地方和首爾的狀況會不太一樣，為了在韓國各地都可以順利遊覽，必須了解各個地方的狀況和相互間的差異，知道因地制宜的方法、並熟讀旅遊資料。唯有認真的事前準備，才能快樂暢遊！

1 依路順規劃行程

　　如果要連續遊覽韓國多個城市，建議依順序安排，例如先釜山、中間往慶州、最後到安東，請盡量避免走「回頭路」，以節省交通時間。如果要串連兩個不同方向的城市，通常交通時間都會較長，例如東邊的慶州到西邊的全州，車程時間約4個小時，因此若要一次旅遊多個城市，建議各個方向分開安排，例如先在東邊的安東和慶州，再前往西邊的全州。

2 攜帶插頭轉接器

　　　　韓國電器的插頭是圓長型、電壓220伏特，跟臺灣扁長型插頭、電壓110伏特不一樣。電壓部分，現在多數電器用品都會有變壓的功能，　比較好解決；插孔部分，臺灣電器必須加個轉接頭才能在韓國使用，首爾一些遊客常住的地方，部分店家會有準備轉接器，但是在首爾以外的地方，店家多半不會準備，建議自行攜帶。

京畿道　　　　　　東草
　　江原道　　江陵
●首爾
●水原
●安城
　　忠清北道
忠清南道　　　●安東　東海
　　　●清州
　　　　慶尚北道
　　　　　　●慶州
●全州　　大邱
全羅北道
　　慶尚南道　金海
　　　　　晉州　釜山
全羅南道

●木浦

南海

●濟州島
濟州島

東西兩邊分開
規劃交通時間
比較划算

↑北

韓國全境地圖

3 韓國的國定假日

　　韓國的國定假日中，對遊客影響比較大的是元旦、農曆新年和中秋節，部分景點或店家會休息，尤其是韓國各大博物館或公立景點單位，若要在以上三個時間前往韓國，建議事先查詢營業或開放參觀時間。此外，首爾的4大古宮和宗廟，通常在農曆新年和中秋節時，可免費參觀，建議可上韓國觀光公社的網站查詢活動狀況。(或請見P.58)

4 懂得洋蔥式穿衣法

　　韓國早晚溫差偏大，尤其天冷時感受更深刻。韓國室內多半會開暖氣，不用穿很多衣服，但造成與室外的溫差過大，容易感冒著涼，因此洋蔥式的層層穿法就變得很重要，不僅可達到保暖功效，也方便穿脫衣服。

　　在首爾，因為有較多的室內景點或店家，還有地鐵和地下街，天候不佳時，可隨時躲到室內，但出了首爾之後，大部分的景點是在戶外，例如在慶州旅遊，很有可能整天參觀的景點都在戶外，或像正東津的海邊，即使是在夏天，清晨也都很涼快，因此建議帶件外套以備不時之需。

5 住宿狀況大不同

　　首爾的住宿資訊非常豐富，建議可上網參考前人的經驗、評估自身狀況，選擇對自己最方便的住宿地點。建議及早預訂，以確保最理想的選擇；首爾以外的其他地方，絕大部分不需要事先預定，除非遇上特定的活動或是季節，或有特定想要住宿的地方，才需要事先預定，建議到當地之後再找住宿即可。

住宿須知

1.自行攜帶盥洗用品
　　韓國的一般旅館，因環保政策，大多不提供單包或一次性的沐浴用品，如洗髮精、沐浴乳和牙膏等，通常是整罐、整條放在浴室供客人使用，若不太習慣的人，建議自行攜帶。有的地方則不提供牙刷。

2.韓式暖炕房優缺點
　　除鋪地毯的星級大飯店外，傳統韓屋或提供西式睡床的旅館，天寒時都有稱為「暖炕」(온돌)的地熱系統。傳統韓屋是鋪地墊直接睡在地上，部分旅館也提供這類韓式房。地熱暖炕開啟時，要特別留意放在地板上的包包或購物袋裡有無不耐熱的物品或食品，如：巧克力、泡菜……等；若把洗好的衣物鋪在地上，則有助烘乾！

6 旅遊小技巧

拿旅館的名片 (명함)
　　確定住宿地點之後，請向店家拿名片，以防萬一迷路時，可以請韓國人幫忙找路。

地圖，中、韓文的都要拿
　　中文地圖是要給自己看的，韓文地圖則是方便向韓國人問路時作對照用。

隨身準備 飲用水
　　首爾多半可在室內的景點找到飲水機，隨時補充飲用水；但離開首爾之後，景點大多在戶外，建議攜帶足夠的飲用水，可以節省不少花費。

7 善用觀光案內所(관광안내소)提供的服務

韓國的觀光諮詢服務中心稱為「觀光案內所」，一般設置在巴士站、火車站、機場到達大廳和重要景點的附近，服務時間通常為09:00～18:00，部分地點或有特殊活動時，會因應觀光的需求而有所調整。觀光案內所裡可索取或諮詢當地的旅遊資訊，部分觀光案內所還會有住宿業者放置的廣告或名片，可索取參考。

此外，韓國設有24小時的旅遊諮詢服務電話「1330」，有會中文的服務人員！除了首爾，部分地區也有1330的服務電話，撥打方式為「區碼 + 1330」，但不是每個地區都隨時有會中文的服務人員，如遇緊急狀況，可以打到首爾的「02-1330」請求協助或幫忙，在臺灣時，則可利用網路電話撥打「+82-(區域號碼去0)-1330」(例：從臺灣撥接至首爾的1330服務電話方式為+82-2-1330)，預先諮詢旅遊上的各種問題。

8 兌換韓幣 匯率約1:34～35(2011年)

在韓國要兌換韓幣(₩)，除銀行外，多半會去民間經營的「換錢所」。首爾的換錢所非常多，其次是釜山和濟州島，大多集中在重要旅遊區域或是外國人較多的區域，換錢所外會掛著「外換」字樣的牌子或各式外幣符號，大多可用美金、日幣和人民幣兌換韓幣，極少可用新臺幣兌換。但在其他地區，大多只有在金融機構或觀光飯店可以兌換，匯率多半不是太好，如果要到首爾以外的地方，建議在首爾先兌換所需的韓幣。

旅行支票在韓國接受度極低，民間換錢所不接受兌換，金融機構也各有規定，不一定能順利兌換。

花費預算表

以下列出旅行韓國時可能會遇到的各類花費金額，幫助行程規劃、並對該兌換多少韓幣有初步概念。基本上每人每天(不含城市間移動交通費用)花費，可以55,000～90,000₩(節省派～較舒服派)為基本計算再乘以天數。(以個人單獨自助旅行為估算依據)

●餐費(每餐／每人)
飯捲天國3,000～5,000₩
特色餐食6,000～12,000₩
韓定食套餐25,000₩以上
新鮮海鮮類20,000₩以上(單項)

●住宿
三溫暖8,000～15,000₩
Dorm床位17,000～20,000₩
一般旅館30,000～70,000₩
韓屋45,000～70,000₩
星級飯店70,000₩以上

●交通(單趟)
市內公車1,000～1,500₩
地鐵1,000～1,400₩
市外巴士6,000～22,000₩
火車6,000～22,000₩
高鐵KTX 42,100～51,800₩
國內線飛機60,000～70,000₩
註1：韓國市外巴士和火車交通費相近，但通常巴士車班較多且比火車便宜。
註2：高鐵KTX／國內線飛機以首爾→釜山單程票價為例。

●門票
大部分景點門票在3,000₩以下
少數樂園、景點可達9,000～30,000₩

韓遊資訊站

仁川國際機場
인천국제공항

簡稱仁川機場,是韓國最大、最主要的國際機場,連續多年獲得機場服務品質獎的肯定,也是目前臺灣來往韓國的主要機場。對華語系國家的旅客來說,從仁川機場出入境很便利,雖然機場範圍大,但中文標示明顯,只要仔細看清楚指標再跟著走,即可到達要前往的地方。

仁川機場網址www.airport.kr

外幣匯兌	轉機服務	育嬰室
行李遺失申報	旅客檢疫	網路服務
郵局	動物檢疫	吸菸室
更衣室	植物檢疫	祈禱室
藥局	行李保管	轉機酒店
停車服務	行李保管(免費)	展覽館
自行登機報到	免稅品領取處	資訊服務
兒童遊樂室	TAX 退稅處	博物館

仁川機場示意圖

入境樓層

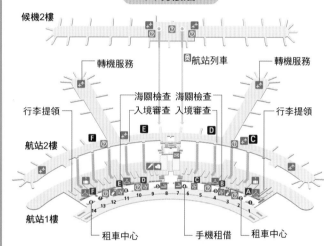

候機2樓
轉機服務　　航站列車　　轉機服務
海關檢查　海關檢查
入境審查　入境審查
行李提領　　　　　　　　　　　　行李提領
航站2樓　　F　　E　　D　　C
航站1樓
租車中心　　手機租借　　租車中心

出境樓層

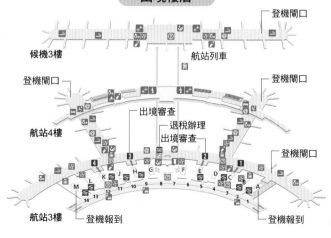

候機3樓　　　　　　　　　　登機閘口
　　　　　　　　　　　　　　航站列車
登機閘口　　　　　　　　　　登機閘口
　　　　　出境審查
　　　　　退稅辦理
　　　　　出境審查
航站4樓　　　　　　　　　　　登機閘口
　　　　　　　　　　　　　　登機閘口
航站3樓　　登機報到　　　　　登機報到

入境

持中華民國護照可免簽證入境韓國30天,護照的有效期限要在6個月以上。仁川機場有兩個航廈,但合併在第一航廈辦理證照查驗和領取行李,通常搭乘非韓國籍航空公司的班機,會於第二航廈降落,需搭乘接駁地鐵前往第一航廈,機場內都有清楚的中文或是圖案的指標,請跟著指標走即可。

入境需擷取指紋及臉部照片

韓國自2012年1月1日起,在所有入境機場及港口,對年滿17歲的外國旅客(外交或其他特殊身分者除外),實施留存雙手食指指紋及臉部照片的生物特徵採擷作業,用意是為遏止外國人在韓犯罪,以提升國家安全,保障當地人民和合法赴韓旅客的安全;除原本的護照和入境卡查驗程序之外,旅客需於查驗台上的生物特徵採擷機器留存雙手食指指紋及臉部照片資料,通關流程雖有增加,但無須太過擔心,只要依照移民官的指示留存即可。

入國申告書、海關申報單(입국신고서 & 세관신고서)

持非韓國護照者,入境韓國時要繳交「入國申告書」和「海關申報單」,通常在飛機上空服員會事先發給旅客填寫,若要繳交的單子有遺失或沒填寫到,在繳交處附近都還可以補拿、補填寫。

「入國申告書」:證照查驗時繳交,每個人都要個別填寫。

「海關申報單」:拿到行李準備要出關前繳交,有全中文的版本,同行家屬可共同填寫一張。

入境卡填寫範例

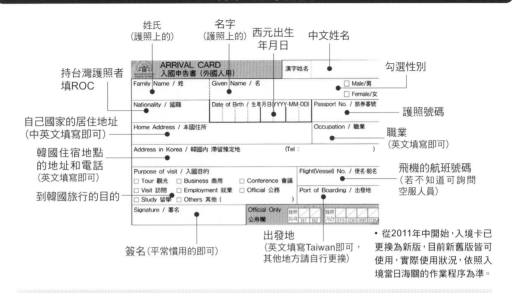

- 姓氏(護照上的)
- 名字(護照上的)
- 西元出生年月日
- 中文姓名
- 勾選性別
- 持台灣護照者填ROC
- 護照號碼
- 自己國家的居住地址(中英文填寫即可)
- 職業(英文填寫即可)
- 韓國住宿地點的地址和電話(英文填寫即可)
- 到韓國旅行的目的
- 飛機的航班號碼(若不知道可詢問空服人員)
- 簽名(平常慣用的即可)
- 出發地(英文填寫Taiwan即可,其他地方請自行更換)
- 從2011年中開始,入境卡已更換為新版,目前新舊版皆可使用,實際使用狀況,依照入境當日海關的作業程序為準。

「海關申報單」說明

　　有全中文的版本(簡體字),同行家屬可共填寫一張,除了一些基本資料以外(和入境卡重複),主要是填寫入境旅客所攜帶的物品,若申報內容不實、並經查獲,會加重處罰,若有攜帶槍炮、刀劍、放射性物質或有毒物質等等物品,或是毒品、走私物品入境,請主動向海關人員申報,以免觸犯法律。

一般性物品可免稅的攜帶範圍(未滿19歲者不允許菸酒免稅):

1. 酒類1瓶(容量在1L以下、且價值未超過400美元)。
2. 香菸200支。
3. 香水60ml。
4. 總價值在400美元以下的自用品和禮品(農林畜水產品和中藥材除外)。

出境

　　從仁川機場出境時,除了安檢程序嚴謹,最需要注意的是確認登機門的號碼、位置和登機時間。仁川機場範圍很大,共有2個航廈、132個登機門,航廈之間需搭乘接駁地鐵,若走錯登機門、或是忘記登機的時間,等到發現時可能已經無法趕上最後的登機時間!所以在報到時,請務必確認登機門的位置和登機時間。這裡叮嚀大家,建議在飛機起飛前的至少2小時到達機場、辦理報到手續。

出境安檢

　　仁川機場的出境安檢程序相當嚴謹,例如要脫外套和靴子、筆記電腦要從包包裡拿出來過掃描……等等,但海關人員的態度都算是和善有禮,因此只要依照導引通過安檢處即可,無須太過於緊張。

機場巴士(공항버스)

是來往機場和各城市之間的巴士，也常稱為利木津巴士(Limiusine Bus)。從仁川機場出發的機場巴士，除了往首爾市區外，也有多條路線前往其他城市，但部分車次較少，若錯過班次，可先到首爾市區、再換搭巴士或火車。詳細路線資訊可上仁川機場的網頁查詢。

仁川機場網址

www.airport.kr/chn

按此可查詢機場巴士和
機場地鐵的路線和時刻

▲仁川機場網站中文首頁

種類與票價

仁川機場來往首爾市區的機場巴士，分為高級巴士、一般巴士2種，前者單程票價15,000Ｗ，後者單程票價10,000Ｗ，可於入境大廳內外的櫃臺先購票，也可於搭乘時直接付現，或使用首爾的T-money交通卡。高級和一般巴士的路線大多不會重複，建議在確定首爾的住宿地點後，詢問服務人員可搭乘的機場巴士號碼。搭機場巴士雖然有塞車的疑慮，但路線選擇較多，可以直達很多地方、省卻扛行李轉車的痛苦，目前仍是旅客主要選擇的交通方式。

如何搭機場巴士

以往明洞的6015巴士為例，可以在5B或12A區的站牌等車。站在大廳面向外側，由左到右、航廈大門編號由小到大排列；走出大門左邊是A區，右邊是B區。每條巴士路線大多都有左右兩邊共2個站牌可以等車。但巴士的行駛路線是從小號碼往大號碼的方向開，因此若遇到等車乘客較多，當巴士開到12A的站牌時，常常只剩少數座位、或根本沒有位子了。雖然往首爾的機場巴士班次還算密集，但一直等下去不如多走幾步到小號碼的站牌等車。

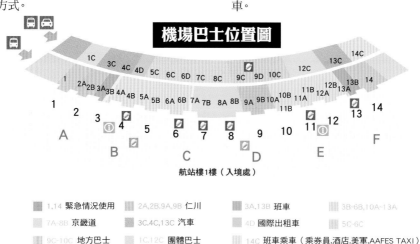

航站樓1樓（入境處）

1,14 緊急情況使用	2A,2B,9A,9B 仁川	3A,13B 班車	3B-6B,10A-13A
7A-8B 京畿道	3C,4C,13C 汽車	4D 國際出租車	5C-6C
9C-10C 地方巴士	1C,12C 團體巴士	14C 班車乘車（乘券員,酒店,美軍,AAFES TAXI）	
1~14,9C,9D,10C 巴士站	ⓘ 機場綜合諮詢處	✏ 內部售票所	✏ 外部售票所

機場地鐵(공항철도)

又稱機場快線(AREX)。從仁川機場可搭機場地鐵到首爾火車站,直達列車票價13,300W(車程43分鐘)、每站都停的一般列車票價3,700W(車程53分鐘)。B1的機場地鐵搭乘處,直達列車和一般列車是分開成兩邊,各自在入口旁設有車票販賣機,一般列車的入口處另設有交通卡儲值機,已有首爾T-money交通卡者可在此儲值(但目前尚無販售T-money的空卡,若有需要購買,建議先在1樓入境大廳的便利商店購買)。

若從仁川機場搭地鐵到首爾火車站、之後再換乘市區地鐵,必須依照路線指示出站,穿過首爾火車站的大廳後、再往地下層換搭市區的地鐵,若用T-money卡搭乘,可享有中間的換乘優惠。

搭乘機場地鐵,雖然可以節省車費及免除塞車的問題,但大部分還是需要轉乘首爾的地鐵,且因為首爾的地鐵站裡,電梯和手扶梯大都偏少,因此建議依照住宿地點的位置、所帶行李的數量和重量來考量是否搭乘。

직통열차 타는 곳 (Express train only)
일반열차는 반대편 전용입구를 이용하여 주십시오. (Opposite side for Commuter train)
KORAIL 공항철도공항

▲直達列車搭乘處

일반열차 타는 곳 (Commuter train only)
직통열차는 반대편 전용입구를 이용하여 주십시오. (Opposite side for Express train)
KORAIL 공항철도공항

▲一般列車搭乘處

機場地鐵路線圖

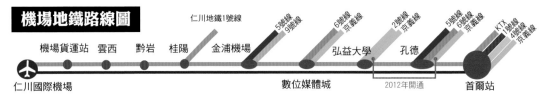

仁川地鐵1號線　5號線 9號線　6號線 京義線　2號線 京義線　5號線 6號線 京義線　KTX 1號線 4號線 京義線

機場貨運站　雲西　黔岩　桂陽　金浦機場　弘益大學　孔德　首爾站

仁川國際機場　數位媒體城　2012年開通

● 換乘　— 直達　▦ 一般

機場三溫暖(사우나):Spa ON AIR

仁川機場B1樓層往A區的方向,有24小時的三溫暖❶,如果要在機場停留一段時間,可以考慮到這裡稍作休息。雖然內部設備跟韓國一般的三溫暖比起來較為簡單、入場費用也稍高,但整體環境還算不錯。可將行李用推車推到櫃檯前寄放,服務人員會給一張寄放行李的收執聯,離場時憑收執聯取回行李。付費後,服務人員會發給鑰匙、衣服和毛巾❷,按照鑰匙上的號碼找鞋櫃和置物櫃,此處的置物櫃是每人一整長排❸,浴室裡除了公用洗澡區域、冷熱湯和蒸氣室,還設有單獨洗澡空間。另有公用的休閒空間❹,整體氣氛感覺很好,但只有販售簡單的飲料,跟一般市區裡的三溫暖不太相同,可中途暫時離開後再入場。

服務價格

項目			價格(W)
入場費	06:00～20:00		15,000
	20:00～06:00		20,000
個人休息室	개인휴게실		12,000
擦皮鞋	구두광택		3,000
墊子	매트		免費
毯子	담요	大	2,000
		小	1,000

※1.店家的營業內容,依當日實際情況為準。　製表:Helena
　2.貴重物品請寄放在櫃檯。
　3.飲酒後請勿入場。
　4.請勿攜帶外食。
　5.每次入場費的使用時間為24小時。

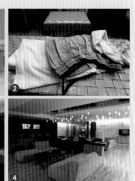

韓國境內交通

韓國各城市間的交通連結方式選擇眾多，對不懂韓文的國際旅人來說，一直是最大的挑戰！各類交通工具所需的交通時間和費用都不同，如何讓旅人依據旅遊計畫、挑選最符合自己需求的交通串聯模式，請見書中各城市詳細的圖表解說。

飛機國內航線的部分，請參考P.35金浦國際機場國內線、P.149金海國際機場國內線和P.169濟州國際機場國內線。

巴士(버스)

韓國城市間移動，主要以巴士為主、火車為輔，每個城市都會有自己的高速巴士站和市外巴士站，但區域較小或較偏遠地區，乘客流量不大，因此會將高速巴士站和市外巴士站合併在一起，稱為綜合巴士站，或是有些地方因區域太大，而會有多個巴士站，例如首爾、釜山和大邱等等。

高速巴士站——市外巴士站分析看板　製表：Helena

巴士類別	高速巴士			市外巴士
	一般(일반)	優等(우등)	深夜(심야)	通常會有中途站，部分路線也會有直達車。
	大多直達	大多直達	大多直達	
路線範圍	長途為主	長途為主	長途為主	周邊城市串聯為主
車況	每排4個座位	每排3個座位，空間較為寬敞	晚上10點之後行駛的班次	每排4個座位
票價	低	中	高	依照距離遠近有所不同

說明：**1.** 一般和優等的巴士班次會以交叉的方式行駛，若一定要搭一般巴士，建議事先到巴士站詢問詳細時刻表。

2. 部分路線的市外巴士會有直達或非直達，建議購票時可詢問有沒有直達「직통」或是「무정차」(指直達車)的班車，可縮短車程時間。

3. 一般而言，兩地之間來往的車班狀況大致上會相同，舉例來說，假如慶州一天約有10班車開往首爾，相對的，首爾也是約有10班車開往慶州，但有時會出現查不到或查到的車班數量較少的狀況，這是因為有些班車的終點站是慶州旁邊的浦項，途中會經過慶州。

車站搬家了怎麼辦？

如果到了旅遊地才發現車站的位置有變動，不曉得該如何連接市內的交通時，除了先試著詢問現場的服務人員、附近的當地人或是撥打韓國24小時旅遊諮詢電話「1330」之外，還可詢問附近是否有觀光案內所或是警察局，請求協助和幫忙。

1.附近的觀光案內所在哪裡？

韓文：이 근처에 관광안내소가 어디에 있어요?

拼音：i geun-cheo-e gwan-gwang-an-nae-so-ga eo-di-e i-seo-yo?

2.附近的警察局在哪裡？？

韓文：이 근처에 경찰서가 어디에 있어요?

拼音：i geun-cheo-e gyeong-chal-seo-ga eo-di-e i-seo-yo

公車(시내버스)

韓國市區內的公車，又稱為市內巴士，主要以城市內的交通為主，或是連結周邊相近的城市。公車又分為一般公車和座席公車，前者座位較少、車資較便宜，後者座位較多，或是行駛的路線較長，車資較一般公車多約500W；有些地方是一般和座席公車行駛不同的路線，但也有同一條路線同時有一般和坐席公車的狀況。此外，一些較大的城市，為因應不同的交通需求，會設置有小區域公車、副線公車或夜間公車等等

地鐵(지하철)

目前韓國設有地鐵的城市有：首爾(含周邊城市)、仁川、釜山、大田、大邱和光州等地，各路線以不同的顏色做區分，各個車站則有屬於自己的專屬編號，並且有中文漢字的指示牌，對旅行者來說，是最方便、較不容易迷路的交通方式之一。

火車(기차)

韓國有些城市的火車站距離主要市區較遠，並且兩地之間的交通，火車的班次通常少於巴士，所以韓國城市間的移動，是以巴士為主，但依據狀況不同，有些旅遊路線還是可以考慮選用火車當作交通工具，例如從首爾前往東海岸的正東津。

韓國的火車分為「高鐵KTX」、「新村號」(새마을호)、「無窮花號」(무궁화호)及「世界路號」(누리로，是首爾到新昌的區間通勤列車)，主要差別在於到達的速度和票價。乘車日期前的1個月，就可以開始在韓國鐵路公社的網站上預訂車票(自由席除外)。

韓國的火車座位分為「特席」(특실)、「一般席」(일반실)和「自由席」(자유석)，特席座位前後

火車誤點時...

國語：這是有誤點的火車票。
韓文：이 기차표는 연착된 기차표예요.
拼音：i ki-cha-pyo-neun yeon-chag-toen ki-cha-pyo-ye-yo.

國語：我想要退現金。
韓文：저는 현금으로 환불 받고 싶어요.
拼音：jeo-neun hyeon-geu-meu-lo hwan-bul pat-go si-po- yo.

國語：我想要折扣買車票。
韓文：저는 할인해서 기차표를 사고 싶어요
拼音：jeo-neun ha-li-nae-so ki-cha-pyo-leul sa-go si-po- yo.

T-Money交通卡注意事項

首爾的T-money交通卡，已經可在很多城市的公車上使用，並且持續增加中。但須注意的是，如果公車的後門也有裝刷卡機、或前門有2臺刷卡機，請謹記在這種情況，下車時請記得再刷一次卡！如果下車時沒有刷卡，除了轉乘優惠會沒有之外，下次使用時，還會被多扣一次票價！
(詳細購買與使用方式，請見P.40)

較寬，自由席則無固定座位，火車上的座位可以前後反轉，而高鐵KTX則是有分順向或反向的座位，如果因為坐反向座位會容易暈車，可在購票時告知服務人員需要購買「順方向」(순방향)的座位。不過，購買「反方向」(반방향)的座位會有5%的折扣！

韓國鐵路公社網址：www.korail.com

火車的延遲補償

在韓國搭火車，如果遇到火車誤點超過一定的時間，可根據延遲補償的規定申請補償：

1. 可於搭乘日起1年內持延遲車次的火車票，向任一火車站申請現金補償退還，或可折抵新購車票價格，補償方案以一般車廂的票價為計算標準。(實用韓文請參考本書P.17)

2. 延遲補償折抵購買新車票時，可享有下一個級距的優惠，例如原本的現金補償，是延遲車票票價的12.5%，但若是折抵購買新車票，則可折抵延遲車票票價的25%。

3. 延遲補償可用於折抵任何車種的新購車票，但新購車票票價若低於可折抵金額，則不予退還差價。

火車延遲現金退費表　　　製表：Helena

車種	KTX	現金退還比例	新村／無窮花／通勤列車	現金退還比例
延遲狀況	20分以上未滿40分	12.5%	40分以上未滿80分	12.5%
	40分以上未滿60分	25%	80分以上未滿120分	25%
	60分以上	50%	120分以上	50%

※以上資訊若有異動，依當地最新公布為準，前往時請務必再次確認。

KR PASS外國人專用的火車通行證

為鼓勵在韓國連續停留6個月以下、且無韓國籍的外國人利用鐵路運輸系統在韓國各地旅行，有1日、3日、5日、7日和10日等不限次數使用的KR PASS。此通行證需在開始使用日的5天前預購，乘車前先行兌換的通行證到任一火車站窗口劃位後才能搭乘。建議精打細算的旅人先到以下網站了解使用細節和限制，再找出最適合自己的優惠方案：

韓國鐵路公社網址：info.korail.com/2007/eng/eng_index.jsp

韓國觀光公社網址：big5chinese.visitkorea.or.kr/cht/TR/TR_CH_5_3.jsp

▲韓國鐵路公社網站英文首頁

購買方式：在韓國鐵路公社的英文版網頁購買，購買後將兌換券列印下來，可於仁川機場或是韓國主要的火車站內兌換KR PASS。

使用方式：在使用期限內，憑KR PASS可免費搭乘韓國鐵路公社營運的所有列車的一般席位，不限搭乘的區域和次數，但車次時間不得重複，不包含地鐵與觀光列車。

網路預訂火車票的流程(以首爾往正東津為例)

除非是特定的節日或假日，不然在韓國搭火車，通常不太需要事先預訂，但每天晚上22:50(會依季節有些微調整)從首爾前往東海岸正東津的日出列車，雖然車程時間較長(6小時)，但因為抵達正東津之後，剛好可以等看日出，是韓國有名的賞日出景點路線，所以常會客滿，特別是週末、例假日或特殊節日時常會塞爆，建議要事先預定車票。(正東津當地交通請見P.86)

遊韓資訊站

預定火車票流程

Step 1 請先上韓國鐵路公社的英文版首頁，點選「Booking」→「Book Online」
網址：info.korail.com/2007/eng/eng_index.jsp

Step 2 點選以下項目

❶**Type of travel(旅途型態)**：□Direct(直達) □Transfer(換車)，前往正東津請選擇「直達」。
如果前往其他的地方，點選換車，則系會自動配對可以銜接的班次組合。
❷**Departure time(乘車日期和時間)**：時間若選擇「0」，則下一頁會顯示出當日的所有班次。
❸**Departure/Arrival(出發地/到達地)**：於按右邊的放大鏡圖案後跳出的新視窗選擇地名。從首爾前往正東津時，出發地是首爾的清涼里(Cheongnyangni)火車站，到達地是正東津(Jeongdongjin)火車站。
❹**Train(選擇車種)**：前往正東津請選擇無窮花號。－KTX(高速鐵路)、Saemaul(新村號)、Mugunghwa(無窮花號)、Commuter(通勤列車)、Nooriro(世界路號)、All(全部)
❺**Passengers(選擇人數)**：□大人(Adult)(13歲以上) □小孩(Child)(4～12歲)，然後按右下方「Inquiry」接下一步。

	❶ Train No.	From	To	❷ Dep. time	❸ Arr. time	KTX Saemaul Mugunghwa Commuter Nooriro		❻ Fare
Type of travel						❹ First class	❺ Standard class	
Direct	1631	Cheongnyangni	Jeongdongjin	07:10	13:29	Select	Select	
Direct	1633	Cheongnyangni	Jeongdongjin	09:10	15:00	Select	Select	
Direct	1635	Cheongnyangni	Jeongdongjin	12:10	18:14	Select	Select	

Step 3 查看車次時間、座位、票價及確認

1車次 2出發時間 3到達時間 4特席座位 5一般座位 6查看票價
確認要哪個班次的哪種座位之後，按下對應的「Select」鍵，如果是換車的組合，必須兩段的「Select」鍵都按下之後，才會跳到下一個步驟。

Step 4 填寫個人資料

❶填寫英文姓名：□First(名)□Las(姓)
❷選擇性別：□M(男)□F(女)
❸填寫護照號碼和選擇國籍
❹填寫E-mail
之後按右下方「Next」接下一步(若有需要下載相關程式請按確定)

Step 5 確認訂票資訊和填寫信用卡資料

❶個人基本資料
❷訂票相關資料：左下的「Car」(第幾車)和「Seat」(座位)就是預訂到的座位
❸韓國以外發行的信用卡
❹韓國發行的信用卡
❺填寫信用卡號碼
❻信用卡有效年月
之後按右下方「Next」接下一步

Step 6 預定完成

預定完成後，請按右下角的「Print」，列印訂購證明，攜帶護照和訂購證明，於韓國的任一個火車站皆可取票，但請注意實際搭車的車站。

火車票線上退訂、補印訂購證明

如果在網路上訂了火車票、但要取消或更改行程,也可以先在鐵路公社的網站上取消訂票。訂購證明也可以在這網頁上補列印。

Step 1:在韓國鐵路公社的英文版首頁,點選「Booking」→「My Reservation」

Step 2:填寫相關的資料,請參考訂票的Step 4,之後按「Inquiry」接下一步。

Step 3:點選要取消或是補印訂購證明的班次資料最前方的圓點,之後點「Print」是補印訂購證明、點「Cancel」是取消訂購。

Step 4:如果要取消訂票,系統跳下一步後,請再按一次「Cancel」,之後即可取消訂票。

提醒:如果在搭車前2天取消訂票,不需要任何手續費;搭車前一天到1小時前取消,手續費為400W;搭車前1小時內取消,手續費為票價的10%;若超過搭車時間才取消或是未取票,則手續費為票價的15%。

退稅TAX FREE

有些國家為了刺激觀光客的消費,會把含稅商品的附加稅額部分,給予免稅的優惠。以韓國為例,只要在掛有退稅標誌的商店,購買含稅商品達一定的金額,向店家辦理退稅並取得退稅單據,即可在離開韓國時,於離境交通站點(如機場)的相關櫃檯辦理附加稅退回。

貼 心 小 叮 嚀

1. 一定要持有「退稅單據」才可以於出境時辦理退稅!若只有「購物收據」是無法辦理的。
2. 若當次在韓國的總停留期間超過6個月,無法辦理退稅。
3. 蓋退稅章之前,海關人員有可能會要求查驗退稅的物品,因此建議將要退稅的物品集中打包。
4. 請把蓋好退稅章的收據隨身攜帶,千萬別拿去拖運了!

退稅的資格

在韓國境內停留6個月以內的外國遊客、或是停留3個月以內的韓國海外僑胞,於掛有退稅標誌的商店購買含稅商品達3萬韓幣,向店家辦理退稅並取得退稅單據,並且在購物後3個月內出境,可於出境時攜帶「退稅單據」、「購物收據」和「購買的物品」(未拆封、未使用),向海關櫃檯蓋退稅章,之後可於出境管制區裡的退稅公司服務櫃檯取得退回的稅額,或是依照規定投放退稅單據之後等待退稅。

退稅系統

韓國有2個退稅系統,分別是「Global Refund」(藍色)和「TAX FREE KOREA」(紅色),兩者在一般臺灣旅客較常入出境的仁川國際機場和金海國際機場的辦理方式不太相同,除了都必須先蓋好退稅章之外,比較如下:

韓國退稅系統

退稅地點	仁川機場	金海機場
Global Refund (藍)	機場內退現金,有韓幣、美金、日圓可以選擇。	將退稅單據裝在退稅信封內,投放於指定位置的專用箱子,退稅款會退到信用卡裡,作業時間約需30～90天左右,請記得向購物的店家索取退稅專用信封。
TAX FREE KOREA (紅)	於機場內可退現金,但只退韓幣。	機場內可退現金,但只退韓幣。

※以上資訊若有異動,依當地最新公布為準,前往時請務必再次確認。製表:Helena

退稅系統：Global Refund(藍色)

▲Global Refund的退稅標誌(藍色)

本國地址
(填寫臺灣
的地址，
中文即可)

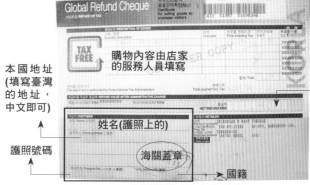

購物內容由店家
的服務人員填寫

實際退
稅金額

姓名(護照上的)

護照號碼

海關蓋章

國籍

▲Global Refund的退稅單據(另有直式列印版)

▲Global Refund的退稅信封(봉투)

金海國際機場Global Refund

　　若持有Global　Refund退稅單據於金海國際機場出境，務必記得在退稅單據的背面填上信用卡的卡號並簽名，之後再投放於指定位置的專用箱子或郵寄回退稅公司辦理，缺少資料是無法收到退稅款的！若裝在退稅信封內寄回，在韓國境內時，無須貼郵票即可投遞。

退稅系統：TAX FREE KOREA(紅色)

▼TAX FREE KOREA的退稅標誌(紅色)

▶TAX FREE KOREA
的退稅信封(봉투)

If you spend more than 30,000 won
you are eligible for getting a tax refund.

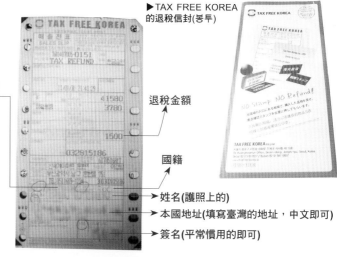

護照號碼

退稅金額

國籍

姓名(護照上的)

本國地址(填寫臺灣的地址，中文即可)

簽名(平常慣用的即可)

▲TAX FREE KOREA的退稅單據

仁川機場3樓退稅流程

依照規定，要先辦理報到手續，之後再蓋退稅章和託運行李，但實務上也可以先去蓋退稅章，之後再辦理報到的手續。詳細狀況依照辦理當日的海關作業流程為準。

Global Refund

 Step 1 向購物的商家辦理退稅並取得退稅單據。

 Step 2 到機場辦理報到手續，告知地勤人員有要辦理退稅，要退稅的物品可以先不用託運。

 Step 3 在D或J報到櫃檯後方的海關申報處，憑「退稅單據」、「購物收據」和「購買的物品」(未拆封、未使用)蓋退稅章，蓋章後於旁邊的大型行李託運處補託運行李。

 Step 4 進入出境管制區後，憑護照和蓋過退稅章的退稅單據，於28號登機口旁的退稅櫃臺領取退稅款，可選擇韓幣、美金或日圓。

Step 3

TAX FREE KOREA

 Step 1 向購物的商家辦理退稅並取得退稅單據。

 Step 2 到機場辦理報到手續，告知地勤人員有要辦理退稅，要退稅的物品可以先不用託運。

 Step 3 在D或J報到櫃檯後方的海關申報處，憑「退稅單據」、「購物收據」和「購買的物品」(未拆封、未使用)蓋退稅章，蓋章後於旁邊的大型行李託運處補託運行李。

 Step 4 進入出境管制區後，憑護照和蓋過退稅章的退稅單據，於28號登機口旁的退稅櫃臺領取退稅款(只可退韓幣)

Step 4

貼心小叮嚀

退稅櫃檯的服務時間為07:00～21:00，若於服務時間外出境，可於退稅單據背面填上信用卡的卡號並簽名，把退稅單據裝在退稅信封裡，投放於櫃檯前的箱子裡，退稅公司會將退稅款退至信用卡內。

金海國際機場國際線2樓退稅流程

依規定，要先辦理報到手續，之後再蓋退稅章和託運行李，但實務上也可以先去蓋退稅章，之後再辦理報到的手續並託運行李。詳細狀況依照辦理當日的海關作業流程為準。

Step 4

Global Refund

 向購物商家辦理退稅並取得退稅單據和退稅專用信封。

 到機場辦理報到手續，告知地勤人員要辦退稅，要退稅的物品可先不用託運。

 在出境管制區入口對面(請參考P.148金海機場國際線樓面示意圖2樓出境22位置)的稅關申告櫃檯，憑「退稅單據」、「購物收據」、「購買物品」(未拆封、未使用)蓋退稅章，並在退稅單據背面填上信用卡的卡號和簽名，海關人員會收回單據轉給退稅公司辦理退稅(或是投入Step4有退稅標誌的箱子裡)，之後再回報到櫃檯託運行李(若櫃檯無人，可用櫃檯上的電話撥打分機7253找海關人員來辦理)。

 若需退稅的物品是手提上飛機(非託運行李)，亦可於進入出境管制區左邊的另一個稅關申告櫃檯(請參考P.148金海機場國際線樓面示意圖2樓出境23位置)，憑「退稅單據」、「購物收據」和「購買的物品」(未拆封、未使用)蓋退稅章，並在退稅單據背面填上信用卡的卡號和簽名，將蓋好章的退稅單據裝入退稅專用信封內，投進旁邊有退稅標誌的箱子裡即可。

TAX FREE KOREA

 向購物商家辦理退稅並取得退稅單據。

 到機場辦理報到手續，告知地勤人員有要辦理退稅，要退稅的物品可以先不用託運。

 在出境管制區入口對面(請參考P.148金海機場國際線樓面示意圖2樓出境22位置)的稅關申告櫃檯，憑「退稅單據」、「購物收據」和「購買的物品」(未拆封、未使用)蓋退稅章，之後再回報到櫃檯託運行李(若櫃檯無人，可用櫃檯上的電話撥打分機7253找海關人員來辦理)。

 進入出境管制區後，往GATE 1～3門方向、證照查驗櫃檯旁，樓梯下方的TAX FREE KOREA服務櫃檯，憑護照和蓋過退稅章的退稅單據領退稅款，只可退韓幣。

Step 3

Step 4

實用韓文用語

常有人問「不會韓文，可以去韓國玩嗎？」當然可以，並沒有一定要會說韓文，才能到韓國一遊。出門在外，「肢體語言」才是全人類共通的語言，例如數字，只要藉助萬能的雙手，就可以清楚表達出來，所以請試著擺動一下身體或四肢，一樣可以輕鬆遊韓國！

常用

你好嗎？
안녕하세요？
an-nyeong-ha-se-yo

謝謝！
감사합니다！
kam-sa-ham-ni-da

請稍等一下。
잠깐만요.
jam-gan-ma-nyo

詢問

不好意思，可以幫我問老闆這個多少錢？
죄송합니다만，주인분께 얼마인지 물어봐 주겠어요？
joe-song-ham-ni-da-man ju-in-bun-ge eol-ma-in-ji mu-leo-pwa ju-si-ge-so-yo

請問廁所在哪裡？
화장실이 어디에 있어요？
hwa-jang-si-li o-di-e yi-so-yo

可以說中文嗎？
중국어를 할 수 있어요？
jung-gu-geo-leul hal su yi-so-yo

可以照相嗎？
사진을 찍어도 돼요？
sa-ji-neul gi-go-do twae-yo

請幫我！
도와주세요！
to-wa-ju-se-yo

_____在哪裡？
_____ 어디에 있어요？
_____ o-di-e yi-so-yo

請問匯率是多少？
환율이 얼마예요？
hwa-nyu-li eol-ma-ye-yo

有寄物櫃嗎？
보관함 있어요？
po-gwan-ham yi-so-yo

觀光案內所
관광안내소
gwan-gwang-an-nae-so

地鐵
지하철
ji- ha- cheol

手腕護具
손목 보호대
son-mog po-ho-dae

腳護具
다리 보호대
ta-li po-ho-dae

生理食鹽水
생리 식염수
saeng-li si-gyeom-su

暖暖包
주머니 난로
ju-mo-ni　nar-lo

止痛藥
진통제
jin -tong- je

感冒藥
감기약
gam-gi-yag

消化劑
소화제
so- hwa -je

湯匙
숟가락
sut- ga- lak

筷子
젓가락
jeot-ga-lak

豬肉
돼지 고기
twae-ji　go-gi

牛肉
소고기
so- go- gi

雞肉
닭고기
tak -go -gi

魚
생선
saeng-son

海鮮
해물
hae-mul

吸管
빨대
bal-dae

住宿

有空房間嗎？
빈 방 있어요？
bin　bang　yi-so-yo

住一晚多少錢？
하루에 얼마예요？
ha-lue-e　ol-ma-ye-yo

可以先看看房間嗎？
방 좀 봐도 돼요？
bang jom pwa-do twae-yo

我再考慮看看。
좀 더 생각해 볼게요.
jom deo saeng-ga-kae pol-ge-yo

可以多住一天嗎？
하루 더 묵어도 돼요？
ha-lu　deo　mu-go-do　twae-yo

有這裡的名片嗎？
여기 명함이 있어요？
yo-gi　myong-ha-mi　yi-so-yo

請幫我打掃。
청소해 주세요.
chong-so-hae ju-se-yo

好像壞掉了。
고장 난 것 같아요.
go-jang nan got ga-ta-yo

沒有熱水(飲用水)。
뜨거운 물이 없어요.
deu-go-un　mu-li　ob-so-yo

沒有熱水(洗澡用)。
뜨거운 물이 안 나와요.
deu-go-un　mu-li　an　na-wa-yo

請多給我一床棉被。
이불 한개 더 주세요.
i-bul　han-gae do　ju-se-yo

可以幫我保管嗎？
좀 보관해 주실 수 있어요?
jom po-gwa-nae ju-sil　su　yi-so-yo

幾小時？
몇 시간？
myot si-gan

幾天？
며칠？
myo-chil

緊急求救
電話是
119

用 餐

內用。
여기서 먹을게요.
yo-gi-so　mo-geul-ge-yo

外帶。
가지고 갈게요.
ka-ji-go　gal-ge-yo

可以只點＿＿人份的餐點嗎？
＿＿＿＿인분 만 주문해도 돼요？
＿＿＿＿lin-bun man　ju-mu-ne-do　twae-yo

我是素食者。
저는 채식주의자예요.
jo-nun　chae-sig-ju-ui-ja-ye-yo

請給我一樣的。
같은 것으로 주세요.
ka-tun　geo-su-lo　ju-se-yo

請幫我換成＿＿＿＿＿＿。
＿＿＿＿＿로 바꿔주세요.
＿＿＿＿＿　lo　pa-gwo-ju-se-yo

請給我多一點(要追加任何東西時都可用)。
많이 주세요
ma-ni　ju-se-yo

請幫我加湯。
국물 좀 더 주세요.
kug-mul jom　do　ju-se-yo

請幫我打包。
포장해 주세요.
po-jang-hae　ju-se-yo

請給我＿＿＿＿＿。
＿＿＿＿＿ 주세요.
＿＿＿＿＿　ju-se-yo

請幫我去掉＿＿＿。
＿＿ 빼고 주세요.
＿＿ bae-go ju-se-yo

少放點＿＿＿＿＿。
＿＿조금 만 넣어 주세요.
＿＿ jo-geum man no-o ju-se-yo

多加點＿＿＿＿。
＿＿ 좀 더 주세요.
＿＿ jom deo ju-se-yo

什麼食物是不＿＿＿＿＿的？
어떤 음식이＿＿＿지 않아요?
o-deon eum-si-gi ＿＿ ji an-na-yo

＿＿＿＿ 一點。
＿＿ 게 해 주세요.
＿＿ ge hae ju-se-yo

一點 ＿＿＿＿。
조금 만＿＿＿ 게 주세요
jo-geum man ＿＿ ge ju-se-yo

可替換用字：

辣椒	고추	go-chu
冰塊	얼음	o-lum
糖	설탕	sol-tang
牛奶	우유	u-yu

可替換用字：

酸	시다	si-da
甜	달다	dal-da
苦	쓰다	seu-da
鹹	짜다	ja-da
辣	맵다	maeb-da

交通

請給我＿＿張到＿＿的票。
＿＿＿＿까지(到)＿＿＿장(張) 주세요.
＿＿＿＿ga-ji ＿＿＿＿＿ jang ju-se-yo

請問下一班車到達的時間？
다음 차 언제 와요？
ta-eum cha on-je wa-yo

請問票價最便宜的時間是什麼時候？
표값이 제일 싼게 언제예요？
pyo-gab-si je-il ssan-ge on-je-ye-yo

請問最快的是什麼時候？
제일 빠른게 언제예요？
je-il ba-leun-ge on-je-ye-yo

到站時請告訴我。
도착하면 알려 주세요.
to-cha-ka-myon al-lyo ju-se-yo

請問要怎麼去？
＿＿＿어떻게 가야 돼요？
＿＿＿o-dot-ke ga-ya twae-yo

可以帶我去嗎？
같이 가 주실 수 있어요？
ka-chi ka ju-sil su yi-so-yo

請問有中文地圖嗎？
중국어 지도 있어요？
jung-gu-go ji-do yi-so-yo

要如何保存？
어떻게 보관해야 돼요？
o-do-ke po-gwa-nae-ya twae-yo

冷藏
냉장
naeng-jang

常溫
실내에 놓다
sil-nae-e no-da

冷凍
냉동
naeng-dong

購物篇

請問多少錢？
얼마예요？
ol- ma- ye- yo

可以試穿嗎？
입어봐도(신어봐도)돼요？
i-bo-pwa-do (si-no-pwa-do) twae-yo

有其他顏色嗎？
다른 색이 있어요？
ta-leun sae-gi yi-so-yo

請給我一個新的。
새 것 하나 주세요.
sae got ha-na ju-se-yo

請幫我打折。
좀 깎아 주세요.
jom ga-ga ju-se-yo

請給我收據。
영수증 주세요.
yong-su-jeung ju-se-yo

請問今天營業到幾點？
오늘 몇시까지 영업해요？
o-neul myo-si-ga-ji yong-o-pae-yo

請問可以退稅嗎？
외국인 세금 환급도 돼요？
wea-gu-gin se-geum hwan-geub-do twae-yo

有效期限是到什麼時候？
유통기한이 언제까지예요？
yu-tong-gi-ha-ni on-je-ga-ji-ye-yo

最好吃(最好喝)的是哪個？
뭐가 가장 맛있어요？
mwo-ga ka-jang ma-si-so-yo

可以刷卡嗎？
신용카드 받아요？
sin-yong-ka-deu ba-da-yo

韓國時差比
臺灣快1小時！

首爾市
Seoul

서울시

（含世界文化遺產：水原華城；世界無形遺產：男寺黨遊藝）

首爾（2005年以前稱漢城），正式的名稱為首爾特別市，是大韓民國（簡稱韓國）的首都，也是韓國最大的城市，和其周邊的仁川廣域市、京畿道的部分城市合稱為「首爾都市圈」，在政治、經濟、科技和文化等方面，都位居韓國的龍頭中心地位，因漢江流經其中，所以用江北和江南來區分首爾南北的地理位置。

束草
江陵
○首爾
水原
安城
清州　安東
大邱　慶州
全州　金海
晉州　釜山
木浦

濟州島

作
者
說

首爾的歷史文化，相關資料隨便抓就是一大把，所以那些都不是我要寫的。我想寫的是，應該有很多人跟我一樣，在第一次要去韓國之前，會想著到底是要跟團呢、還是自由行？我不會完全否定跟團的意義，但我也必須大聲的說：「去韓國，自由行更好玩！」不管是去哪個地方自助旅行，剛開始的時候，不方便、不習慣的感覺，或多或少都會有，但是對於慣用華語的我們來說，首爾相較於一些國家或地方，算是個方便自由行的國家，並且自由行可以更貼近道地的韓國人生活，但前提是，請務必要認真的蒐集資料和做功課喔！

首爾遊逛戰略

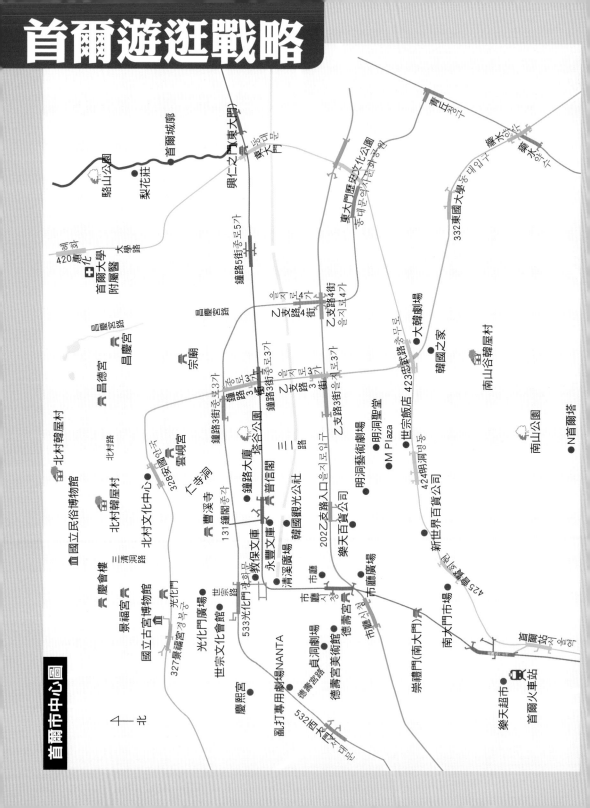

首爾市中心圖

駱山公園　首爾城郭　梨花莊　興仁之門(東大門)　東大門　青丘　樂水

420惠化　首爾大學附屬醫院　大學路　鐘路5街종로5가　乙支路4가　乙支路4街　東大門歷史文化公園　東大門歷史文化公園東大門역사문화공원　大韓劇場　332東國大學東國大學동국대　大學동대입구

北村村韓屋村　國立民俗博物館　北村韓屋村　北村路　昌慶宮　昌慶宮路　宗廟　鐘路3街종로3가　乙支路3街종로3가　乙支路4街乙支路4街3가　韓國之家　南山谷韓屋村　金南山谷韓屋村

慶會樓　北村文化中心　328安國안국　仁寺洞　鐘路3街종로3가　鐘路종로3가　3가　乙支路3街乙支路3街3가　明洞聖堂　世宗飯店 423忠武路충무로　M Plaza　南山公園　N首爾塔

景福宮　國立古宮博物館　三清洞　三清路　曹溪寺　鐘閣종각　鐘路大廈　普信閣　韓國觀光公社　202乙支路入口을지로입구　明洞藝術劇場　424明洞명동　新世界百貨公司

光化門廣場　327景福宮경복궁　世宗文化會館　533光化門광화문　清溪廣場　永豐文庫　樂天百貨公司　市廳　市廳시청　425　南大門市場　樂天超市　首爾火車站 서울역

北　慶熙宮　德壽宮　德壽宮美術館　貞洞劇場　德壽宮　市廳시청　市廳　崇禮門(南大門)　首爾站

景福宮　光化門廣場　世宗文化會館　亂打專用劇場NANTA　貞洞劇場　德壽宮　532西大門서대문

明洞

往德壽宮

3
2
4
1
8
7
5
6
202乙支路入口을지로입구

北↑

¶| 本粥(明洞直營店)

● 樂天百貨公司

樂天電影院

明洞藝術劇場(NANTA)
● ARITAUM

¶| 神仙雪濃湯

● 明洞聖堂

M Plaza /
首爾文化交流旅遊資訊中心
●

● 屈臣氏

¶| 柳家

¶| 本粥(明洞店)

世宗飯店 🛏

● 新世界百貨公司

往N首爾塔透明電梯搭乘處 ←

5 6   7 8   9 10
424明洞명동   1

往南山

漢江公園

● 世界盃賽場
世界盃公園
麻浦區廳

市廳
● 明洞

● 東大門

● 梨大

● 南山公園

北↑

N首爾塔

廣渡口公園
廣渡口
廣津橋

城山大橋

楊花大橋

仙遊島公園
堂山 ●

西江大橋

麻浦大橋

汝矣島公園
龍山

國立中央博物館

江邊

千戶

鷺梁大橋

國會議事堂
汝矣渡口
汝矣島

63大廈

盤浦大橋

狎鷗亭

奧林匹克
公園

鷺梁津

月光彩虹噴泉

銅雀

樂天世界

國立顯忠院

三清洞、北村

三清公園
貓頭鷹博物館
監察院
越南大使館
三清郵局

三清洞路

三清洞麵疙瘩
中央高中
嘉會洞31番地
首爾雞文化館
嘉會洞11番地
嘉會路
三清洞派出所
北村韓屋體驗館
國立民俗博物館
桂洞路
首爾教育博物館
昌德宮
北村路
觀光案內所
觀光案內所
北村路
北村文化中心
宗親府路
嘉會路
三清洞路
別宮路
嘉會路
桂洞路
景福宮
宗親府路
廠古堂路
地鐵328安國站
雲峴宮
←往地鐵327景福宮站

惠化門
地鐵420惠化站
大學路街
駱山公園
駱山展示館
馬羅尼埃公園
城廓歷史探訪路
首爾大學附屬醫院
韓國放送通信大學
梨花洞壁畫村
梨花莊

地鐵東大門站
東大門
清溪川

大學路、駱山公園

延世大學
新村站街
新村火車站
往梨花女大

名物街
新村站街
梨大購物街

延世路
241梨大이대
格蘭德超市
新村路
大興路
現代百貨
240新村신촌

新村

首爾

行程路線規劃

同區域集中一天

　　首爾有很多值得走走看看、逛街血拼的地方，在行程規劃上，建議一天集中在某個區域活動，不要跨太大的範圍，例如地鐵景福宮站、安國站、光化門站和鍾閣站的景點可以安排在同一天；或是要去江南的景點，當天就集中在周邊活動，不要江北和江南的景點排在同一天。並且在安排行程時，不要排的太密集，才不會造成身體或心理上太大的負擔。

打破地鐵路線限制

　　首爾的地鐵線分布密集，很多景點都有地鐵可達，但地鐵每站的遠近卻不太相同，有些相鄰的兩站之間，步行約15分鐘就可以到達，有些卻會超過30分鐘以上，或有些景點之間雖然在不同的地鐵路線上，但其實位置相近，步行跟搭地鐵的時間差不多、甚至還有可能更快，例如從德壽宮所在的市廳站要前往景福宮或明洞，搭地鐵都需要換線，但是步行前往，卻都各只需約15分鐘即可到達，像這樣短途的步行，不僅可節省車費，也可以比只搭地鐵看到更多城市景色。

觀光資訊看這裡

首爾官方網站
tchinese.seoul.go.kr
首爾官方旅遊網站：
i Tour Seoul
www.visitseoul.net

首爾觀光案內所(관광안내소)

　　位於清溪廣場旁，有通外語的服務人員，免費提供的韓國各地旅遊資料及相關的服務，可免費上網，並有播放展示韓流音樂、戲劇等等的影音空間，是諮詢旅遊問題和喝茶歇腳的好去處。

|韓國觀光公社 한국관광공사 |

　　首爾的觀光諮詢服務相當完善，除了在很多旅遊景點周邊或是車站都設有觀光案內所，還有「行動式的觀光諮詢服務」！改變以往等遊客上門的服務模式，服務人員會直接走上街頭，替遊客提供旅遊方面的諮詢服務，目前在明洞、南大門、東大門、光化門、新村、黎泰院、市廳(德壽宮)等地設有此項服務，有中文、英文和日文三種語言(會陸續增加)，看服務人員背後的文字，就可以知道是說哪種語言。

DATA
🌐 big5chinese.visitkorea.or.kr/cht/index.kto
🕐 週一～五09:00～20:00
➡️ 從地鐵131鍾閣站5號出口出來，直走過清溪川後右轉步行約1分鐘，韓國觀光公設B1。

首爾國際文化觀光中心
(서울 글로벌문화관광센터)

位於明洞大街上的M Plaza商場5樓，有精通中文、英文和日文的服務人員，除了提供豐富的旅遊資料、免費上網和收費置物櫃等的服務之外，還有免費的韓國傳統工藝體驗和試穿韓服，如果逛街逛累了，也可以來此休息歇腳，以儲備下一回合血拼的戰力。

DATA

http seoultourism.kr/cb/index.asp

🕙 10:30～22:00(農曆新年、中秋節休息)

📞 (02)3789-7961～3

➡ 從地鐵「424明洞(명동)」站6號出口出來步行約2～3分鐘，M Plaza商場的5樓。

如何前往首爾

從機場出發

目前臺灣前往韓國主要透過仁川國際機場(北部近首爾)和金海國際機場(南部在釜山)，從機場要前往首爾市區，有各種價格和交通時間的方式可供選擇，建議依照自身的狀況做考量後，選擇對自己最有利的方式。

仁川國際機場出發

仁川國際機場◀▶首爾的交通資訊

出發地	仁川國際機場(請參考本書P.14、15)		
到首爾市區的交通方式	機場巴士	機場地鐵(一般)→市區地鐵	計程車
優點	路線、班次都很多，部分住宿區域，從巴士下車後，只需步行即可到達	車資約是機場巴士的三分之一到一半，且不會塞車	乘坐舒適
缺點	有可能會塞車	詳見下方備註	費用很高
費用	中	低	高

※ 1.首爾地鐵內的電梯和手扶梯都很少，若有攜帶較大或較重的行李，較易耗損體力或浪費時間。
　 2.以上資訊若有異動，依當地最新公布為準，前往時請務必再次確認。製表：Helena

金海國際機場出發

金海國際機場◀▶首爾市區的交通資訊分析

出發地	金海國際機場(釜山)(P.149)				
到首爾市區的交通方式	國內線飛機→市區地鐵或機場巴士	機場巴士→高鐵KTX→市區地鐵		機場巴士或釜山地鐵→巴士→市區地鐵	
		釜山火車站	龜浦火車站	東部綜合巴士站	海雲臺巴士站
優點	金海機場從國際線大樓步行約5分鐘即可到國內線大樓，飛機航程時間短(約50分)	班次多，到達首爾火車站後即是首爾市區(約2小時45分)	距離金海機場較近，到達首爾火車站後即是首爾市區(約2小時40分)	費用低	
缺點	到了金浦機場後需再： ·轉搭機場巴士進首爾(約4000W) ·轉搭地鐵(詳見備註) ·金浦機場和地鐵站的距離稍遠(步行約需10～15分鐘)	·金海機場往釜山火車站的機場巴士約40分鐘一班，且有塞車的可能 ·到首爾之後轉搭地鐵(詳見備註)	·班次較少，且龜浦火車站離主要市區還有段距離，若是有任何狀況沒搭到車，較不易即時應變 ·到首爾之後轉搭地鐵(詳見備註)	·釜山的地鐵站內，電梯和手扶梯較少 ·巴士站距離金海機場較遠，且往首爾的車程時間較長(約4.5小時) ·到首爾之後轉搭地鐵(詳見備註)	
費用	高	中(以高鐵KTX的一般座位票價計算)		低	

說明：1.首爾地鐵內的電梯和手扶梯都很少，若有攜帶較大或較重的行李，較易耗損體力或浪費時間。
　　　2.以上資訊若有異動，依當地最新公布為準，前往時請務必再次確認。製表：Helena

金浦國際機場
김포국제공항

在首爾市江西區、漢江西南側的金浦機場，是仁川機場啟用前與國際連接的主要門戶，現在是韓國北部地區最重要的國內機場，尤其往濟州島的航班密度高，白天幾乎每小時都有班機往返。近年發展成國際間的首都機場，飛往日本與中國大陸數個主要大城市，與台北松山機場的航線也在計畫中。

搭地鐵到金浦機場的步驟

搭首爾地鐵5、9號線都可到金浦機場，但地鐵站與機場航廈間還須走約10～15分鐘，專心跟著指標走就OK，一路上也有手扶梯！

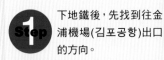

Step 1 下地鐵後，先找到往金浦機場(김포공항)出口的方向。

Step 2 地上貼有路線指標貼紙，跟著路線走即可。

Step 3 繼續跟著指標走。

Step 4 1號出口往國內線。

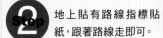

Step 5 連接機場大廳的通道有平面電梯。

國內線大廳指標說明

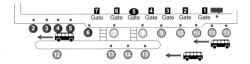

1樓是到達大廳，3、5號門中間有觀光案內所(沒有4號門)，7、8號門中間有租車和機場巴士購票等服務櫃檯。2樓check-in、託運行李和購票，3樓出發，4樓有餐廳和小商場。上2樓後各家航空公司的櫃檯一字排開，非常清楚好找。機場內中文指標清楚，跟著指標走即可。

出發

出發時請上3樓，進入安檢範圍前，請將登機證和護照拿在手上，以便核對身分，除了沒有證照查驗的步驟，搭乘韓國國內線飛機的手續步驟和國際線大致相同。

等待登機

通過安檢後，依照登機證上的登機口(탑승구)號碼和指示牌找到登機口即可。

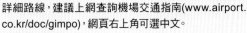

紅色：往首爾市內方向　黃色：機場循環巴士
藍色：往京畿道／仁川／首爾以外的其他地方　綠色：往仁川機場

計程車、巴士與公車

計程車：走出1樓大廳在航站對面有計程車招呼站。

巴士、公車：往首爾或外地的詳細路線，建議上網查詢機場交通指南(www.airport.co.kr/doc/gimpo)，網頁右上角可選中文。

機場循環巴士

巴士車門左邊跑馬燈上中文稱為「擺渡車」的，是金浦機場航廈與貨物站間循環行駛的免費接駁車。每日07:00～23:00，約7～8分鐘一班。透過金浦機場國內線與國際線班機串聯行程，或候機空檔想去逛附近E-MART大賣場的旅人可以利用。按著車身旁的跑馬燈標示，可分為2種路線：

1.候機樓專用擺渡車：國內線大樓→國際線大樓→E-MART大賣場(循環)

2.機場貨運站擺渡車：國內線大樓→各辦公或貨物大樓→國際線大樓→E-MART大賣場(循環)

以明洞出發往金浦機場為例

交通工具	機場巴士	地鐵	
路線	6001豪華機場巴士	4號線到東大門歷史文化公園，再轉5號線到金浦機場	4號線到銅雀站，再轉9號線急行線
所需時間	約1小時	約1小時半(包含地鐵轉乘和地鐵步行至機場大廳)	約1小時10分(包含地鐵轉乘和地鐵步行至機場大廳)
票價(W)	7,000	1,200	1,200
優點	直達機場門口	票價較便宜	票價較便宜，且9號線手扶梯很多
缺點	票價較貴，且有塞車的可能	轉乘時因手扶梯少，較不方便。地鐵站步行到機場大廳約需15分鐘	9號線急行線約5～10分鐘一班。銅雀站在進入9號線範圍前需爬樓梯，地鐵站步行到機場大廳約需15分鐘
建議	行李較多者	行李不多者	

| 巴士 |

首爾是韓國的樞紐，交通流量大，設有多個與外地相連的巴士站。遊客較常使用到「高速巴士站」、「東首爾綜合巴士站」和「南部巴士站」。許多城鄉都有往首爾的巴士，但有些地方班次很少，透過附近的主流城市轉車較便捷。但請特別注意，許多城市有開往首爾不同巴士大站的車，班次量、票價、車行時間、甚至搭乘點都不同；更要注意，車班告示上往往用巴士站的「別稱」來命名，旅人請務必瞭解首爾各巴士站的別名暱稱、位置和相連的地鐵線，才能快速評估哪個是您行程上的最佳選擇，且才不會意外跑錯巴士站，消耗太多心神！

又稱
首爾江南
(서울 강남)

高速巴士站(고속터미널)

www.kobus.co.kr
(可查詢全韓國各地的高速巴士資訊)

首爾高速巴士站又稱「江南高速巴士站」或「首爾江南」(서울강남)，以便和也有高速巴士的「東首爾巴士站」(地鐵214江邊)做區隔。在漢江南側，是首爾地鐵3、7、9號線的交會站。

前往時請先確認要往1號出口搭京釜線(경부선)、嶺東線(영동선)，或往7號出口搭湖南線(호남선)。京釜線(경부선)主要是走東南邊往釜山方向的巴士；嶺東線(영동선)主要是經京畿道往東邊江原道的方向行駛。湖南線(호남선)則是往西南方全州和木浦的方向。

地鐵地下街的指示牌，除了標示路線外，亦有各停靠地名的漢字對照❶，依照指示走即可。

DATA

京釜線(경부선)、嶺東線(영동선)：
http www.exterminal.co.kr

穿過兩旁都是餐廳的通道，上手扶梯後，左右轉直走都有購票處(표사는 곳)，左轉購票處的22號窗口是外國人專用購票窗口，上手扶梯後前方一橫排就是搭車處(차타는 곳)，前往的站名有漢字可對照。

湖南線(호남선)：
http www.centralcityseoul.co.kr/shopguide/sub_facilities_terminal.php

走進中心城市(센트럴시티)商場，直走到中央的手扶梯向上，上去之後右轉直走，就是湖南線的大廳，右邊是白天的購票處，左邊是深夜和預售票購票處，中間有詢問臺，直走前方一整排紅色的門是搭車處，前往的站名有漢字可對照。

又稱
東首爾
(동서울)

東首爾綜合巴士站
(동서울 종합터미널)

www.ti21.co.kr

　首爾的綜合巴士站,簡稱「東首爾」(동서울),有高速巴士和市外巴士的路線,因為規模很大,所以會有和江南的高速巴士站搞混的狀況。

　地鐵「214江邊(강변)」站的4號出口出來,對面大樓就是東首爾巴士站,一樓是市外巴士的購票處(分區售票),二樓是高速巴士的購票處(不分區售票),位置在手扶梯上二樓後的旁邊,搭乘處是在一樓的後方,前往的站名有漢字對照。

▲市外巴士售票處

▶高速巴士售票處

又稱
首爾瑞草
(서울 서초)

▲南部巴士站內

南部巴士站(남부터미널)
www.nambuterminal.co.kr

　首爾的市外巴士站,因位在首爾的瑞草區,所以也被稱為「首爾瑞草」(서울 서초)。

　從地鐵「341南部巴士」站5號出口出來,往回走到路口,就可以看到巴士站的大門,進入巴士站內,中間有詢問臺,左邊是搭乘處,右邊直走到底是購票處,沒有分區售票,各個窗口皆可購買所有路線的車票。

|火車|

首爾交通流量很大,因此設有多個火車站,一般旅客較常會使用到的是「首爾火車站」、「龍山火車站」和「清涼里火車站」,各路線的時刻表可上韓國鐵路公社的網站查詢。

DATA
韓國鐵路公社
http www.korail.com

▲首爾火車站的旅客服務中心

首爾火車站(서울역) Seoul

首爾最大的火車站,往韓國東南部方向的高鐵KTX和一般火車(京釜線)都在此搭乘,例如往慶州(경주)、釜山(부산)等地。大廳內的旅客服務中心可領取預訂的火車票,外國旅客除可諮詢乘車相關資訊,亦可直接在此購買當天至1個月內不分發車車站的火車票。

地鐵1、4號線交會的首爾站(서울역)(地鐵133/426)走出1號出口,搭乘2段手扶梯到頂,左邊是首爾火車站入口,右邊是LOTTE Mart大賣場首爾站店。

首爾

Yongsan

龍山火車站(용산역)

首爾往韓國西南部方向的高鐵KTX和一般火車(湖南線)在此搭乘,例如往全州(전주)、井邑(정읍)和木浦(목포)。

地鐵1號線(135)、中央線(K110)交會的龍山(용산)站與火車站共構;地鐵4號線(429)新龍山(신용산)站4號出口走出即可看見幾公尺外的車站建築體,和兩側相連的龍山電子商城、E-MART大賣場龍山店與旁邊的Dragon Hill Spa三溫暖。

Cheongnyangni

清涼里火車站(청량리역)

首爾往韓國東部江原道與慶尚北道(慶北)方向的中央(중앙)和太白(태백)線火車在此搭乘,例如往江陵(강릉)、正東津(정동진)和安東(안동)。

地鐵1號線(124)、中央線(K117)清涼里(청량리)站沿指標走可直連火車站大廳;或從4號出口到地面,搭手扶梯上2樓車站大廳,左側到底是售票處,左中是搭乘處和共構的樂天百貨、LOTTE MART大賣場清涼里店和樂天電影城入口。

註:原前往春川或加平(南怡島)的京春線(경춘선)火車,自2010.12.21起納入首都圈地鐵/國鐵路線,不再從清涼里火車站搭車,京春線的起站改由地鐵7號線(720)、中央線(K120)上鳳站轉乘發車。

市內交通工具

｜地鐵｜　首爾地鐵

▼地鐵站內的標識，大多有韓文、中文和英文的對照。

路線雖多，卻有一定原則，只要手持中文、韓文對照的地鐵圖，定下心來仔細看清楚，或是勇敢點的問人，一樣可以輕鬆搭地鐵闖蕩首爾；地鐵站內的標示，大多有韓文、中文和英文3種，每個地鐵站都有屬於該站的號碼，第1碼是「路線碼」，後2碼是「站編號」，若號碼前面有英文字，則代表是支線或國鐵系統，地鐵站的號碼不用硬背，只要大概知道，方便在地鐵圖上對照即可。

▲要換乘其他路線時，跟著顏色標幟走即可，旁邊標示的站名，大多為這條路線的頭尾站或是中間的大站，若無法分辨方向，請問問附近的其他人。

可事先上網查詢地鐵各路線的頭末班車時間、路線和票價等資訊。
首爾地鐵公社(1、2、3、4號線) ⓗ www.seoulmetro.co.kr
首爾都市鐵道公社(5、6、7、8號線) ⓗ www.smrt.co.kr
首爾地鐵9號線 ⓗ www.metro9.co.kr

地鐵票價種類介紹

▶T-money標誌

　　遊客在首爾搭地鐵，使用單程票或T-money交通卡，票價從1,000₩起跳。購買單程票時需預付押金，出站後可退回；而T-money卡則除了搭地鐵可享折扣之外，還可以搭公車或是其他用途。為了節省時間，建議買T-money卡比較方便，或是搭配各式折扣活動的Seoul City Pass Plus(含T-money卡的功能)。詳細的分類、用途和使用方式，可參考以下網站的交通卡說明部分。

韓國觀光公社 ⓗ big5chinese.visitkorea.or.kr/cht/index.kto
i Tour Seoul ⓗ www.visitseoul.net/cb

單程票

　　在地鐵站內的人工售票窗口和自動售票機購買；現在已經有越來越多地鐵站內有中文顯示的售票機，若購票上有問題，可請站務人員或是附近的乘客幫忙，在中、韓文對照的地鐵圖上指出要去的站，再用手比要幾張票即可。每張單程票會外加500₩的押金，出站後再使用「保證金退還機」退回。

T-money交通卡

購買：地鐵站內、貼有T-money標誌的便利商店和路邊公車票亭都可買。有信用卡大小和手機吊飾的樣式，空卡價格約3,000～8,000₩。

儲值：地鐵站內的自動儲值機(部分有中文介面)、人工售票窗口以及有售T-money卡的便利商店也可儲值，只要把錢和卡一起交給店員即可。

退還餘額：離開韓國前可在地鐵站人工售票窗口或便利商店退沒用完的儲值金額，除需扣500₩的手續費，原空卡購入費亦不退還，但卡片可保留至下次到韓國時使用。

優點：

1. 搭地鐵或公車，每次搭乘、或在30分鐘內轉乘均享有優惠。

2. 即使因訪韓時程短，空卡購入成本未能靠乘車與轉乘優惠全部「回本」，但可節省每次購票與取回單程票押金的時間。

3. 韓國公車雖可找零但都是銅板，刷T-money卡也可避免投入大額紙鈔，找回一堆零錢。

急行 급행 ► 여의도 Youido
동작 (반포대) Dongjak
노량진 917 ► 샛강 Saetgang
Noryangjin
9號線鷺梁津站

有兩個下一站，所以一般
線和急行線是共同月臺

實用韓文教學

請幫我儲值。
충전해 주세요.
chung-jo-nae ju-se-yo

請幫我退款。
환급 부탁드려요.
hwan-gup pu-tak-deu-lyo-yo

請把T-money卡還給我。
T-money 카드를 저에게 되돌려 주세요
T-money ka-deu-leul cho-ae-gae doe-dol-lyo ju-se-yo

搭乘地鐵9號線需知

2010年通車的地鐵9號線，有較寬且便利的手扶梯，對來往金浦機場和首爾市區之間拖著行李箱的旅客而言是不錯的選擇。但9號線與其他地鐵線有些許差異，需提醒注意：

1.地鐵9號線有分「一般」(일반)和「急行」(급행)兩類列車。一般列車會沿途每站停靠，急行列車沿途只停靠部分大站，須先確認自己要前往的車站，急行列車是否停靠。

2.月台：針對一般車與急行車都停靠的大站，某些站的月台是兩類列車共軌，同一側月臺可搭一般列車也可搭急行列車(標示如下圖)；某些站屬「閃車」站，月臺在中間，主軌讓急行車專用，支軌讓一般車停靠，意思是站在同一個月臺上，兩種列車將會各停一側。如果要去的站是急行車不停的，不要誤上急行車。**辨識祕訣**：急行車會停靠的月臺，閘門上會有一長條紅底白字寫明韓文「급행」(急行)。

3.從其他地鐵線跨入9號線的範圍，不論是轉車或使用9號線的出口出站，都會多刷票卡一次，但不扣錢，純為記錄。

4.部分9號線的轉乘站若兩線站體之間通道尚未完工，則可能碰到須刷卡走出車站再走往另一車站刷卡入站轉乘的現象。但只要間隔在30分鐘內轉乘就不會多扣錢(如2011年1號線「鷺梁津」站)。

實用韓文教學

往_____的車可以在哪裡搭？
_____에 가는 버스(차)는 어디서 타면 돼요?
_____ae ka-nun po-seu-(cha)-nun o-di-so ta-myon twae-yo

出站時取回保證金

刷票口外的保證金退還機，將單程票放入之後，即可退回500₩的押金。

地鐵注意事項

電梯很少：除了9號線，首爾其他地鐵站裡的電梯和手扶梯數量很少，雖然有陸續增設，但數量還是偏少，並且部分手扶梯過窄，大型行李不易通過，或是普遍認為年輕人不該搭電梯，所以盡量不要帶著過大或過重的行李搭地鐵。

月臺分兩邊：有些地鐵站的上下行月臺路線會分為兩邊，中間互不相通，如果走錯了邊，就要退出刷票口，從對向再進站一次，雖然指示牌會標出要前往方向的較大站和底站，但這部分幾乎都是韓文，如果遇到無法確定方向的狀況，請拿著地鐵圖，詢問一下附近的人。

博愛座：韓國是一個敬老尊賢的國家，該文化反映在博愛座上，認為年輕力壯、好手好腳的人不應該坐博愛座，如果誤坐，是有可能當場被斥責的。

可以吃東西：搭首爾地鐵可以飲食，跟臺灣搭捷運不能飲食的規定不一樣，但建議以味道不太濃郁的點心、零食為主，避免帶進湯湯水水的食物。

營業時間：每條路線的起迄時間不盡相同，平均在05:30～24:00間營運，若有特殊情況需要在較早或較晚的時間搭地鐵，建議先利用網站查詢。

首爾地鐵9號線急行(급행)線停靠站

站編號	站名	韓文	到金浦機場所需時間(分)
902	金浦機場	김포공항	
907	加陽	가양	6
910	鹽倉	염창	10
913	堂山	당산	14
915	汝矣島	여의도	17
917	鷺梁津	노량진	20
920	銅雀	동작	24
923	高速巴士站	고속터미널	28
925	新論峴	신논현	31

表格整理：Helena

在首爾搭公車

「不會韓文可以搭首爾的公車嗎?」當然可以!在首爾,雖然搭地鐵比較不容易迷路,但是多在地底下,很難有機會仔細看看首爾市區的面貌,建議有時搭公車來移動,不會韓文也沒關係,只要抓住一些要領,一樣可以在首爾來趟公車之旅!

如何搭公車

首爾的公車是前門上車、後門下車,車費可投現或刷T-money卡;投現可找零,但都是找銅板,T-money卡則是上下車都要刷卡,刷卡成功機器會發出「嗶」一聲,下車時請記得一定要刷卡,除了在一定時間內可享換乘優惠,最重要的是若下車時沒有刷卡,下次使用時會被多扣一次單程票價!

首爾市內公車行駛分區圖

區域	區域編號	範圍
中部	0	鐘路區、中區、龍山區
東北部	1	道峰區、江北區、城北區、蘆原區
東部	2	東大門區、中浪區、城東區、廣津區
東南部	3	江東區、松波區
南部	4	瑞草區、江南區
西南部	5	銅雀區、冠岳區、矜川區
西部	6	江西區、陽川區、永登浦區、久老區
西北部	7	恩平區、麻浦區、西大門區

車身顏色	行駛區域	票價(₩)	
		投現	T-money卡
藍色	連接八大區域中的其中兩區,行經主要幹道	1,000	900
綠色	主要是連接單一區域或是兩區之間的地鐵站,行經沒有藍色公車的較小區域	1,000	900
黃色	特定區域或路線的循環公車	800	700
紅色	連接首爾和周邊京畿道城市的公車	1,800	1,700

首爾的公車分為藍、綠、黃和紅四種顏色,各有不同的行使範圍,下面以一般遊客較常搭乘的藍色和綠色公車來做說明:

藍色公車:

大多是循環路線,從公車號碼就可以看出行駛區域。首先,要將首爾分為8大區域(見左附圖),每個區域都有自己的編號,公車編號的前2碼代表這班公車行駛的起迄區域,第3碼則是路線編號。

例如要從地鐵「418誠信女大」站(城北區代號1)到「424明洞」站(中區代號0),可搭104號公車。前2碼10代表示代號1區和0區間循環行駛的公車。留意有無101~109號公車,也許也可搭乘。接下來,只要準備一份有中韓文對照的首爾地鐵圖和下方5個步驟,就可以找到可搭乘的公車:

Step1:事先查好要去的區域編號和附近的地鐵站名。
Step2:確認要前往的方向,可參考地圖或問路人。
Step3:查看公車站牌,先過濾有哪幾班公車是到要去的區域。
Step4:公車站牌上都會把地鐵站和所屬地鐵的路線號碼標示出來,並有英文站名,英文的拼法和中文的發音有些類似,看一下是否有自己要前往的地鐵站,若實在無法分辨,請用地鐵圖詢問路人。
Step5:上車後,在地鐵圖上指出要前往的地鐵站,給司機或其他乘客看看,請大家幫忙提醒下車。

綠色公車：

以連接地鐵站，補足沒有藍色公車的較小區域為主，如果在首爾散步走累了想搭地鐵，隨時可以找附近的公車站牌，搭上綠色公車到最近的地鐵站下車即可。公車會有2種不同的號碼，分別代表不同的行駛區域：

1. 「4碼」及「4碼+英文」：4碼的前2碼是出發、到達的區域，後兩碼是車輛編號，若有英文，就是

國語：請在最近的地鐵站讓我下車。
韓文：가까운 지하철 역에서 내려 주세요.
拼音：ga-kka-un ji-ha-cheo- lyeo-ge-seo nae-lyeo ju-se-yo

該號公車有其他不同的路線。

2. 「韓文+2碼」：代表這輛公車的行駛路線只在首爾的某一個區域內，例如강북(江北)05號公車是江北區的第5號公車。

事先查詢公車路線步驟

如果已經有預先規劃的路線，可利用首爾市的中文網頁查詢。

🔗 tchinese.seoul.go.kr

 進到首爾市的中文官網，點左下方的「公車」選項，會彈跳出首爾市交通指南的查詢網頁。

 把左邊的地圖拉到出發地相應的位置。

 點選右邊出發地的「請點擊相對位置」的按鈕，會變成「直接在地圖上選擇」，再點選左邊地圖上的B字樣(代表公車Bus)。

 重複Step3，選擇目的地後按下方的「前往路線查詢」，即可查詢到相關路線公車。

住宿

首爾可以住宿的地方和它的歷史文化一樣，多到不勝枚舉，包括韓屋、民宿、旅館、背包旅社和星級飯店等，各式各樣的住宿型態應有盡有，除了

要考量環境、價格和個人喜好，建議以較常在的活動區域範圍為首要選擇。例如要在明洞或是東大門血拼的人，乾脆直接住在附近，方便存放戰利品，如果逛街逛得太晚也可以步行回去。預定住宿地點之前，可上網參考一下其他人的住宿經驗，以選擇符合自己需求的住宿地點。

連鎖大賣場購物

　　韓國的三大連鎖賣場，LOTTE Mart(롯데마트)、Home plus(홈플러스)、E-MART (이마트)，類似臺灣的家樂福、愛買等大賣場，在這裡的韓貨才是韓國人日常生活真正吃的、用的，不是刻意迎合觀光客的「包裝」產品。除了品項多、價格實惠、標價清楚且不怕被「坑」，各種大手筆的試吃活動更是嘗鮮的大好時機。此外，對外國遊客來說，賣場的地理位置、營業時間和能否退稅也是很重要的。總之，大賣場是買伴手禮加體驗韓國民眾文化不可錯過的好地方！

LOTTE Mart
http www.lottemart.com

　　部分商品的價格比其他兩家大賣場的分店略高一點點。首爾火車站旁的首爾站店，地理位置方便，外國遊客的比例較高，有各種貼心打包服務，也提供從店內直接寄送國際包裹回臺灣的服務。

Home plus
http corporate.homeplus.co.kr

　　24小時營業的分店較多，東大門店除了24小時營業之外，退稅也是24小時皆可辦理。可退稅的分店，大部分都是在顧客服務中心(고객센터)抽號碼牌排隊辦理，但目前沒有提供店內直接可寄送國際包裹的服務。

E-MART
http www.emart.com

　　分店數量較多，但24小時營業的分店較少。可退稅的分店，大部分是在店內顧客服務中心旁的新世界百貨商品券櫃臺(상품권샵)辦理。很多分店都有店內直接可寄送國際包裹的服務，但目前為止都只能寄日本，龍山店可寄美國。

大賣場體驗重點

隨身物品置物櫃和手推車

　　韓國的大賣場會限制隨身包包的大小，建議入場前先將較大或較重的隨身物品存放在置物櫃，逛起來也會比較輕鬆；使用置物櫃時，需投100W硬幣，取回物品時再退回。手推車也是使用前放入100W硬幣，離場歸還時會退回。

盡情的享受試吃

　　韓國大賣場的試吃多樣化是出了名的！從烤肉、飲料、點心到各式小菜，種類非常多，吃過不買也沒關係，所以就放心大膽的去試吃吧！一般來說，首爾或釜山地區的賣場裡試吃項目比較多，週五、六、日三天特別熱鬧豐富。

自備購物袋或是善用打包工具臺

　　目前韓國的連鎖大賣場不提供塑膠袋，建議自備購物袋前往購物，或是利用打包臺打包。韓國的大賣場在收銀臺或是出入口的附近，都會設有打包臺，提供廢紙箱、剪刀、膠帶和繩子等用品供客人使用。

首爾

大賣場的退稅服務

外國人在韓國可享有的購物退稅服務內容,請參考本書P.20。

大賣場裡的商品並不是全部都可退稅,一般來說,生鮮商品(如香蕉牛奶)、散裝食品(如非密封包裝泡菜)、紙本出版品(如書籍雜誌)等不可以退稅,

零食、餅乾、泡麵和女性衛生用品等可以退稅。但也會有例外的時候,建議還是以自己買的開心為重點,退稅的金額就當是不無小補的零用錢。

退稅金額,是將總購物金額扣除免稅物品的金額後,再依照級距來計算實際的退稅金額,大約含稅商品金額的3~7%,而不是退回附加稅的全部。例如購買含稅商品滿3萬W,退稅的金額為1500W,退稅比率為5%。

大賣場美食街

韓國大部分的大賣場,都附設有美食街,一個人也可以選擇來這裡用餐。韓國的美食街,是共用收銀櫃臺,旁邊會擺放店家餐點模型的玻璃櫃,不會韓文也沒關係,每個餐都有編號,只要將編號告知收銀櫃臺的人員即可點餐,付款後收銀人員會給領餐的收據。

各店家的廚房前都會有號碼顯示機,餐點做好後會顯示領餐的號碼,再拿領餐的收據去領餐即可。餐具通常會放在各店家的領餐處旁邊,用餐處附近都會提供飲水機和杯子,除了用餐的時候可以喝,若有隨身小水壺,也可以在此加水。此外,跟其他餐廳一樣,小菜吃完也可再跟店家免費續盤。用餐完畢後,有些地方是要把空碗盤拿回各店家,有些則以大鐵車共同回收。

安全、方便的打包方法

1.先將紙箱底部封起來,除中間封箱的膠帶之外,左右兩側各加一道膠帶,可以防止底部爆開,而且會比底部貼滿膠帶更有效且環保,若重量實在太重,可在中間再加一道膠帶。

2.裝妥所購物品且封箱之後,可利用膠帶製作提把,不用太長,方便提起即可,但為防止鬆脫,請在提把的兩側各加一道膠帶固定。

說明:以上打包方法適用一般人可提得起來的重量,若為寄送包裹,請自行考量打包的密實度。

▲美食街的餐點模型玻璃櫃

大賣場

大賣場營業資訊

LOTTE Mart分店資訊

首爾站店(서울역점)

從地鐵1、4號線交會的首爾站(地鐵133／426)走出1號出口，搭乘2段手扶梯到頂，右邊就是LOTTE Mart首爾站店。

進大門後右轉到底的顧客服務中心旁可寄放行李；進大門後左轉直走在1號收銀臺和照相館附近有專設櫃臺辦理退稅和代寄國際包裹。櫃臺桌墊上有各種可能會用到的中韓文對照會話例句，所以不會說韓文也不用擔心！拿出護照和收據就表示要辦退稅；抬著打包好的箱子過去就知道是要寄包裹；辦退稅和寄包裹的表格都有中文範例可參考，專設櫃臺服務時間到晚上10點。

寄回臺灣的箱子大小限制

一般在測量包裹大小，是計算包裹三邊長寬高的總和，但寄回臺灣的國際包裹，是(寬+高)×2+長，總和要在200公分以內，若超大有可能被退回或課稅。因此，建議在打包之前，先詢問服務人員箱子是否會超大。

Home plus分店資訊

永登浦店(영등포점)：

分店名為永登浦，但卻是在地鐵「235文來」站，往4號出口方向，賣場就有出入口連接地鐵站。

Home Plus分店資訊

24小時營業　24小時退稅

東大門店(동대문점)

也稱為龍頭店，24小時營業(1樓小吃街和部分櫃位除外)，退稅也24小時都可辦理。兩邊出口附近各有機場巴士停靠站，非常適合晚上睡不著又不想浪費時間的人來採購；或是採買打包後就要直接去機場的旅人，行李可先寄放在顧客服務中心。

往仁川機場方向(車行時間：1.5小時以上)
Ⓐ利木津機場巴士6101(豪華)　**Ⓑ**利木津機場巴士6002(一般)
20～30分一班　　　　　　　　12～15分一班
頭末班車：05:00／20:00　　　頭末班車：04:30／21:00
票價：14,000₩　　　　　　　票價：10,000₩

往地鐵125祭基洞站←　Home Plus(龍頭)店　東大門區廳
←往清溪廣場　　　Ⓐ　Ⓑ　　　公車專用道
清溪川文化館

※以上時間為預估值，因每天路況不同，尖峰塞車狀況難料，切記要在班機起飛前2小時「到達」機場！行車＋等車至少也需2小時；另結帳、打包和退稅都需時間，請小心別逛到讓飛機飛走了。製表：Helena

E-MART分店資訊

永登浦店(영등포점)

從地鐵「139永登浦」站2號出口出來，直走約30步到巷口，往右側即可看到新世界百貨公司，E-MART在後面的時代廣場百貨公司的地下室。

龍山店(용산점)

1.龍山火車站或地鐵1號線、中央線交會的龍山站，E-MART位於同棟大樓相連的新世界百貨B1～B2。

2.從地鐵「429新龍山」站的4號出口出來，抬頭即可看到E-MART。

清溪川店(청계천점)

從地鐵1號線上的新設洞站或是東廟站，往清溪川方向步行約10～20分鐘即可到達，在住宅大樓群的地下室。

←往東大門方向
地鐵1號線新設洞站
地鐵1號線東廟前站
清溪川
E-MART清溪川店

首爾

首爾部分大賣場營業資訊(包含E-MART兩家機場分店。L：LOTTE Mart、H：Home plus、E：E-MART)

店別	分店	營業時間	退稅及時間	寄臺灣	生鮮商品	位置	電話
L	江邊店 (강변점)	09:00～23:00	×	×	B2	地鐵「2142江邊」站2號出口 ✉서울특별시광진구 구의동 546-4 테크노마트 지하 2층	(02)3424-2500
L	首爾站店 (서울역점)	09:00～24:00	○ 到晚上10點	○ 到晚上10點	2F	首爾火車站旁 ✉서울특별시중구 봉래동2가 122	(02)390-2500
L	清涼里店 (청량리점)	09:00～24:00	×	×	4F	地鐵「124清涼里」站4號出口(和清涼里火車站連在一起) ✉서울시 동대문구 전농동 591-53	(02)3298-2500
E	機場店 (공항점)	10:00～24:00 (元旦、中秋當日休息)	○ 10:00～23:30	×	1F	金浦機場旁 ✉서울 강서구 과해동 676	(02)2166-1234
E	永登浦店 (영등포점)	24小時 (週一00：00～10:00休息、元旦及中秋當日休息)	○ 10:00～24:00	×	B2	時代廣場B1～B2 ✉서울 영등포구 영등포동4가 442번지 타임스퀘어 지하1~2층	(02)3468-1234
E	往十里店 (왕십리점)	24小時 (週一00：00～10:00休息、元旦及中秋當日休息)	○ 10:00～24:00	×	2F	地鐵往十里站(6號出口)連接的商場2樓 ✉서울 성동구 행당동 168-1번지	(02)2200-1234
E	龍山店 (용산점)	09:30～24:00 (部分賣場為早上10點開始。元旦、中秋當日休息)	○ 到晚上9點	×	B2	龍山火車站樓下B1、B2 ✉서울 용산구 한강로3가 40-999	(02)2012-1234
E	清溪川店 (청계천점)	10:00～24:00 (元旦、中秋當日休息)	○ 10:00～24:00	×	B2	地鐵1號線新設洞站步行約10分鐘(清溪川旁) ✉서울 중구 황학동 2545 B1~B3	(02)2290-1234
E	仁川機場店 (인천공항점)	10:30～21:00 (元旦、中秋當日休息)	○ 10:30～20:30	×	B1	✉인천 중구 운서동 국제업무단지 2850번지 C블럭 AIRJOY 지하1층	(032)744-1234
H	東大門店 (동대문점)	24小時 (週一00：00～10:00休息。部分賣場除外)	○ 24小時	×	B2	地鐵「211-3龍頭」站3號出口即到 ✉서울시 동대문구 용두 1동 33-1번지	(02)2173-8000
H	永登浦店 (영등포점)	24小時 (週一00：00～10:00休息。部分賣場除外)	○ 09:00～24:00	×	B1	地鐵「235文來」站4號出口前連接賣場 ✉서울특별시영등포구 문래동3가 55-3	(02)2165-8000

※店家的營業內容，依當日實際情況為準。

製表：Helena

一個人吃的餐廳・ 特別企畫

　　韓國人外出吃飯逛街，常常都是呼朋引伴的一同前往，有些店家也只接受2人以上的點餐，如果一個人要用餐，有時會感覺有困擾，因此常會有人問：「一個人去韓國到底可以吃什麼？」「難道只能餐餐蹲在路邊吃小吃嗎？」其實一個人去韓國，也是可以好好的坐在店裡，吃的很豐富滿足，以下是可以一個人吃的餐廳店家，希望大家都能在韓國吃的開心！

柳家(유가네) 一隻公雞・鐵板炒雞排店

　　韓國有些餐廳只接受2人以上的點餐，這樣的情況在賣肉類料理的店尤其多，有些店家雖然接受隻身前往的客人，但會要求要點2人份的餐點，只是，有必要多花錢還吃到撐死不舒服嗎？真的不用這樣虐待自己。

　　柳家(유가네) 一隻公雞，1981年誕生的韓國炒雞排專賣連鎖店，是一家不會拒絕獨行客人的好人好

▲請認明「一隻公雞」

事代表店，不會強迫一個人要點兩人份的餐點，也不用害怕被特殊對待，從首爾吃到釜山，再從釜山吃回首爾，都是一樣的「揪感心」！招牌上畫著一隻

▲店內有可自行取用的吃到飽生菜/泡菜吧

▲雞排炒飯的大塊雞肉

▲馬鈴薯麵

大大的公雞,所以就給它取名為「一隻公雞」。

就算是一人份餐點,也是送上一個大鐵盤,店員會主動來拌炒料理,口味符合現代人的需求,不會太過油膩。除了雞排和海鮮食材新鮮,走平價路線的雞排炒飯,雖然便宜,但是雞肉不會小到要用放大鏡才看得到,搭配上香Q有嚼勁的米飯,是想吃飽又想省荷包的不二選擇。

柳家(유가네)一隻公雞在釜山也有分店,資訊請參考本書P.156。

個人均消5,000～10,000W不等

DATA

- http www.yoogane.co.kr
- ✉ 首爾明洞2號店(서울 중구 충무로2가 66-6)
- ☎ (02) 775-3392
- ⏰ 11:00～24:00
- $ 5,000～21,000W不等
- ➡ 從地鐵「424明洞(명동)」站6號出口出來,沿明洞大街的右側直走,第一個巷口右轉,靠左側再走約1分鐘即到側門,往前的巷口左轉可到大門。

菜單中韓文對照表

中文	韓文	追加類	
		中文	韓文
柳家炒雞排	유가네 닭갈비	綜合盤	모둠사리
炒碳烤雞排	숯불 닭갈비	雞排	떡갈비
炒海鮮雞排	해물 닭갈비	起司	치즈플러스
炒章魚雞排	낙지 닭갈비	起司雙倍	치즈 더블플러스
辣火炒雞排	辛신화 닭갈비	起司年糕	치즈 떡사리
炒雞排烤肉	철판 닭불고기	烏龍麵	우동면사리
柳家燉雞湯	유가네 닭볶음탕	泡麵	라면사리
鐵板麵	쟁반국수(2인분)	馬鈴薯麵	감자면사리
水冷麵	냉면	蕎麥麵	메밀사리
水冷麵(小)	맛보기냉면	年糕	떡사리
海鮮煎餅	해물파전	炒飯	비빔공기
鍋巴	누룽지	白飯	공기밥
雞排炒飯	닭갈비 판볶음밥	可樂	콜라
雞排烤肉炒飯	닭불고기 철판볶음밥	汽水	사이다
綜合炒飯	모둠 철판볶음밥	啤酒	맥주
雞排野菜炒飯	닭야채 철판볶음밥	生啤酒	생맥주
海鮮炒飯	해물 철판볶음밥	燒酒	소주
烤肉炒飯	불고기 철판볶음밥	百歲酒	백세주
碳烤牛排	숯스테이크	雪中梅	설중매

※店家的營業內容,依當日實際情況為準。 製表:Helena

神仙雪濃湯(신선설농탕)

「雪濃湯」這個詞是來自於韓文裡的「설농탕」，與蔘雞湯、排骨湯並稱為韓國的三大名「湯」，同是滋補養生的首選，用牛骨及牛胸肉連續熬煮而成，乳白色的湯底裡，只用少量的鹽調味，再加上蔥花，喝起來清淡爽口，是韓國的傳統美味料理。除此之外，一碗一人份的餐點，很適合一個人前往享用。

神仙雪濃湯(신선설농탕) 是韓國有名的雪濃湯連鎖專賣店，招牌上是一個可愛的白髮神仙爺爺，原本在非用餐的時間就常高朋滿座，自從韓劇《燦爛的遺產》(찬란한 유산，SBS電視臺於2009年播映)以神仙雪濃湯為故事發生背景播出後，更吸引大批觀光客來朝聖，如要前往明洞分店用餐，強烈建議避開用餐尖峰時間。

坐定位後，店員會端上茶、水杯和小鐵盤，桌邊的鐵盒裡放有餐具、白菜泡菜和蘿蔔泡菜，可自行拿取所需的量，剪成適當的大小之後用小鐵盤裝盛食用，桌邊還放有鹽、楜椒和辣椒粉等等的調味料，若覺得味道太淡可自行添加，也有人會把泡菜汁加到雪濃湯裡一起吃；每份雪濃湯都附有白飯一碗，可以配泡菜吃，也可以倒在湯裡一起吃。

▲神仙雪濃湯廣渡口店外觀

▲櫃檯上放有糖果可自行取用，韓國很多餐廳的櫃臺上都會放有類似的東西，大多為清涼的口味，以中和用餐過後的「口氣」。

▲桌邊的鐵盒裡，放有餐具、白菜泡菜和蘿蔔泡菜

▲部分分店的洗手臺附設有漱口水機，可免費使用。

▲基本款雪濃湯，適合想要入門嘗鮮的人食用。

▲牛膝骨湯，內有燉到非常軟的牛膝骨，充滿豐富的膠質。

DATA

http www.sinsunfood.co.kr

$ 約6,000～18,000₩不等

廣渡口店：24小時營業。地鐵「546廣渡口(광나루)」站2號出口出來即到。

大學路店：24小時營業。地鐵「420惠化」站4號出口出來走到馬路邊，往車行反方向步行約1分鐘。

明洞店：24小時營業。地鐵「424明洞」站6號出口出來，沿明洞大街步行約5分鐘到明洞藝術劇場(명동예술극장)的路口右轉，步行約1～2分鐘靠右側的斜坡邊。

弘大店：24小時營業。地鐵「239弘大」站9號出口出來直走到路口，過馬路即到。

▲百歲雪濃湯，內有紅棗、人蔘和韓牛頭肉等養生好料。

菜單中韓文對照表

品名	韓文
雪濃湯	설농탕
兒童雪濃湯	어린이 설농탕
牛腿骨湯	순사골국
兒童牛腿骨湯	어린이 순사골국
餃子雪濃湯	만두 설농탕
豆腐野菜雪濃湯	두부야채 설농탕
百歲雪濃湯	백세 설농탕
漢方牛尾雪濃湯	한방꼬리 설농탕
大蒜雪濃湯	마늘 설농탕
山蔘雪濃湯	산삼 설농탕
牛膝骨湯	도가니탕
炖牛膝骨	도가니수육
炖什錦	모듬수육
辣炒血腸	辛돌판 순대볶음
神仙蒸餃	신선찐만두
神仙優格	신선요구르트

▲餃子雪濃湯，含有三顆比小籠包還大的水餃。

※店家的營業內容，依當日實際情況為準。　　製表：Helena

本粥(본죽)

本粥(본죽)是韓國的傳統粥專賣店,在韓國各地有很多分店,用料實在、份量滿足,以往韓國人通常是在身體不舒服的時候吃粥,而現在則是想吃清淡的食物或是想補身體的時候也會吃粥;本粥的所有品項皆可打包外帶,一人點一碗也不用擔心吃不完的問題,打包回去當消夜或早餐也都很划算。

▲ 敦岩洞店(韓劇《花樣男子》拍攝地點)

▲ 堂山店(韓劇《市政廳》拍攝地點)

▲鮑魚粥

▲咖哩海鮮粥

▲松茸粥

▲南瓜粥

▲松子粥

▲黑麥麵包玉米粥，不附小菜，但提供蘿蔔泡菜湯和點心。

菜單中韓文對照表

中文	品名	中文	品名
鮑魚粥	전복죽	牛肉海帶粥	소고기미역죽
鮑魚粥(3人份)	특전복죽	野菜粥	야채죽
松茸粥	송이죽	蟹肉起司粥	게살치즈죽
海鮮粥	해물죽	咖哩海鮮粥	카레해물죽
章魚泡菜粥	낙지김치죽	野菜起司粥	야채치즈죽
鮮蝦粥	새우죽	黑麥麵包玉米粥	호밀빵옥수수죽
蟹肉粥	게살죽	黑芝麻粥	흑임자죽
蚵仔粥	바지락죽	松子粥	잣죽
蔘雞粥	삼계죽	綠豆粥	녹두죽
螺肉粥	웰빙올갱이죽	冬至紅豆粥(鹹)	동지팥죽
辣牛肉湯粥	육개장죽	南瓜粥	단호박죽
牛肉香菇粥	소고기버섯죽		

※店家的營業內容，依當日實際情況為準。　製表：Helena

DATA

💲 個人均消7,000～20,000W不等

堂山店：地鐵2、9號線交會「堂山」站8號出口出來，直走約90步即到；營業時間平日08:00～22:00；週末、公休日10:00～21:00。

敦岩洞店：地鐵「418誠信女大」站6號出口出來，直走約100步即到；營業時間平日08:00～22:00；週末、公休日10:00～21:00。

明洞店：地鐵「424明洞」站6號出口出來，沿明洞大街右側步行約1分鐘的巷子右轉，再步行不到1分鐘，靠右側可看到，營業時間平日08:30～22:00；週末、公休日08:30～22:00。

明洞直營店：地鐵「424明洞」站6號出口出來，沿明洞大街步行約5分鐘到明洞藝術劇場(명동예술극장)的路口左轉，靠右側直走約1分鐘，在ARITAUM化妝品店的巷口右轉，靠左側直走約2分鐘可到；營業時間：平日07:00～22:00；週末、公休日07:00～22:00，另有麵食類餐點。

必遊景點

漢江市民公園

　沿著貫穿首爾的漢江兩側，規畫了數個市民公園，沿線設有行人步道、自行車道、健身器材和運動場等等休閒設施，可以任意挑選一個路段散步，一覽漢江怡人的景色，並體驗一下首爾人的休閒生活，如果逛累了，只要就近找地下道離開漢江邊，再搭公車到任一個地鐵站，即可前往下一個景點。

貼心小叮嚀

　　部分路段較為偏僻，若要前往夜遊，建議2人以上同行。

DATA

- 🕐 漢江沿線步道24小時開放，特定公園會有開放時間。
- ➡️ 漢江兩側的步道是連接延續的，每隔一段距離，就會有地下道可以離開漢江邊，步出地下道後多為住宅區，走到馬路邊所看到的公車站牌，大多為連接地鐵站的綠色公車，此時只要搭乘公車前往最近的地鐵站，即可轉搭地鐵往下一個景點前進。

|仙遊島公園 선유도공원|

　位在漢江邊的仙遊島上，其名稱意涵為神仙在此地遊玩。原為供應首爾西南部地區自來水的淨水廠，2002年是利用原本淨水廠廢棄的設備和建築物，改建成韓國最早的環境再生公園。白天是可以觀察各式水生動植物的戶外教室，夜晚則因遠離市區塵囂，搭配浪漫的照明燈光，是情侶約會的好去處。這裡也是韓劇《IRIS》(아이리스，KBS電視臺於2009年播映)的拍攝場景之一。

▲▶仙遊島公園是個非常適合散步、約會的自然生態公園，是韓劇《IRIS》的拍攝場景。

DATA

- 🌐 http://hangang.seoul.go.kr/park_soenyoo/
- 🕐 06:00～24:00，腳踏車禁止進入。
- ➡️ 從地鐵「912仙遊島(선유도)」站2號出口出來直走，中間會經過小學，約4分鐘到叉路口左轉，再走約180步到下一個叉路口，上右手邊小斜坡，到馬路邊上木頭天橋❶，過天橋後可看到仙遊橋❷，過橋之後就是仙遊島公園。

▲利用淨水廠廢棄的設備改裝而成的遊樂設施。

貼心小叮嚀

　　換乘9號線時，須多刷一次交通卡做記錄，並且9號線的「急行線」沒有停靠仙遊島站，務必在「一般線」月臺搭車前往(請參考本書P.41)。

汝矣島漢江公園
여의도한강공원

漢江西南側的汝矣島是個彈丸之地，東側有國會議事堂；西側林立著許多金融企業總部大樓和知名的63大廈，加上多家媒體電視臺在此，每年島上舉辦各類活動，最盛大的是4月輪中路櫻花慶典。汝矣島段的漢江公園在地鐵站旁，是首爾

民眾最喜歡的戶外休閒區域之一，除了漢江遊覽船外，還有水上舞臺的噴泉表演(冬季11～3月暫停)。

▲國會議事堂附近的輪中路櫻花隧道，開花時間約為每年的4月初或中旬。

DATA

- http:// http://hangang.seoul.go.kr/park_yoido/
- 地鐵「527汝矣渡口(여의나루)」站2號出口出來右轉❶，即可到達漢江公園。面對漢江，右邊是往

63大廈，左邊是往國會議事堂和後方的輪中路櫻花隧道。

廣渡口公園 광나루공원

漢江公園的廣渡口段，橋下設有供小朋友乘坐的小火車和運動場，橋上則有面積較為寬闊的行人步道，可以自由自在的與藍天為伍，用心欣賞漢江周邊的美景，是很適合江南江北走一回的路段，橋中間的眺望臺「廣津橋河景8號街」(광진교 리버뷰8번가)是韓劇《IRIS》(아이리스，KBS電視臺於2009年播映)的拍攝場景之

▲「廣津橋河景8號街」是韓劇《IRIS》的拍攝場景之一。

▲廣渡口公園的兒童小火車

▲廣津橋河景8號街裡有展示場和演奏廳，最大的特色就是它的透明地板，有懸空走在漢江上的刺激感覺。

DATA

建議自備餐飲前往。
- 🕐 廣津橋河景8號街開放時間10:00～21:00
- ⚠️ 限制：1.禁止吸菸、飲食和攜帶寵物。
　　　　2.同一時間參觀的人數限制在75人以下。
- ➡️ 從地鐵「546廣渡口(광나루)」站2號出口出來❶，過馬路後左轉，步行約2～3分鐘會經過市民中心❷，再走約3分鐘的路口右轉上橋，橋中間是廣津橋河景8號街，過到對岸橋下就是漢江公園廣渡口段。

北首爾夢之林(북서울꿈의숲)

位於首爾北邊的超大型綠地公園，是首爾的第四大公園，擁有大片的樹林和草地，是附近住宅區居民休閒的好去處，春有櫻花、秋有楓紅，是首爾市區賞景踏青的好去處，冬天在文化廣場則是會開放露天的戲雪遊樂區。

除此之外，文化藝術中心有定期或不定期的各種展覽表演，是一個結合休閒與人文藝術的夢想空間，後門處的展望臺，是韓劇《IRIS》(아이리스，KBS電視臺於2009年播映)的拍攝場景之一。

DATA

🌐 dreamforest.seoul.go.kr

🕐 展望臺參觀時間10:00～22:00(21:30最後入場)

🚫 每週一公休，但會因特殊狀況事由調整開放時間。

💲 一般參觀免費，但藝術中心及展望臺部分設施需收費。園區內有便利商店和餐廳，建議也可自備餐點前往野餐。

➡️ 1. 從地鐵「416彌阿三岔路口(미아삼거리)」站2號出口出來，右斜對面公車站牌搭江北05(강북05)綠色公車，約6分鐘在北首爾夢之林(북서울꿈의숲)站下車即到後門展望臺。建議從後門進去，因為是斜坡往下，較省力氣，之後從前門離開。

▲後門展望臺

2. 從地鐵「643石串(돌곶이)」站3號出口走出來，步行約40步到公車站牌搭147號藍色公車，約6分鐘在北首爾夢之林(북서울꿈의숲)站下車，下車後直走約3分鐘即到前門。

▲北首爾夢之林前門入口處

3. 靠近後門的展望臺，位於沿著山坡疊連而築的特色建物最高層。一區一區逐層往上，走到第3區可搭斜立而上

▲可以通往展望臺的斜電梯

的電梯到咖啡廳，即使不買咖啡，也可直接從咖啡廳旁的樓梯或電梯登上斜騰空的展望臺頂端。

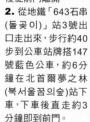

◀後門展望臺的最頂層，是韓劇《IRIS》的拍攝場景之一，可一覽周邊的北漢山、道峰山和修羅山全景。

離開公園搭車時...

國語：請在最近的地鐵站讓我下車。

韓文：가까운 지하철 역에서 내려 주세요.

拼音：ga-kka-un ji-ha-cheo- lyeo-ge-seo nae-lyeo ju-se-yo

夜遊首爾

盤浦大橋月光彩虹噴泉
반포대교 무지개분수

建造在首爾盤浦大橋的兩側，總長1,140公尺，是世界上最長的橋梁噴泉，利用漢江的江水，搭配上華麗的LED燈光，營造出炫爛奪目的氣氛，是首爾的熱門夜間旅遊景點之一，許多韓國人常三五好友一起，帶著炸雞、披薩和飲料或請周邊店家外送，來此野餐聚會。

DATA

- 🕐 4～6月、9～10月每日12:00、17:00、18:00；7～8月週一～五12:00、17:00、18:00、19:00，週六、日12:00、17:00、18:00、19:00、20:00、21:00，每次演出20分鐘，時段會因天氣等因素異動，可上網查詢hangang.seoul.go.kr/enjoy/enjoy01_03_02.html或電洽觀光諮詢專線1330(見P.10觀光案內所)。
- ➡️ **Step1**：地鐵3、7和9號線交會「高速巴士站(고속터미널)」4號出口直走約6分鐘，橋上紅綠燈路口過到中間潛水橋步行廣場(잠수교 보행광장)後再直走約5分鐘可到。

  Step2：看完噴水秀之後，請沿原路回到高速巴士站，不要再往對面走，對面方向除了要走很久才能走到地鐵站，並且是較為偏僻的地區，不適合晚上前往。

▲潛水橋步行廣場

▼盤浦大橋絢爛奪目的夜景是首爾熱門的夜間旅遊景點之一。

銅雀大橋展望臺
동작대교전망대

位於銅雀大橋上，左右各有一個展望臺，分別有彩霞咖啡(노을카페)和彩雲咖啡(구름카페)兩家咖啡廳。兩家店的餐點內容大同小異，也都可以到頂樓的展望臺觀賞漢江美

▲地鐵銅雀站對側的彩霞咖啡展望臺。

景，但是彩霞的位置和裝潢，感覺可以更貼近漢江，尤其是樓上的座位，不僅牆面是玻璃，就連桌子也都是透明玻璃，整個延伸感很好，尤其是最靠近漢江邊的14～16號座位，感覺幾乎就是懸空在漢江上，很有臨場感。如果覺得樓上氣氛太過刺激，樓下也有原木色桌椅的座位可供使用。

▲彩霞咖啡最靠近漢江邊的14～16號座位，感覺就像是懸空在漢江上，很有臨場感。

DATA

- 📞 彩霞(02)3481-6555；彩雲(02)3476-7999(兩家若晚上前往或是有要指定座位，建議先預約，英文可)
- 🕐 10:00～02:00(兩間相同)
- 💲 飲料參考價：冰綠茶拿鐵6,000₩
- ➡️ **Step1**：從地鐵4、9號線交會「銅雀(동작)」站1號出口出來，左轉上橋步行約5分鐘即可到右側展望臺(彩雲咖啡，可看盤浦大橋月光彩虹噴泉)。

  Step2：搭展望臺的電梯或走樓梯到最底層，過到對面後，再搭電梯或走樓梯即可到對面的展望臺(彩霞咖啡)。
- ➡️ 502號公車在銅雀大橋上有停靠站，站名是銅雀大橋展望臺(동작대교전망대)。

4宮1廟

德壽宮、景福宮、昌德宮、昌慶宮和宗廟

　　從2010年5月1日開始，首爾的4宮1廟實施綜合參觀制度，憑綜合參觀券在購票後的1個月內，可於開放時間參觀德壽宮、景福宮、昌德宮(含後苑)、昌慶宮和宗廟各一次，而宗廟則是另採時間參訪制度，只有在每週六可以自由參觀，其餘時間需由導覽員陪同解說參觀。

　　此外，為配合新制度的實行，昌慶宮和宗廟之間的連接天橋已關閉。

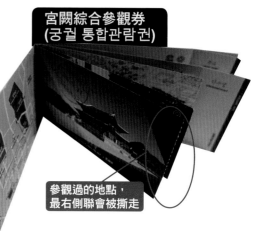

宮闕綜合參觀券
(궁궐 통합관람권)

參觀過的地點，
最右側聯會被撕走

4宮+宗廟參觀資訊

地點		德壽宮(덕수궁)	景福宮(경복궁)	昌德宮(창덕궁)
周邊地鐵站		市廳(시청)站	景福宮(경복궁)站 光化門(광화문)站	鐘路3街(종로3가)站 安國(안국)站
開放時間		09:00～21:00	3～10月 09:00～18:00 11～2月 09:00～17:00	4～9月 09:00～18:30 10月 09:00～18:00 11、3月 09:00～17:30 12～2月 09:00～17:00
售票、入場截止時間		開放時間截止前1小時		
公休日		週一	週二	週一
票價(₩)	一般券(일반권)	大人(滿19歲以上)1,000 青少年(滿7～18歲)500	大人(19～64歲)3,000 青少年(7～18歲)1,500	自由參觀區域 大人(19歲以上)3,000 青少年(7～18歲)1,500
	特別券(특별권)	宮闕綜合參觀券(궁궐 통합관람권)(4宮+宗廟，含昌德宮後苑)		
中文免費導覽服務(중국어 무료 안내)		週二～週五 13:40 雙數月週六 13:40 單數月週日 13:40 (過禁川橋，在綜合說明牌前出發，或提前至服務處詢問，約需1小時)	10:30、13:00、15:00 (興禮門內諮詢處前出發，約需1個半小時)	自由參觀區域 16:00 (從敦化門前開始，約需1小時)
備註		・綜合參觀券不包含美術館，美術館依據不同展覽，門票費用也不同	・可能會隨狀況彈性調整開放時間。 ・持景福宮入場券，可免費參觀國立古宮博物館與國立民俗博物館。	因後苑位於昌德宮內，若要參觀後苑需要購買昌德宮的入場券，進入昌德宮後再到後苑的售票處購票。
網址		www.deoksugung.go.kr	www.royalpalace.go.kr	www.cdg.go.kr
如何前往		地鐵市廳站：1號線2號出口、或2號線12號出口，往德壽宮方向步行約3～5分鐘	地鐵「327景福宮」站5號出口步行約5分鐘，或「533光化門」站2號出口步行約10分鐘	地鐵1、3、5號線交會「鐘路3街」站6號出口步行約10分鐘，或「328安國」站3號出口步行約5分鐘

※以上資訊若有異動，依當地最新公佈為準，前往時請務必再次確認。製表：Helena

首爾

守門將交接儀式

古宮	地點	表演時間	公休日
景福宮	興禮門前	10:00～15:00每整點一次	每週二
德壽宮	大漢門前	11:00、14:00、15:30	每週一

說明：**1.** 參訪或表演的時間規定若有變更，依照當日實際狀況為準。
2. 雨天、酷暑、酷寒時交接儀式將會取消。

DATA

票券名稱：宮關綜合參觀券(궁궐 통합관람권)
參觀範圍：德壽宮、景福宮、昌德宮(含後苑)、昌慶宮、宗廟各可以參觀1次。
票券售價：成人(19歲以上)10,000₩，青少年(7～18歲)5,000₩
使用方法：參觀券是以紙本套票樣式售出，可直接當作門票使用，於入口處把套票交給工作人員將右側聯撕下後即可入場，若無法在期限之內參觀完全部的地方，可自行斟酌購買單獨入場券即可。

免費參觀看這裡

韓國的春節、中秋節會有3天連休假期，根據過往的經驗，會有特別的參觀活動，除了傳統活動的體驗之外，節日當天可免費參觀各大古宮(昌德宮後苑需另購票)、宗廟和朝鮮王陵，或是節日的前後日穿著韓服可免費參觀，每次活動的詳細內容，請參考相關網站的公告說明。

網站：

i Tour首爾

www.visitseoul.net/cb

韓國觀光公社

big5chinese.visitkorea.or.kr

	昌慶宮(창경궁)	宗廟(종묘)
	惠化(혜화)站	鐘路3街(종로3가)站
(後苑除外)	4～10月 09:00～18:30 11、3月 09:00～17:30 12～2月 09:00～17:00	採時間參訪制度(中文導覽時間請看備註) 每週六可自由參訪 3～9月 09:00～18:00 10～2月 09:00～17:30
	週一	週二
後苑(후원)特別參觀區域 大人(19歲以上)5,000 青少年(7～18歲)2,500	大人(19～64歲)1,000 青少年(7～18歲)500	大人(滿19歲以上)1,000 青少年(滿7～18歲)500
後苑(후원)特別參觀區域 12:30(約需100分鐘)	13:00、15:00 (玉川橋前出發，約需1小時)	11:00、15:00 (每週六可自由參觀，其餘時間為須由導覽人員陪同的時間參訪制)
·綜合參觀券有包含後苑，但因後苑每回導覽有100人的限制，建議事先於昌德宮官網預約，預約者須於時段開始前20分鐘至後苑售票處報到、購票，報到時須出示預約確認書。若要於現場排隊，請至後苑售票處購票。	·昌德宮、昌慶宮可互通，但若持一般券須另行購票。 ·昌慶宮和宗廟之間的連接天橋已關閉。	·昌慶宮和宗廟之間的連接天橋已關閉。 ·每回導覽時段人數可達200位，建議直接前往即可，或可於宗廟官網事先預約，預約者須於時段開始前10分鐘至現場報到，報到時須出示預約確認書。
	cgg.cha.go.kr	jm.cha.go.kr
	地鐵「420惠化」站4號出口步行約10～15分鐘	地鐵「鐘路3街」站從1號線11號出口，或3、5號線8號出口，步行約5分鐘

地鐵站周邊

景福宮站／安國站
景福宮・三清洞・北村・雲峴宮・仁寺洞

｜景福宮 경복궁｜

朝鮮王室的第一座正宮，建於西元1392年，但大部分在壬辰倭亂(西元1592~1598年)時損毀，高宗即位之後，生父興宣大院君為了彰顯朝鮮王室的王權，大興土木修復重建，但大部分的建築物，包括景福宮的大門光化門在內，在日侵時期再次受到嚴重的破壞、拆除，至今修復的範圍，只有約當時的1/10，2010年8月，修復後的光化門正式對外開放。

貼心小叮嚀

　　持景福宮的門票可免費參觀國立古宮博物館(週一休館)和民俗博物館(週二休館)。

DATA

🕐 請見P.58

➡ 1. 從地鐵「327景福宮(경복궁)」站往5號出口出來後，穿過側邊小門即可到達景福宮前，5號出口的開放時間為07:00~22:00。

▲光化門

2. 從地鐵「533光化門(광화문)」站2號出口走出來，直走穿過光化門後即可到達。

3. 從土俗村蔘雞湯店走回地鐵景福宮站2號出口旁的路口，左轉過馬路後直走約6分鐘可到光化門，左轉進去後就是景福宮。

｜土俗村蔘雞湯 토속촌삼계탕｜

　　蔘雞湯和雪濃湯、排骨湯一起被稱為韓國的三大名「湯」。位於景福宮附近的土俗村蔘雞湯店，一直都是眾家饕客必吃的蔘雞湯店之一，雖然價格稍貴，但製作費工、用料實在，使用的是童子雞，雞肚子裡塞滿著紅棗、人蔘和糯米，骨頭和配料燉到爛且入味，湯頭濃郁，雞肉鮮嫩好入口，持續吸引著各界老饕的胃。

▲隨蔘雞湯附上的小杯人蔘酒，可以單喝，也可倒入雞湯內一起食用，泡菜是一甕一甕放在桌上，可自行取用。

DATA

✉ 서울특별시 종로구 체부동 85-1

📞 (02)737-7444

🕐 10:00~22:00，建議避開用餐尖峰時間前往，可當做早午餐，吃完之後再前往景福宮參觀。

💲 蔘雞湯(삼계탕)14,000W
　烏骨蔘雞湯(오골삼계탕)20,000W
　海鮮煎餅(해물파전)15,000W

➡ 從地鐵「327景福宮(경복궁)」站2號出口出來，直走約280步的GS25便利商店巷口左轉即到。

三清洞 삼청동

在青瓦臺邊上的三清洞，聚集了許多有特色的店面，包括韓屋改建的藝廊、博物館，裝潢特殊的服飾店、咖啡店和各種美味可口的餐飲店等，有別於仁寺洞較為濃厚的商業氣息，三清洞的整體感覺較為輕鬆，再搭配上沿路的銀杏樹，是拍照、散步的好去處之一。

▲三清洞聚集了許多很有特色的商店

DATA

➡ 從景福宮步行至東側後方的國立民俗博物館(국립민속박물관)外門口過馬路後左轉直走，會經過一些韓屋餐廳或藝廊展示館，步行約2分鐘的叉路口右轉即到。

三清洞麵疙瘩
삼청동 수제비

假日排隊不足為奇，但是平常日的下午還是高朋滿座，可見它的魅力！三清洞麵疙瘩這家老店之所以屹立不搖，靠的是彈Q有嚼勁的麵疙瘩和濃郁的湯頭，除此之外，還有香酥好吃的各式煎餅，若兩人一起前往用餐，建議可點麵疙瘩和煎餅各一份，嘗嘗不同的好滋味。

DATA

http www.sujaebi.kr
✉ 서울시 종로구 삼청동 102번지
☎ (02)735-2965
🕐 11:00～21:00，建議避開用餐尖峰時間前往。
🚫 中秋、元旦、農曆新年
💲 7,000～15,000W不等
➡ 沿三清洞路步行約10分鐘(靠左側)。

三清洞麵疙瘩中韓文對照表

中文	韓文
麵疙瘩	수제비
馬鈴薯煎餅	감자전
蔥煎餅	파전
綠豆煎餅	녹두전
炒小章魚	쭈꾸미

說明：店家的營業內容，依當日實際情況為準。製表：Helena

▼彈Q有嚼勁的麵疙瘩

▼馬鈴薯煎餅，建議趁熱食用

|北村韓屋村 북촌 한옥마을|

　　首爾中心鐘路區的韓屋村，因位於朝鮮首都漢陽和清溪川的北面，而稱為北村，座落於景福宮和昌德宮之間的區域，是李朝時代文武兩班官員貴族的居住區。北村裡既有傳統的古式韓屋，也有充滿現代感的新式韓屋，加上歐洲風味的現任外國大使別墅洋房，非但沒有突兀的感覺，反倒有兼容並蓄的調和。

　　參觀北村的時候，不一定要按圖索驥，只要多往小巷弄裡探索，一樣可以尋找到別有洞天的驚喜。

DATA

🌐 bukchon.seoul.go.kr/chi/index.jsp
　　建議可先上網下載旅遊手冊，進到北村的網站之後→右上角點「北村檔案」→再點「北村出版物的資源」→即可下載「北村韓屋村徒步旅行自助遊手冊」。

➡ **Step1**：從三清洞路的小巷子往景福宮的反方向(東邊)走，就可到北村韓屋聚集的地區。
　　Step2：從地鐵「328安國」站的1～3號出口皆可連接到北村的範圍。

雲峴宮 운현궁

　雲峴宮不是王所居住的宮殿，而是朝鮮高宗生父(韓劇《明成皇后》裡的興宣大院君)的住所；高宗在雲峴宮生活到12歲，登上王位之後，開始雲峴宮的擴建，並提高層級為宮，幾經戰亂的摧殘，只有現存的部分被保留下來。

　由於明成皇后在此地與高宗舉行結婚嘉禮及接受王妃教育，因此每年的4月和10月都會舉辦嘉禮儀式重現的活動，除了讓民眾了解傳統文化禮俗，還能近距離一睹王宮裡的服飾和用品。

DATA
- 🕐 11～3月09:00～18:00；4～10月09:00～19:00
- 休 週一
- 💲 700₩
- ➡ 從地鐵「328安國(안국)」站4號出口出來，直走約3分鐘即到。

DATA
- ➡ 從地鐵「328安國(안국)」站6號出口出來，直走約2分鐘到路口右轉，即是仁寺洞大街。

仁寺洞 인사동

　在仁寺洞大街上，販售傳統藝術品和紀念品的店面林立，也有許多傳統的茶館，當然也少不了現代的美食餐廳和酒館。除此之外，大家熟悉的各種商店品牌，為了配合仁寺洞的傳統文化色彩，陸續的都把招牌換成韓文字樣。

　假日會限制車輛進入，並在此舉辦各項的傳統表演和文化重現活動。

鐘閣站／光化門站
清溪川‧教保文庫‧永豐文庫

清溪川청계천

韓戰後的韓國百廢待舉，現實的生存需求迫切，讓清溪川從聚集窮苦百姓沿岸寄居，到污染發臭、到爭地加蓋、到築起高架道路、到拆除依賴的城市幹道，修復重現，見證五十多年來從艱辛求生到立足茁壯的韓國奇蹟。2003年當時的李明博市長決心找回首爾古今共同記憶的清溪川，2005年完工開放後引起國際間的大驚歎，也成為李明博贏得總統選舉的代表政績。

不管是白天、夜晚每一區段的清溪川，都有著多變獨特的風情，也成為首爾市民四季散步約會紓壓的好去處，與遊客心中首爾必訪的推荐景點之一。如果時間允許也可去參觀位於地鐵龍頭站附近的「清溪川文化館」，實地了解它如何從一個有數百年歷史的古老灌溉運河，到人人閃避的臭水溝，搖身一變為創造生活感動的現代城市之河。

DATA
- http www.cheonggyecheon.or.kr
- ➡ 從地鐵「131鐘閣」站5號出口出來，直走約2分鐘就是清溪川，右轉可往清溪川源頭的瀑布廣場。

教保文庫 교보문고
永豐文庫 영풍문고

韓國的兩大連鎖書店，除了各類書籍之外，也有販售影音商品、飾品文具、生活雜貨和3C商品等，並附有簡易餐飲，此外，在永豐文庫的地下2樓賣場購買近年韓國大受喜愛的各種文具雜貨類商品滿3萬W，可於1樓顧客服務中心辦理退稅。

清溪川文化館 청계천문화관

透過各式的模型、照片和影音等說明資料，還有被覆蓋住、黑暗潮濕的清溪川模擬地下路，可以了解到清溪川的歷史和復原工作的過程，此外，文化館對面保留有清溪川修復之前，沿線居民生活的小木屋，可一窺當時的生活狀況。

DATA
- ◎ 3～10月週二～四09:00～21:00，週五～日10:00～19:00
  11～2月週二～四09:00～21:00，週五～日10:00～18:00
- 休 元旦、每週一
- $ 免費(從面對文化館正面右邊的手扶梯上2樓開始參觀起)
- ➡ 1.從地鐵「211-3龍頭(용두)」站5號出口出來後，往後走約5分鐘可到清溪川，過清溪川後，右轉步行約5分鐘即可到達。
  2.從地鐵「125祭基洞(제기동)」站3號出口出來，直走到十字路口右轉，再直走約10分鐘可到清溪川，過清溪川後，右轉步行約5分鐘即可到達。

▲教保文庫　　　　　　▲永豐文庫

DATA
教保文庫光化門店
- http www.kyobobook.co.kr
- ☎ (02)1544-1900
- ◎ 09:30～22:00，元旦、春節、中秋當日或前一日，有可能會公休或縮短營業時間。
- ➡ 從地鐵「533光化門(광화문)」站3、4號出口，教保生命大樓的地下1樓。

永豐文庫鐘路本店
- http www.ypbooks.co.kr
- ☎ (02)399-5600
- ◎ 週一～六09:30～22:30，週日、公休日10:00～22:00
- ➡ 地鐵「131鐘閣(종각)」站5、6號出口中間有連接入口，或是靠清溪川路邊也有入口。

首爾

市廳站／明洞站
德壽宮・明洞・首爾塔

|德壽宮 덕수궁|

位於首爾市廳旁,是韓國唯一有西洋式建築的古宮,原來只是朝鮮王族的私宅,因戰亂而成為國王的居所,高宗時期指定為正宮,後改名德壽宮,意思是祈願國王的萬壽,當時建造的歐式建築石造殿,現以展覽館和美術館的形式對外開放,春天可以欣賞到櫻花美麗綻放的舞姿,秋天可以踏著金黃色的銀杏地毯漫步,德壽宮大漢門旁的石牆路,也是首爾人公認最美的散步道路。

DATA
🕐 請見P.58說明。
➡ 地鐵1、2號線交會市廳(시청)站,1號線的2號出口,或是2號線的12號出口,往德壽宮方向步行約3～5分鐘。

德壽宮旁的阿珠媽咖啡

這是一間隱藏在大樓小角落裡,不太起眼的小咖啡店,從德壽宮大門出來右轉,過馬路後的3個門口即到,只要1,500W就能喝到義式咖啡機「滴」出來、並且有奶泡拉花的拿鐵咖啡!老闆娘是位待人超親切的阿珠媽,喝到這樣的一杯咖啡,讓人有幸福滿滿的感覺,不論是早上第一站、或是吃飽飯後來散步,都推薦先來杯超值的阿珠媽牌咖啡。

DATA
🕐 週一～五07:00～17:00(中午時段另有販售三明治)。

|明洞 명동|

觀光客掃貨血拼的重要區域,韓國流行文化的指標地之一,各服飾精品、美妝雜貨的知名品牌幾乎全到齊,越來越多的店家有會中文的服務人員,並可辦理退稅。除了在大街上血拼之外,也可以跟隨當地人的腳步,前往小巷子裡挖寶,部分商品會比大街上的商家更便宜!

經過一番血拼廝殺後,也可以就近在此用餐,不管是餐廳美食或街邊小吃,都可以讓你滿足而歸!

DATA

➡ 地鐵「424明洞(명동)」站6號出口出來即是主要逛街的區域。

|N首爾塔 N서울타워|

位於首爾南山上的南山公園裡，是首爾的地標
之一，登上N首爾塔可以瞭望首爾的全景，若想要
看夜景，建議日落前1～2小時上山，例假日或特殊
節日時，因為人潮較多要提早準備上去，才可以既
觀賞日景，又能一睹亮麗的夜景。塔內的泰迪熊博
物館，以可愛的泰迪熊為主角，介紹首爾的過去、
現在和未來，還可以採買可愛的泰迪熊周邊商品，
是熊熊愛好者的天堂。

DATA

🌐 www.nseoultower.co.kr

🕐 全年無休

➡ **1.** 從地鐵「424明洞(명동)」站3
號口出來左轉，直走可看到太
平洋飯店(Pacific Hotel)，之後
靠右側直走上山，約10～15分
鐘可到搭纜車處，下了纜車後，
順著樓梯步道往上走即可。

地點	營業時間	票價(₩)			
		18～64歲	13～17、65歲以上	4～12歲	未滿4歲
展望臺(전망대)	10:00～23:00(週六、日延長到24:00)	8,000	6,000	4,000	免費
泰迪熊博物館(테디베어뮤지엄)	10:00～22:00	8,000	6,000	5,000	5,000
展望臺+泰迪熊		12,000	8,000	6,000	5,000

※以上資訊若有異動，依當地最新公佈為準，前往時請務必再次確認。製表：Helena

2. 地鐵「424明洞(명동)」站4號
出口出來直走，約3分鐘到十字
路口左轉，再直走約6分鐘可到透明電梯搭乘處，搭電
梯上去之後，左邊就是纜車搭乘處，下纜車後，順著樓
梯步道往上走即可。
透明電梯運行時間：09:00～23:00(每週一09:00～14:00
停止運行)
南山纜車運行時間：10:00～23:00
南山纜車票價：單程大人6,000₩，4歲～小學小孩
3,500₩；往返大人8,000₩，小孩5,000₩

▲透明電梯搭乘處

▲搭乘纜車處

3. 地鐵3、4號線交會忠武路(충무로)站2號出口大韓劇場(대한극장)前，或「332東大入口(동대입구)」站6號出口前，換乘南
山循環公車，在終點站N首爾塔站下車，再步行前往。
黃色2號公車：08:00～24:00，每5～8分一班，投現800₩，交通卡700₩。
黃色5號公車：07:30～23:50，每15～18分一班，投現800₩，交通卡700₩。
4. 從山下爬山步行約60～90分鐘可到N首爾塔。

惠化站／東大門站
駱山公園·壁畫村·首爾城廓·東大門

駱山公園 낙산공원
首爾城廓 서울성곽

　　駱山在朝鮮時代是首爾都城的東側屏障，因形似駱駝而得名，和南山、北嶽山、仁王山一起被稱為首爾的內四山，在歷經戰亂的摧殘和開發的破壞，幾經復原的工程之後，於2002年重新開放。登上駱山公園可眺望首爾城廓外的景色，有別於城內的繁華，更增添了一份淡淡的清幽，這裡也是韓劇《巴黎戀人》 (파리의 연인，SBS電視臺於2004年)的拍攝場景之一。

DATA

- http parks.seoul.go.kr
- 駱山公園24小時開放；駱山展示館09:00～18:00

梨花洞壁畫村
이화동 벽화마을

　　位在駱山公園和首爾城廓旁，除了有讓人拍照拍到流連忘返的美麗壁畫之外，韓國第一任大統領(總統)李承晚博士的故居梨花莊也在此區，走在沒有商業氣息的胡同小巷之間，更可以感受到一般居民的日常生活。

DATA

- 參觀時間：24小時開放，但梨花莊需提前預約。

貼 心 小 叮 嚀

　　在壁畫村的範圍內，幾乎都是一般民眾的住宅區，請注意參觀的禮節，不要打擾到當地居民的日常生活。

東大門 동대문

正式名稱為「興仁之門」的東大門，是首爾都城的正東門，建於朝鮮太祖初期，而現存的東大門則是朝鮮末期時所改建的。地鐵1、4號線東大門站和2、4、5號線的東大門歷史文化公園站，除了是首爾地鐵重要的轉乘站之外，這兩站的周邊範圍，就是各類服飾商場、人氣小吃聚集的「東大門市場」，雖然部分的商家從中午左右開始營業到隔日清晨，但若要見識東大門周邊的批發盛況，要等晚上9～10點之後再前往。若是要在此廝殺的血拼一族，建議住宿在周邊範圍，這樣即使逛到太晚，也比較不用擔心交通工具的問題。

DATA

➡ **Step1**：從地鐵「420惠化(혜화)」站2號出口出來，直走約1分鐘可到馬羅尼埃公園(마로니에공원)❶，即可看到駱山公園(낙산공원)的指示牌。

▲馬羅尼埃公園

Step2：**1.**左轉走進公園，直走約3分鐘的第二個路口右轉，之後走約1分鐘的路口，左轉上斜坡走約2分鐘❷，可看到警察局❸，再走約3分鐘即可到達駱山公園入口前❹。**2.**或是走過馬羅尼埃公園，之後的路口左轉，直走約3分鐘可看到往上的斜坡❷，上斜坡走約2分鐘，可看到警察局❸，再走約3分鐘即可到達駱山公園入口前❹。

Step3：從警察局附近開始就會有壁畫，走到駱山公園入口前，不要上去直接右轉，壁畫就隱藏在路邊和小巷弄間。

Step4：駱山公園入口前右轉步行約6分鐘的小路口，右轉走下樓梯，約3分鐘可到梨花莊(이화장)；或是左轉往上走有壁畫樓梯，附近一帶都有壁畫，可以在巷弄間隨意走走。

Step5：走上壁畫樓梯之後就可以看到首爾城廓，穿過去左轉可以折回駱山公園，右轉則是往東大門的方向；從駱山公園附近沿首爾城郭往東大門方向步行約1公里，從城郭旁的小路下去之後，左轉步行約3～5分鐘即可看到東大門。

梨大站／新村站／弘大入口站
梨花女子大學‧新村‧弘大自由市場&希望市場

梨花女子大學
이화여자대학교

韓國女子大學的首選，簡稱梨大，不僅培育出許多優秀的女性人才，更是豪門家族挑選媳婦的重點之地，校內風景優美，猶如走進畫裡一般，春夏秋冬的風貌各有不同；因為年輕女生多，所以學校周邊聚集了許多服飾店、彩妝保養品店和髮型屋等等，「女人街」的稱號便由此誕生，除了本地人之外，也是外國遊客逛街掃貨的重點區域。

DATA
➡ 從地鐵「241梨大(이대)」站2、3號出口走出來，往旁邊路口直走約5分鐘即可到達。

新村 신촌

和梨大商圈相互連接,周邊聚集了梨花女子大學、延世大學(연세대학교)、西江大學(서강대학교)和弘益大學,因此地處中央位置的新村商圈,成為年輕人常聚集的地區。除了各式餐飲店,當然也少不了酒吧、KTV、服飾店和網咖等等,一般來說白天人潮不多,但下課之後是愈夜愈熱鬧。

弘大 自由市場&希望市場
홍대 프리마켓 & 희망시장

「弘大」指的是以音樂、藝術和電影相關科系為主的弘益大學,學校周圍聚集了一些充滿設計感和藝術風的創意小店,附近的社區兒童公園,每到週六、日所舉辦的「自由市場」和「希望市場」,也是挖寶、看表演的好去處。

自由市場(프리마켓)

這是各類型的創作藝術家,將自己的創意作品或手工工藝品透過展示和販售來介紹給大家,其中有不少是懷抱夢想的年輕學生,將自己的熱情和理想透過實體作品展現出來,商品種類琳瑯滿目,有手工彩繪的服飾鞋帽,造型特殊的各類裝飾品,圖案可愛的手工筆記本、零錢包和名片夾等等,還有街頭表演和人像素描,像是個嘉年華會,可以感受到創造者的滿腔熱情與天馬行空。

DATA

➡ 從梨花女大校門口前路口右轉直走,約5分鐘可到國鐵京義線新村站,圓環路口左轉直走約5分鐘可到大馬路口,左轉可回地鐵梨大(이대)站,右轉可往地鐵新村(신촌)站。

希望市場(희망시장)

以「綠色生活」為主題,強調環保回收再利用的重要性,以販售二手商品和手工創意作品為主。

DATA

- 🌐 自由市場:www.freemarket.or.kr
  希望市場:cafe.daum.net/hopemarket
- ✉ 活動地點:弘益大學(홍익대학교)斜對面的兒童公園(어린이공원)
- 📞 (02)1544-1900
- 🕐 自由市場每年3〜11月週六13:00〜18:00;希望市場每年3〜11月週日13:00〜18:00,但下雨暫停。
- ➡ 從地鐵「239弘大(홍대입구)」站9號出口出來,直走到路口,過馬

▲弘益大學

路後左轉上斜坡直走,到底對面就是弘益大學,不用過馬路直接右轉,第一個小路口再右轉上小斜坡,左手邊的兒童公園就是活動所在地。

順遊城市 京畿道 경기도 水原市 수원시 SUWON

從朝鮮正祖將生父的陵墓遷葬之時開始,開啟了水原的發展,之後完工的水原華城,成為了水原的象徵,除此之外,正祖當時所建造的華城行宮,也是韓劇《大長今》(대장금,MBC電視臺於2003年播映)的拍攝場景之一。而流經華城的水原川,更是個適合散步、享受片刻悠閒的好去處。

正祖大王 정조대왕

朝鮮第22代王,名諱李祘(이산,西元1752～1800年),字亨運,號弘齋,21代王英祖的孫子,生父是莊獻世子(思悼世子),生母是惠慶宮洪氏,後過繼給伯父、已去世的英祖長子孝章世子為子嗣,即位之後建立奎章閣(王室的圖書館),鼓勵學問的研究,促進書籍刊物的發行。

正祖被認為是極為仁孝的君王,除了勤政愛民之外,追尊生父為莊祖,生母為獻敬王后,並將生父原安葬在揚州的陵墓顯隆園,遷葬至現今的華城市,升格為隆陵,為了行幸謁陵和都市開發的計畫,建造了水原華城和行宮,但另一種說法是,當時正祖是為了要擺脫兩班貴族在漢陽(今首爾)的固有勢力,藉著建造廟廓和新都市,來彰顯並鞏固王權,且曾有意遷都;在位24年,49歲時於昌慶宮駕崩,和孝懿王后金氏合葬於健陵(於今華城市)。

行程路線規劃

A 一日遊行程

由於華城行宮和華城列車有營運時間的限制,若到達水原的時間較晚,建議先參觀華城行宮,若是一早就安排參觀水原的行程,由於從行宮前往列車搭乘處的樓梯較為陡峭,則建議先走華城城牆的部分。

華城行宮安排在前

首爾周邊

華城行宮安排在後

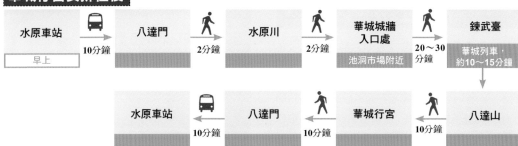

水原車站	🚌 10分鐘	八達門	🚶 2分鐘	水原川	🚶 2分鐘	華城城牆入口處	🚶 20~30分鐘	鍊武臺
早上						池洞市場附近		華城列車，約10~15分鐘

水原車站	🚌 10分鐘	八達門	🚶 10分鐘	華城行宮	🚶 10分鐘	八達山

● 觀光資訊看這裡 ●

水原官方網站
www.suwon.ne.kr

水原觀光案內所
(관광안내소)

綜合觀光案內所

📞 (031)228-4672　🕐 09:00~18:00

➡️ 出水原車站後左前方

如何前往水原

|火車|

　　從首爾到水原的火車班次非常密集，建議直接前往火車站購票搭乘即可，從首爾火車站或龍山火車站出發皆可，購買往水原的火車票時，通常會直接售出最近時間出發班次的無窮花號(무궁화호)或世界路號(누리로)，票價2,500W，車程約30分鐘。

|地鐵|

　　搭首爾地鐵1號支線在P155水原站下車，地鐵站和水原火車站是同一站體，以明洞出發為例，票價1,600W，車程約73分鐘(不含等車和轉車時間)。

華城列車(화성열차) 行駛路線及售票資訊

路　線：八達山、華西門、長安公園、長安門、華虹門、鍊武臺(往返)

售票處：八達山、鍊武臺

八達山運行時間：每天10:00~16:00(夏季到17:10，固定班次，雨天、下雪和氣溫零度以下時除外)

鍊武臺運行時間：每天10:00~16:10(夏季到17:20，固定班次，雨天、下雪和氣溫零度以下時除外)

票價單程：大人1,500W，青少年1,100W，小孩700W

世界 文化遺產

必遊景點

|水原華城 수원화성|

　是朝鮮正祖在將生父的陵墓從楊州遷移到當時的水原之後，指派哲學家丁若庸所設計建造的，除了保留朝鮮傳統的精華，也參考東西方的各種學術和技術，建成了兼具防禦功能和彰顯王權的華城。後來雖然因為戰亂而有所損毀，但保存下來和已經復原的部分，仍然不難看出其歷史價值。

▲1997年，水原華城(수원화성)被聯合國教科文組織指定為世界文化遺產。

DATA

- 🕐 夏季09:00～18:00；冬季09:00～17:00為收費參觀，其餘時間免費。
- 💲 大人1,000₩，青少年700₩，小孩500₩
- ➡ **Step1**：從水原車站大門左斜前方的公車站搭11、13、36或39號公車，約10分鐘在八達門(팔달문)下車❶。
  (公車車資1,000₩，刷T-money卡900₩)

　Step2：**1.池洞市場附近的入口**：下車後往回走的路口左轉❷，步行約2分鐘過水原川，之後在池洞市場(지동시장)❸前左轉步行約2分鐘可到華城入口❹，從這裡沿城牆步行約20～30分鐘可到鍊武臺。

2.池洞市場反方向的入口：下車後，跨過八達門對面路口進去也有一個華城入口❺，步行約15分鐘到最高處後右轉，再步行約10分鐘會有售票處，往前可步行至西將臺，或是收票口附近的樓梯❻走下去可搭乘華城列車。(此入口的路線上有華城的世界文化遺產石碑，但地勢較陡)

▲華城入口

首爾周邊

|華城行宮 화성행궁|

是正祖為了到生父的陵墓參拜而建的臨時停留處所，平時作為當時的水原府官衙之用，後於日據時期遭受到破壞，因修復工作的進行，2003年以後才對外開放，由於曾是韓劇《大長今》的拍攝場景之一，因此有展示劇中主角長今在不同時期所穿著的戲服，3～12月間有各項文化體驗和表演活動。

DATA

- 活動諮詢：(031)251-4496，251-4449
- 夏季09:00～18:00；冬季09:00～17:00
  武藝公演：3～12月週二～六11:00
  週末常設公演：3～11月週六14:00
  壯勇營守衛儀式：3～11月週日14:00
  正祖大王陵行車演示體驗：3～9月第二、四週週日13:00～14:00在蒼龍門到華城行宮前廣場
- 大人1,500₩，青少年1,000₩，小孩700₩
- 1.搭公車在八達門下車後，往車行方向走到路口右轉，直走約10分鐘可到。
  2.面對行宮，左邊停車場後方的樓梯，爬上去可搭乘華城列車。

水原華城地圖

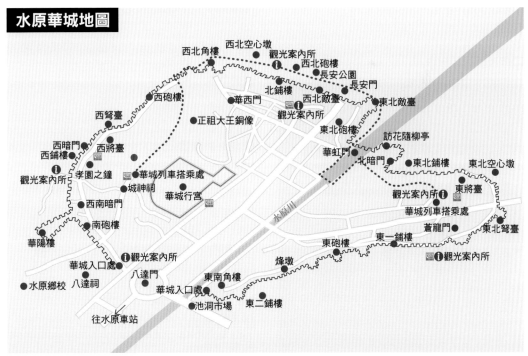

西北空心墩
西北角樓
觀光案所
西北砲樓
長安公園
長安門
北鋪樓
西砲樓
華西門
西北敵臺
東北敵臺
觀光案所
正祖大王銅像
西弩臺
東北砲樓
訪花隨柳亭
西暗門
西將臺
華虹門
北暗門
東北鋪樓
東北空心墩
西鋪樓
觀光案所
孝園之鐘
華城列車搭乘處
城神祠
華城行宮
觀光案所
東將臺
西南暗門
華城列車搭乘處
華陽樓
蒼龍門
東北弩臺
南砲樓
東砲樓
東一鋪樓
觀光案所
觀光案所
烽墩
華城入口處
八達門
東南角樓
水原鄉校
八達祠
華城入口處
池洞市場
東二鋪樓
往水原車站
水原川

順遊城市 京畿道 경기도 安城市 안성시 Anseong

● 觀光資訊看這裡 ●

安城官方網站
www.anseong.go.kr

安城觀光案內所
(관광안내소)

綜合觀光案內所

☎ (031)677-1330
🕘 09:00～18:00
➡ 安城綜合巴士站內

如何前往安城市▶

|搭乘巴士|

首爾▶▶安城(巴士)

交通工具	高速巴士	市外巴士	
出發站名	高速巴士站	東首爾巴士站	南部巴士站
路線別	京釜線	首爾→安城	
到達安城	安城綜合巴士站		
頭末班車	06:00～21:40 (深夜:23:10、23:30)	06:50～21:10	06:20～21:50 (深夜:22:30、22:50)
班車間距	20分	一天15班	15分
車資(₩) (成人標準)	一般 5,400 深夜 5,900	5,300	5,400
車程	約1～1小時30分		

安城▶▶首爾(巴士)

交通工具	高速巴士	市外巴士	
出發站名	安城綜合巴士站		
路線別	安城→首爾		
到達首爾	高速巴士站	東首爾巴士站	南部巴士站
頭末班車	06:00～22:30 (深夜23:00、23:30)	06:30～21:30	05:50～22:50
班車間距	20分	一天22班	15分
車資(₩) (成人標準)	一般 5,400 深夜 5,900	5,300	5,400
行車時間	約1～1小時30分		

※以上資訊若有異動，依當地最新公布為準，前往時請務必再次確認。製表：Helena

必遊景點

世界
無形遺產

|男寺黨遊藝 남사당놀이|

韓國電影《王的男人》(왕의남자,於2005年上映)裡的的孔吉(李準基飾演)和張生(甘宇成飾演)讓你印象深刻嗎?劇裡兩人藉以謀生的走繩、轉碗和嘲諷劇等等的韓國傳統街頭雜耍,源自於朝鮮時代的庶民階層,除了娛樂大眾之外,也藉由諷刺劇的演出來宣洩對當時社會兩班貴族迂腐的不滿。在朝鮮後期由表演者們組成了專業的演出團體「男寺黨」,主要的根據地之一就是現在的安城市,為了傳承這些傳統技藝,成立了男寺黨農樂團,除了週六的常設公演,並有體驗教學等活動;除此之外,透過國內外的演出以及和大眾的互動,藉以宣傳韓國的傳統文化,1964年被指定為韓國的重要無形文化財,2009年被列入聯合國教科文組織的世界無形遺產中。

DATA

演出資訊

http www.namsadangnori.org

🕐 4～11月每週六14:00～19:30

💲 免費(但傳統文化體驗教室除外)

1.白天公演 (낮 종목별 공연)

　表演內容:每週表演一個項目,有假面具遊戲、木偶魁儡戲、地板技藝和轉碗、個人樂器表演等。

　時間:14:00～15:00

2.傳統文化體驗教室(전통문화 체험교실)

　表演內容:每週一個項目,有假面具遊戲、木偶魁儡戲、地板技藝

　時間:15:30～16:30

　對象:滿40個月以上的幼兒、小學生、中學生、外國人等

　人數:一班30人以上

　地點:安城男寺黨傳授館(안성 남사당 전수관),位於安城男寺黨專用公演場旁邊

　費用:現場報名每人12,000W、網路申請10,000W

　體驗內容:每月第一、三週製作假面具和跳假面舞;每月第二、四週為男寺黨技藝體驗,包括轉碗、走繩和地面技巧的

前後空翻。

　電話:(031)678-2518

3.男寺黨綜合公演(남사당 종합공연)

　時間:18:00～19:30

　地點:安城男寺黨專用公演場

　表演內容:走繩、農樂、地面技藝、舞童、轉碗、象帽舞。8～11月週五晚上、週日下午另有單項表演。

貼 心 小 叮 嚀

1. 演出現場周邊有少數餐廳和小吃攤,但價格略高,建議自備餐點前往。

2. 各年度詳細表演時間和內容,可於官網查詢:www.namsadangnori.org

3. 2011年試行預約制,欲前往參觀者,請先上網預約,或可請觀光案內所協助預約。

前往男寺黨遊藝市內交通

　因前往男寺黨表演場的公車班次很少,並且站牌都較為偏遠,建議從安城綜合巴士站(안성종합버스터미널)後門的計程車排班處搭計程車前往,車費約5,000W,計程車會停在表演場的停車場外,再步行進去即可;回程時,因為表演結束後時間已晚,建議事先預約計程車,或是和當地人共乘計程車回到巴士站。

計乘車共乘

　在臺灣,計程車共乘的情況不多見,若是車上已有乘客,多半不會再搭載其他客人,但韓國的計程車有所謂的共乘制,車上雖然已有搭載客人,但如果順路,有時還是會再搭載其他的乘客,通常是在晚上這類不好叫車的時段,車資是分開計算,原則上還是依照跳錶的金額,但有時也會遇到司機少收一點車資的狀況。

江原道강원도

江陵市
Gangneung

강릉시

江陵市位於韓國東北邊江原道的東海岸，東臨東海，周邊和襄陽郡、洪川郡、平昌郡、旌善郡、東海市相接，西邊有五臺山國立公園，東邊則是美麗的東海海岸線。

江陵和東海之間，部分鐵軌沿著海岸線而築，若搭火車前往，可欣賞韓國美麗的東海岸風景，人氣很旺的看日出景點「正東津」就位於此路段上；東海沿岸有多個海水浴場，每到夏季就成為熱門度假勝地。此外，以江陵為中心，也可以延伸前往束草、東海、三陟、旌善和春川等地。

束草

○首爾
江陵
●水原
安城

清州 ● 安東

大邱 ● 慶州
全州 金海
晉州 釜山
木浦

濟州島

江陵遊逛戰略

北

● 注文津海邊
● 注文津港
ℹ 觀光案內所
● 注文津水產市場

● 鏡浦海水浴場

鏡浦臺
鏡浦湖
● 船橋莊
🏛 烏竹軒

🚉 江陵火車站

高速巴士站 🚌
ℹ
觀光案內所

🏛 大關嶺博物館

大關嶺自然
休養林

● 統一公園艦艇展示館

燈明洛伽寺 🏛 ● 燈明海邊
何瑟羅藝術世界 ● 🏛 6.25南侵史蹟塔
正東津火車站 🚉 ℹ 觀光案內所
正東津時間故事 ● 沙漏公園

往東海/三陟

▪▪▪▪	市郡境界
―▪―▪	邑面公路
━━	國道
━━	高速公路
──	一般道路
▬▬▬	鐵道

行程路線規劃

A 江陵半日遊行程

鏡浦湖、鏡浦臺和鏡浦海水浴場因位置相近,下面行程中統稱為鏡浦湖周邊,前往時建議自備餐點飲料。前往武陵溪谷時,也建議自備餐點飲料。

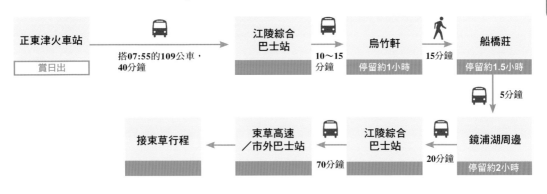

正東津火車站 賞日出 → 搭07:55的109公車,40分鐘 → 江陵綜合巴士站 → 10～15分鐘 → 烏竹軒 停留約1小時 → 15分鐘 → 船橋莊 停留約1.5小時 → 5分鐘 → 鏡浦湖周邊 停留約2小時 → 20分鐘 → 江陵綜合巴士站 → 70分鐘 → 束草高速/市外巴士站 → 接束草行程

B 正東津、東海海岸線半日遊

這個行程沒有進江陵市區,從正東津接東海後,建議可回到江陵綜合巴士站,之後轉往束草,或直接從東海到束草(所花行車時間會比到江陵轉車還久)。

正東津火車站 賞日出 → 搭08:16的火車,30分鐘 → 東海火車站 → 20分鐘 → 武陵溪谷 停留約3小時 → 20分鐘 → 東海綜合巴士站 註2

2 2小時40分鐘 → 束草市外巴士站 → 接束草行程

1 40分鐘 → 江陵綜合巴士站 → 70分鐘 → 束草高速/市外巴士站 → 接束草行程

註1:東海火車站、綜合巴士站來往武陵溪谷,包計程車單趟約10,000W。
註2:從東海綜合巴士站可以直接搭巴士前往束草的市外巴士站,但是班次較少(一天9班),且行車時間稍長,建議可先到江陵的綜合巴士站後,再換巴士轉往束草。

C 江陵、東海海岸線二日遊行程

上半天欣賞日出後,接東海的武陵溪谷,中午過後到江陵的景點,夜宿江陵。

第一天(整天)

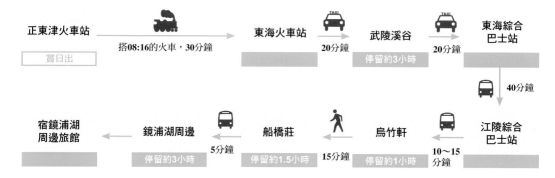

正東津火車站
賞日出
→ 搭08:16的火車,30分鐘 → 東海火車站 → 20分鐘 → 武陵溪谷 停留約3小時 → 20分鐘 → 東海綜合巴士站

↓ 40分鐘

江陵綜合巴士站 ← 10~15分鐘 → 烏竹軒 停留約1小時 ← 15分鐘 → 船橋莊 停留約1.5小時 ← 5分鐘 → 鏡浦湖周邊 停留約3小時 → 宿鏡浦湖周邊旅館

第二天(整天)

搭公車回江陵綜合巴士站,再轉搭公車至江陵的其他景點,約下午時間回到巴士站,轉搭巴士到束草,接束草的行程。

D 江陵一日遊行程

賞完日出後直接到江陵,可以有比較多時間細遊江陵。

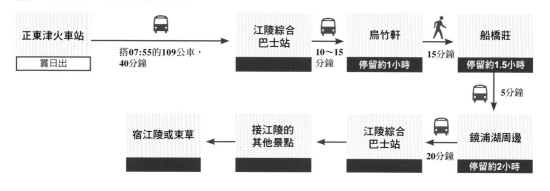

正東津火車站
賞日出
→ 搭07:55的109公車,40分鐘 → 江陵綜合巴士站 → 10~15分鐘 → 烏竹軒 停留約1小時 → 15分鐘 → 船橋莊 停留約1.5小時

↓ 5分鐘

宿江陵或束草 ← 接江陵的其他景點 ← 江陵綜合巴士站 ← 20分鐘 鏡浦湖周邊 停留約2小時

E 正東津日出行程

從首爾搭夜車到正東津賞完日出後,在江陵轉車,前往其他城市。

首爾清涼里火車站
前夜車
→ 6小時 → 正東津火車站
賞日出
→ 搭07:55的109公車,約40分鐘 → 江陵綜合巴士站 → 轉往其他城市

江陵▶▶其他城市(巴士)

出發站名	江陵綜合巴士站		
交通工具	市外巴士		
目的地	三陟(삼척)	旌善(정선)	春川(춘천)
到達	三陟綜合巴士站	旌善市外巴士站	春川市外巴士站
頭末班車	05:20~22:10	07:00~19:00	06:10~20:30
班車間距	10分	1小時	40分鐘
車資(₩)(成人票價)	5,000	10,100	11,100
行車時間	約1小時	約1小時50分	約2小時20分

※以上資訊若有異動,依當地最新公布為準,前往時請務必再次確認。

東海▶▶束草(巴士)

出發站名	東海綜合巴士站(동해 종합버스터미널)
交通工具	市外巴士
路線別	東海→束草
到達站名	束草市外巴士站
頭末班車	09:10~20:25
班車間距	一天9班
車資(₩)(成人票價)	9,400
行車時間	約2小時40分

※以上資訊若有異動,依當地最新公布為準,前往時請務必再次確認。

● 觀光資訊看這裡 ●

江陵官方網站

www.gangneung.go.kr

江陵觀光案內所 (관광안내소)

綜合觀光案內所
☎ (033)640-4414
➡ 鏡浦湖旁

江陵火車站觀光案內所
☎ (033)640-4534
➡ 江陵火車站前

巴士站觀光案內所
☎ (033)640-4537
➡ 江陵綜合巴士站前

正東津觀光案內所
☎ (033)640-4536
➡ 正東津海邊、大沙漏附近
以上服務時間:09:00~18:00

江陵綜合巴士站
(강릉 종합버스터미널)

如何前往江陵

|火車|

從首爾的清涼里火車站,搭乘每晚10點50分(會依季節不同略有調整)開往江陵的火車,在江陵的正東津火車站下車,車程時間約6小時,雖然行車時間較長,但抵達的時間剛好可以等待看日出,是蠻多韓國人會選擇的交通方式。

若是從首爾的清涼里火車站要直接前往江陵市區,在正東津之後的江陵火車站下車,從江陵火車站步行約5分鐘到公車站牌,搭202號公車可前往江陵綜合巴士站,車程時間約15分鐘,票價1,100₩;搭計程車前往,車資約3,000₩。

簡圖只標示方向,距離遠近請參考內文,

江陵火車站		從江陵綜合巴士站往江陵火車站的202-1號公車站牌
往江陵綜合巴士站的202號公車站		
	↓	
往江陵綜合巴士站		

江陵火車站(강릉역)

|巴士|

江陵的高速巴士站和市外巴士站緊連在一起：面對巴士站建築，左邊是高速巴士，右邊是市外巴士。若要從首爾直接前往江陵，可以從首爾的高速巴士站或東首爾巴士站前往，班次密集，車程時間約3小時20分，在江陵的綜合巴士站下車後可轉搭市內公車前往各景點。此外，每天晚上21：00～23：00之間從東首爾巴士站有3班巴士可前往正東津，車程時間約3小時半，但因為到達的時間是深夜，所以建議搭火車前往。

若要直接前往江陵，可以從首爾的高速巴士站、東首爾巴士站前往，班次密集，車程時間約3小時20分鐘；或從束草搭巴士前往江陵，班次密集，車程時間1小時10分，車資6,000W。兩者均可在江陵的綜合巴士站下車後轉搭市內的公車前往各景點。從江陵綜合巴士站前的公車站牌，搭202-1號公車可前往江陵火車站，車程時間約15分鐘，票價1,100W；若搭計程車前往，車資約3,000W。

高速巴士　市外巴士

江陵綜合巴士站
(강릉 종합버스터미널)

首爾▶▶江陵(巴士)

交通工具	高速巴士		市外巴士	火車無窮花號	
出發站名	高速巴士站(P.36)	東首爾巴士站(P.37)		清涼里火車站(P.39)	
路線別	嶺東線	首爾→江陵	首爾→江陵	嶺東線	
到達江陵	綜合巴士站	綜合巴士站	綜合巴士站	江陵火車站	正東津火車站
頭末班車	06:00～21:00 (深夜22:30、23:30)	06:30～20:30 (深夜22:20)	06:31～21:35 (深夜22:20、23:05)	07:00～23:00	
班車間距	20分	30分	一天56班	一天6班	
車資(W) (成人票價)	一般 14,000 優等 20,600 深夜 22,600	一般 14,000 優等 20,600 深夜 22,600	一般 14,000 深夜 15,400	特席 24,400 一般 21,200 自由 17,000	特席 23,200 一般 20,200 自由 16,200
行車時間	約3小時10分	約3小時		約6小時	

※以上資訊若有異動，依當地最新公布為準，前往時請務必再次確認。

製表：Helena

市內交通

在江陵市區搭公車,可使用首爾的T-money卡,到各景點的車資略有不同,使用T-money卡每次搭乘可減少車資100W。規劃路線時建議以江陵的巴士站為中心,從這裡可以搭市內公車到各個景點,另,巴士站前的觀光案內所可索取公車時刻表!

江陵綜合巴士站▶▶各景點(公車)

目的地	路線	頭末班、車距、行車時間	票價(W)	搭車地點
烏竹軒(오죽헌) 船橋莊(선교장) 鏡浦臺(경포대) 鏡浦海水浴場 (경포해수욕장)	去程：202 回程：202-1	頭末班06:40～22:10 車距約20～30分鐘一班 車程時間約10～20分鐘	1,100	巴士站前 (터미널앞)
正東津(정동진)⟷ 江陵火車站(강릉역)	109	巴士站出發：07:00、08:00、10:00、12:00、14:00、16:00、18:00、19:50 車程時間約40分鐘	1,450	
		正東津出發：06:45、07:55、08:55、10:55、12:55、14:55、16:55、18:55、20:40 車程約40分鐘		Family Mart便利超商前

※以上資訊若有異動,依當地最新公布為準,前往時請務必再次確認。　　　　　　　　　　製表：Helena

住宿

江陵的住宿選擇不少,如果是一般時間要前往,建議到當地再找住宿即可,但若是特定時間或活動,則建議先預訂為佳。

江陵住宿資訊

住宿區域	正東津	鏡浦湖、鏡浦海水浴場周邊	綜合巴士站	火車站
類型	民宿、一般旅館	一般旅館	一般旅館	一般旅館
價格(W) 2人一室	約3～5萬	約4萬	約4萬	約4萬
假日加價	不一定,約5千～1萬	不一定,約5千～1萬	不一定,約5千～1萬	不一定,約5千～1萬
刷卡	不一定	大多可以	大多可以	大多可以
基本設備	旅館：基本盥洗用品、電視、飲水機、小冰箱 民宿：不一定,大多是公用	基本盥洗用品、電視、飲水機、小冰箱	基本盥洗用品、電視、飲水機、小冰箱	基本盥洗用品、電視、飲水機、小冰箱
特別設備或服務	旅館：房間內有網路或提供免費飲料 民宿：不一定,大多設備是公用	房間內有網路或提供免費飲料	房間內有網路或提供免費飲料	房間內有網路或提供免費飲料
是否需要預定	不需要,特殊節慶除外	不需要,特殊節慶除外	不需要,特殊節慶除外	不需要,特殊節慶除外
特殊備註	有些業者並非每日提供打掃服務	有些業者並非每日提供打掃服務	有些業者並非每日提供打掃服務	有些業者並非每日提供打掃服務,且市內公車較少經過
建議選擇	參加正東津的迎日出活動	夏季到鏡浦海水浴場戲水	搭巴士離開江陵	行李較多且搭火車離開江陵

※以上資訊若有異動,依當地最新公布為準,前往時請務必再次確認。　　　　　　　　　　製表：Helena

必遊景點

|正東津 정동진|

正東津位於朝鮮王朝第一座正宮「景福宮」大門「光化門」的正東邊，象徵著李氏王朝嶄新開始、長長久久的涵義，但這個小城鎮並沒有隨著朝鮮王朝的興衰有多大的變化，直到它有了世界上離海最近的火車站之後，開始被眾人所矚目。

直接蓋在東海邊沙灘上的正東津火車站，距離大海不過十數步，每天晚上10點50分(因季節關係略有差異)從首爾清涼里火車站開往正東津的火車，被暱稱為「日出列車」，雖然約6個小時的車程時間不算短，但抵達的時間剛好可以等看日出、且立即映入眼簾的濤濤大海，也頓時讓心胸開闊舒坦，每年元旦早晨，正東津都是相當熱門的迎日出地點。除此之外，因為緯度較高又緊靠海邊，也是夏日有名的避暑勝地。

貼心小叮嚀

正東津位在海邊，緯度又比較高，若搭日出列車前往，下車時是清晨，氣溫會比市區來得低，請做好保暖工作，即使是夏天，也建議帶個薄外套。

DATA

➡ **Step1前往正東津火車站**：建議先預訂火車票，尤其是週末假日和特殊節日，火車票的預訂方式請參考本書P.18，班次和行車時間請參考P.84

Step2走到海邊：走出正東津火車站後左轉，沿著路邊走到像涵洞的地方再左轉進去，即可到達沙灘。若出站後要回到站內看日出或拍照，需購買500W的月臺票！

Step3前往江陵綜合巴士站：走出正東津火車站後，對面小巷子直走到路口左轉，在Family Mart便利超商❶前的公車站牌❷等109號公車即可前往江陵綜合巴士站(公車相關資訊請參考P.85表格)，這家超商可儲值T-money卡。

▲Family Mart便利超商和前面的公車站牌

▲車站內會公告當天的日出時間。

▲海岸邊的超大沙漏，流完一次剛好就是一年，所以每年的1月1日會有翻轉大沙漏的活動。

烏竹軒 오죽헌

這裡是申師任堂(西元1504~1551年)和兒子栗谷李珥(西元1536~1584年)的出生地和故居。申師任堂是朝鮮時代有名的女性藝術家及孝女,擅長詩、畫、書法,是完美韓國女性的代表,被選為2009年韓國新發行韓幣5萬元的肖像人物,而她的兒子栗谷李珥,則是朝鮮時代有名的學者,在理學、哲學和政治方面都有卓越貢獻,著有軍事相關的《擊蒙要訣》等多部著作,李珥先生也是韓幣5千元的肖像人物。

烏竹軒的栗谷紀念館內,展示申師任堂的書畫作品,及李珥先生使用過的用品。另設有江陵市立博物館,展示江陵地區出土的歷史文物和民俗用品,室外展覽場則有古墳遺跡和石雕藝術作品。

▲2009年韓國新發行的5萬元紙鈔,圖案為申師任堂的肖像及其所繪的葡萄圖。

▲韓幣5千元,圖案為李珥先生的肖像和出生地烏竹軒中的夢龍室和烏竹。

▲烏竹軒中李氏母子的銅像

DATA

- http www.ojukheon.or.kr
- 🕐 夏天08:00~18:00;冬天08:00~17:30。截止時間前半小時停止售票、7/20~8/20延長至21:00。
- 休 元旦、春節、中秋節,但文成祠全年開放
- 💲 大人3,000₩,青少年2,000₩,小孩1,000₩
- ➡ 江陵綜合巴士站前搭202號公車可到,在入口處外的路口下車後,再過馬路步行前往,時刻表和車資請參考P.85。

DATA

- http www.knsgj.net
- 🕐 3月~10月09:00~18:00;11月~2月09:00~17:00
- 休 春節、中秋
- 💲 大人3,000₩,青少年2,000₩,小孩1,000₩
- ➡ 1. 江陵綜合巴士站前搭202號公車,下車後過馬路即到,時刻表和車資請參考P.85。
  2. 從烏竹軒出來走到路口,過馬路到對面,然後左轉直走,到路口之後再右轉,會看到一座橋,過橋直走靠左側即可看到船橋莊,從烏竹軒走到船橋莊約需15分鐘。

船橋莊 선교장

這是朝鮮時代修建的貴族私宅,當初興建時,門前就是鏡浦湖,所以進出都需要搭船,故命名為船橋莊,但因長期的泥沙淤積,現在在船橋莊早已看不見鏡浦湖了。

船橋莊一直由建造者李乃蕃(西元1703~1781年)的後代子孫居住,傳統房屋的樣式保存完好,因此也常被選為影視作品的外景拍攝地,如韓劇《宮野蠻王妃》(궁,MBC電視臺於2006年播映)、《黃真伊》(황진이,KBS電視臺於2006年播映)、《風之畫員》(바람의 화원,SBS電視臺於2008年播映)等。

鏡浦海水浴場
경포해수욕장

位於江陵的鏡浦海水浴場，是韓國有名的海水浴場之一，沙灘周圍有樹林環繞、長約1.8公里，夏季是個有各種設施的戲水場所，其他時間雖因遊客較少而感覺不太熱鬧，卻是個很適合靜下心來散步的好地方，拋開一切雜念或是不好的思緒，只是享受著那簡單的海浪聲所伴隨著的悠閒。

DATA

🕐 全日開放　　休 無　　💲 免費

➡️ 1. 江陵綜合巴士站前搭202號公車在終點站下車；回程時在去程下車處搭202-1號公車可到江陵綜合巴士站和江陵火車站。
2. 船橋莊對面的公車站牌搭202號公車可到達。
3. 公車的時刻表和車資請參考P.85。

江原道강원도

順遊城市 東海市 동해시
Donghae

傳說神仙下凡之處「武陵溪谷」(무릉계곡)

武陵溪谷位在距離江陵不遠的東海市，傳說是神仙下凡遊歷人間的地方，又稱為武陵桃園，倚山為背而形成的瀑布溪谷地形，風景秀麗多變，自古以來即是文人雅士喜愛的流連之地，朝鮮時期的書法家更將眾多文人的詩句刻在溪谷前方的磐石上。往山林溪谷的方向，是當地人喜愛的登山路線之一，而前方磐石的部分，則是夏天戲水的好去處。

此處也是多部韓劇取景拍攝的地點，例如《黃真伊》(황진이，KBS電視臺於2006年播映)、《風之畫員》(바람의 화원，SBS電視臺於2008年播映)、《市政廳》(시티홀，SBS電視臺於2009年播映)。

DATA

🕐 09:00～18:00(夏季延長至20:00)
自然保護期不開放，時間約為每年的3/1～5/15、11/1～12/15

💲 大人2,000W，青少年1,500W，小孩700W。

➡️ 1. 在東海火車站或東海綜合巴士站搭11、11-1或12-1～7號公車，往武陵方向的底站下車即可到入口處外的停車場，車程約需1小時，車資1,400W。
2. 若是2人以上同行，建議從東海火車站或東海綜合巴士站搭計程車前往，包車車資約10,000W(每車)，建議事先詢價，約20分鐘即可到達，若回程還是要搭計程車，記得向司機索取名片(명함)，請當地人協助叫車。
3. 到達武陵溪谷的停車場後往裡面走，請先在右手邊白色建築物裡的管理事務所購買門票。
4. 主要交通站：東海火車站(동해역)、東海綜合巴士站(동해 종합버스터미널)

|鏡浦湖 경포호、鏡浦臺 경포대|

　　鏡浦湖，顧名思義就是像鏡子般清透澄淨，又名君子湖，原是與大海相連的自然湖，附近的船橋莊原本也是倚著鏡浦湖而建，但由於泥沙淤積，面積和深度皆已銳減，但鏡浦湖和位於附近的鏡浦臺周邊，種有各式花卉，每當春暖之時，成為郊遊賞花好去處，約4月中會舉辦櫻花節的賞花活動。鏡浦湖周邊設有自行車道，可在湖邊租自行車來個環湖之旅。

DATA

- 🕐 全年開放　🚫 無　💲 免費
- ➡️ 1. 江陵綜合巴士站前搭202號公車可到；回程時在對向的公車站牌搭202-1號公車，可到江陵綜合巴士站和江陵火車站。
  2. 公車的時刻表和車資請參考P.85。
  3. 自行車的租車費用，每小時約4,000Ｗ，店家大多集中在202號公車的終點站「鏡浦海水浴場」的站牌附近。

貼心小叮嚀

　　自然保護期的時間會有所變動，建議先洽詢管理事務所：+82-33-534-7306~07

江陵

問路關鍵字：名片(명함)、東海火車站(동해역)、東海綜合巴士站(동해 종합버스터미널)

江原道강원도

束草市
Sokcho

속초시

束草市位於韓國江原道的東北邊，與襄陽郡、高城郡、麟蹄郡和東海市相鄰；「束草」名稱的由來有兩種說法，一是該處生長許多名為束草的野草，二是用湖水水草製成的草繩捆綁在雪嶽山的蔚山岩之上，所以稱為束草。

束草
首爾
江陵
水原
安城
清州
安東
大邱
慶州
全州
金海
晉州
釜山
木浦

濟州島

作者說

因為束草靠近北緯38度的南北停戰線，韓戰剛結束的時候，曾經是個地理位置較為敏感緊張的地區，很多人從北邊移居到束草，在此開始艱困的異鄉生活。時至今日，因為束草東邊有美麗的海岸線，西邊則是風光明媚的雪嶽山，除了賞楓季節之外，平常也是韓國人喜歡登山踏青的休閒之地。

束草遊逛戰略

束草市地圖

雪嶽山國立公園

往蔚山岩、權金城、飛龍瀑布

尺山溫泉

● 束草綜合運動場

🏛 束草市立博物館

北一→

往麟蹄、首爾

往泰迪熊展覽館、大祚榮攝影場

往高城、統一展望臺

✚ 束草醫院

阿爸村周邊地圖

觀光案內所

🏛 世界展覽會塔

青草湖

束草中央市場（觀光水產市場）🚌 市外巴士站

渡船頭   ℹ️ 觀光案內所

清湖大橋   🏠 收復紀念塔所

ℹ️🚌 高速巴士站   阿爸村 ● 觀光案內所

觀光案內所   ● 國際碼頭

束草燈塔展望臺

永朗湖

🌳 雪嶽迎日出公園 ● 大浦港

阿爸村周邊地圖

北一→

ℹ️ 觀光案內所
🏛 世界展覽會塔

青草湖

束草中央市場（觀光水產市場）

市外巴士站 🚌
ℹ️
觀光案內所

● 大金牛

渡船頭

收復紀念塔

青湖大橋

觀光案內所
● E-MART

🏠 阿爸村

觀光案內所 ℹ️

ℹ️🚌 高速巴士站

國際碼頭 ●

束草

行程路線規劃

A 兩天一夜行程

以住宿在市外巴士站周邊為規劃考量，因為第一天抵達時已過中午，建議下午先在附近的阿爸村散步，並早點休息儲備體力。隔天一早前往雪嶽山，中午過後就要準備下山往回走，才有充裕時間天黑前回到巴士站轉往下一個城市。

第一天(半天)

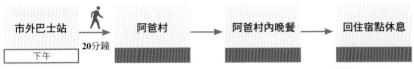

市外巴士站 → (20分鐘) → 阿爸村 → 阿爸村內晚餐 → 回住宿點休息

下午

第二天(半天)

住宿點 → (30分鐘) → 雪嶽山 → 轉往束草其他景點，或離開束草

07：00

▲看到這隻金牛，就知道去阿爸村的搭船處快到囉！這附近也算是束草比較熱鬧一點的地方了。

B 三天兩夜行程

搭晚班巴士抵達者，建議多留一天在束草。第二天先遊逛遠一點的景點，如雪嶽山及泰迪熊展覽館、尺山溫泉等，第三天可輕鬆散步至阿爸村遊覽，再從容到巴士站搭車離開。又，雪嶽山上有不少餐廳和攤販，但因部分價格略高，建議自備餐點零食上山。

第二天(半天) 傍晚到束草後先找住宿

貼心小叮嚀

秋、冬兩季為雪嶽山的旅遊旺季，上山路途易塞車，建議盡早出門。

第二天(全天)

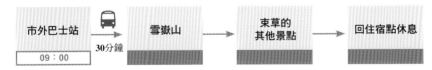

市外巴士站 → (30分鐘) → 雪嶽山 → 束草的其他景點 → 回住宿點休息

09：00

第三天(全天)

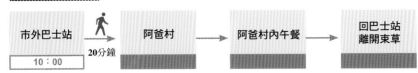

市外巴士站 → (20分鐘) → 阿爸村 → 阿爸村內午餐 → 回巴士站離開束草

10：00

● 觀光資訊看這裡 ●

束草官方網站

www.sokcho.gangwon.kr

束草觀光案內所(관광안내소)

束草綜合觀光案內所
☎ (033)639-2690
➡ 束草綜合運動場、尺山溫泉附近

雪嶽迎日出公園觀光案內所
☎ (033)635-2003
➡ 雪嶽迎日出公園內

高速巴士站觀光案內所
☎ (033)639-2689
➡ 高速巴士站前

市外巴士站觀光案內所
☎ (033)639-2830
➡ 市外巴士站前

以上服務時間：09:00～18:00

如何前往束草

| 巴士 |

束草有高速巴士站和市外巴士站，兩者之間搭公車約需10～15分鐘。站前均有觀光案內所，可諮詢束草旅遊相關資訊。

首爾、江陵▶▶束草(巴士)

出發地點	首爾				江陵	
交通工具	高速巴士		市外巴士		市外巴士	
出發站名	高速巴士站 (P.36)	東首爾巴士站 (P.37)	東首爾巴士站	東首爾巴士站	江陵綜合巴士站 (P.84)	江陵綜合巴士站
路線別	嶺東線	首爾→束草	首爾→束草	首爾→束草(直達)	江陵→束草(直達)	江陵→束草
到達束草	高速巴士站	高速巴士站	市外巴士站	市外巴士站	市外巴士站	市外巴士站
頭末班車	06:00～21:00 (深夜23:30)	06:30～19:50	06:30～18:19 (深夜22:00、 23:00)	06:25～20:40	05:50～21:00	05:50～22:00
班車間距	30分	一天6班	一天25班	一天19班	一天41班	一天43班
車資(₩) (大人基準)	一般16,500 優等24,400 深夜26,800	優等19,000	16,100～18,400 (深夜17,700)	16,100	6,000	7,600
行車時間	約3小時10分	約3小時半	約3小時半	約2小時50分	約1小時10分	約1小時40分

※1. 以上資訊若有異動，依當地最新公布為準，前往時請務必再次確認。
　2. 江陵前往束草時，若要住在高速巴士站附近，建議先詢問司機是否可提早在高速巴士站下車。

製表：Helena

市內交通

在束草市區搭乘公車，不可使用首爾的T-money卡，單趟車資1,000₩。

束草市外巴士站
(속초 시외버스터미널)

束草高速巴士站
(속초 고속버스터미널)

住宿

束草可以住宿的區域和選擇很多，若無特定想住的地方、或非秋冬旺季，建議到當地再找住宿即可。

束草住宿資訊

住宿區域	市外巴士站	高速巴士站	國際碼頭	雪嶽山／溫泉區
類型	一般旅館	一般旅館、商務旅館	一般旅館、商務旅館	一般旅館、商務旅館 度假村
價格(W) 2人一室	約3萬	約4萬以上	約5萬以上	約5萬以上
假日加價	不一定，約5千～1萬			
刷卡	不一定	大多可以	大多可以	大多可以
基本設備	基本盥洗用品、電視、飲水機、小冰箱			
特別設備或服務	大多沒網路	房內有網路、有免費飲料	房內有網路、有免費飲料	房內有網路、有免費飲料
是否需要預定	不需要(特殊節慶除外)			
特殊備註	有些業者並非每日提供打掃服務	有些業者並非每日提供打掃服務	有些業者並非每日提供打掃服務	距離連外交通站點較遠
建議選擇	選擇搭市外巴士離開束草	選擇搭高速巴士離開束草	喜歡海景房間且預算較高	預算較高或想泡溫泉

※以上資訊若有異動，依當地最新公布為準，前往時請務必再次確認。製表：Helena

大賣場

E-MART束草店位於高速巴士站附近，步行約7分鐘可到，若從市外巴士站出發，可先搭公車到高速巴士站(約15分鐘)，之後再步行前往。

DATA

➡ 1. 搭7、7-1號公車到高速巴士站。
2. 站在高速巴士站前面對馬路，右轉步行約4分鐘會經過公車站牌，再走約2分鐘的路口右轉，之後步行約1分鐘即可到達。

E-MART 大賣場營業資訊

分店	營業時間	退稅	直接寄回臺灣	生鮮商品	位置	電話
束草店 (속초점)	10:00～22:00 (元旦、中秋休息)	○ (10:00～22:00)	×	1F	近束草高速巴士站 ✉강원 속초시 청호동 459-134번지	(033)630-1234

※以上資訊若有異動，依當地最新公布為準，前往時請務必再次確認。

製表：Helena

咖啡機

很多韓國的餐廳，都會擺放咖啡機，在咖啡機的右上方有數字，顯示「000」時，表示免費，咖啡機上會有兩個選擇咖啡口味的圓按扭，左右邊各一，基本款是牛奶咖啡，通常還會有另外一種口味的咖啡，但有的店家會放同一種口味，有的店家則會放不同口味，而右邊投幣孔旁的斜按鈕是選擇甜度，UP是更甜，DOWN是更淡；咖啡機的使用方法是先選擇甜度，或直接按左邊的咖啡鈕，紙杯就會從下方自動掉出來，並開始接咖啡。

▲咖啡機上有2個選擇咖啡口味的圓按扭

必遊景點

雪嶽山國立公園
설악산국립공원

　　雪嶽山是韓國東北部最高的國家公園，也是韓國最早楓紅的地區之一，涵蓋江原道的束草市、襄陽郡、麟蹄郡、高城郡等4個地區，以最高峰大青峰(海拔1,708公尺)為中心點，其中高城郡、束草市、襄陽郡的東半部合稱為外雪嶽，又分為南、北外雪嶽，麟蹄郡的西半部為內雪嶽；束草的外雪嶽部分，有飛龍瀑布、權金城、金剛洞和蔚山岩等路線，大多路緩好走或設有行走步道，可恣意享受美麗的自然風光。

DATA

- **http** chinese.knps.or.kr
- 🕐 全年開放，但為了保護自然環境、防止火災發生，每年3/2～5/31和11/15～12/15期間，部分區域會限制入山。
- 💲 大人2,500₩，青少年1,000₩，小孩600₩
  權金城纜車往返票價：大人8,000₩，小孩5,000₩
- ➡️ **1.** 在束草市區搭7、7-1號公車往雪嶽山方向，於底站下車。
  2. 高速巴士站對面站牌搭7-1號公車，約15分鐘在底站下車。
  3. 出市外巴士站大門後右轉，步行約2分鐘至公車站牌搭乘7-1號公車，約30分鐘在底站下車。
  4. 雪嶽山底站下車後，往前直走約5分鐘可到售票處；回程時，在去程的下車處搭車即可。

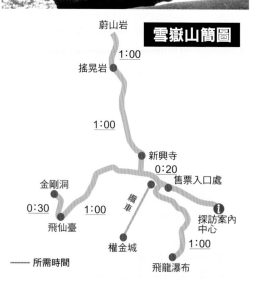

雪嶽山簡圖

蔚山岩
1:00
搖晃岩
1:00
新興寺
0:20
售票入口處
金剛洞
0:30　1:00　纜車
飛仙臺
權金城
探訪案內中心
1:00
飛龍瀑布

—— 所需時間

東草

|阿爸村 아바이 마을|

韓戰期間(西元1950~1953年)北方的難民到南方避難,落腳於束草,其中又以咸鏡道的居民最多,所以用咸鏡道方言的「爺爺」來命名聚居的村落,因而稱為「阿爸村」,後因韓劇《秋天童話》(가을동화,又名《藍色生死戀》,KBS電視臺於2000年播映)在此拍攝而聲名大噪。

|Da Sin餐廳 다신식당
(魷魚灌腸、阿爸血腸專門店)|

魷魚灌腸是束草的風味特色菜之一(在魷魚肚子裡塞滿剁碎的蔬菜和粉絲,切片煎過後食用),北方咸鏡道的難民避居到阿爸村時,也把家鄉的口味一起帶過來,阿爸村裡的餐廳幾乎都以賣魷魚灌腸和阿爸血腸為主。推薦這家是因為這家店可以點小份的,價格不會太貴、也不會吃的太撐,還附贈好吃的醃明太魚小菜和免費咖啡,是物超所值的好選擇。

DATA
- 💲 主餐價格約6,000~30,000W不等
- ➡ 搭船到阿爸村後,穿過韓劇說明牌後的橋下過到對面,走到小路口右轉,靠左側的第三家店面。

Da Sin餐廳菜單(部分)

中文	韓文	中文	韓文
阿爸血腸	아바이 순대	排骨湯	갈비탕
魷魚灌腸	오징어 순대	血腸湯	순대국
綜合血腸	모듬순대	東東酒	동동주
鰈魚冷麵	가자미냉면	燒酒	소주
明太魚冷麵	명태냉면	啤酒	맥주
水冷麵	물냉면		

※店家的營業內容,依當日實際情況為準。　　製表:Helena

DATA
- 🕐 24小時(人力小船行駛時間為04:00~23:00)
- 💲 單人單趟200W
- ➡ 1.從市外巴士站前往:
  Step1:市外巴士站前右轉,直走約5分鐘至路口,過馬路後右轉,再直走約10分鐘從大金牛❶旁的巷子左轉進去直走,約2~3分鐘可到海邊小碼頭。
  Step2:搭乘人力小船到對岸,即可看到電視劇的說明牌❷,往後走即可。
  2.從束草其他地方搭計程車或步行前往。

魷魚灌腸　　醃明太魚

血腸湯

아바이마을길
Abaimaeul-gil
22

忠清北道충청북도

清州市
Cheongju

청주시

清州市位於忠清北道，周邊被清原郡包圍，是道廳的所在地，市外巴士站旁設有忠清北道綜合觀光案內所，到韓國中部地區旅遊時，清州是最適當的轉運站之一。

濟州島

✏ 作者說

除了以前就知道的舊總統別墅青南臺和上黨山城，開始認識清州市和清原郡，是因為韓劇《麵包王金卓求》（제빵왕 김탁구，KBS電視臺於2010年播映），韓國播映時的收視率最高達50%，不論是演員陣容或故事背景，都是一時之選，所以超想推薦給大家！

清州遊逛戰略

清州市地圖

清原郡

清原郡

北

上黨山城

清州大學 ●
清州百濟遺物展覽館 🏛
清州古印刷博物館 🏛
濟洲藝術殿堂
清州體育館 ●
高速巴士站 🚌
● LOTTE Mart
VILLE三溫暖 ♨
🚌 市外巴士站
● 忠北大學

牛岩洞 ●
北部市場 ●
牛岩小學 ●
水岩谷 ●
CGV電影院 🚗
樂天電影院

陶瓷博物館
清州樂園兒童會館
🏛 國立清州博物館
● 清州樂園動物園
● 清州夢幻樂園

✚ 清州醫院
● 清州市廳
Home plus ● 清州鄉校
● 忠清北道廳
● 龍頭寺址鐵幢竿

往青南臺 ↓

市中心熱鬧區地圖

北
清州古印刷博物館 🏛
藝術殿堂 ●
清州體育館 ●

牛岩洞 ●
北部市場 ●
牛岩小學 ●
上黨路
清州醫院 ✚
● 清州市廳

Home plus ●
CGV電影院 🚗
六街市場
● 忠清北道廳
樂天電影院
● 龍頭寺址鐵幢竿
清州鄉校 ●

上黨山城登山路線

北
🏯 西門　🏯 東暗門
上黨山城終點站 ●
🏯 上黨村莊 🏯 🏯 東門
▲ 牛岩山
🏛 國立清州博物館
● 清州樂園兒童會館
🏯 南暗門 🏯 南門 🏯 東將臺
山城入口
● 清州動物園
——— 城牆

成安街逛街區

行程路線規劃

A 三天兩夜行程 | 以住宿在巴士站周邊為規劃考量。

第一天(半天)

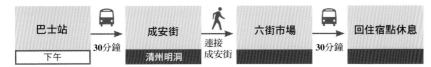

巴士站 / 下午 —30分鐘→ 成安街 / 清州明洞 —連接成安街→ 六街市場 —30分鐘→ 回住宿點休息

第二天(整天)

巴士站 / 09:00 —90分鐘→ 青南臺 / 停留約2.5小時 —50+10分鐘→ 水岩谷、八峰麵包店 / 停留約2.5小時 —20分鐘→ 北部市場 / 停留約1.5小時 —20分鐘→ 回住宿點休息

第三天(半天)

巴士站 / 08:00 —50分鐘→ 上黨山城 / 環城一周 約1.5～2小時 —50分鐘→ 回巴士站 離開清州

貼心小叮嚀

1. 青南臺和上黨山城,建議自備餐點飲料前往。
2. 如果想參觀清州的博物館,可安排於上黨山城之後。

B 兩天一夜遊行程 | 以住宿在巴士站周邊為規劃考量。

第一天(半天)

巴士站 / 中午 —90分鐘→ 青南臺 / 停留約2.5小時 —20分鐘→ 成安街 / 清州明洞 —連接成安街→ 六街市場 —30分鐘→ 回住宿點休息

第二天(整天)

巴士站 / 08:00 —50分鐘→ 上黨山城 / 環城一周 約1.5到2小時 —25+10分鐘→ 水岩谷、八峰麵包店 / 停留約2.5小時 —20分鐘→ 北部市場 / 停留約1.5小時 —20分鐘→ 回巴士站 離開清州

C 熱門景點一日遊·韓劇《麵包王金卓求》拍攝場景

超密集行程！無論如何，八峰麵包店一定要去，好好的在這個小店裡享受韓劇裡的氛圍

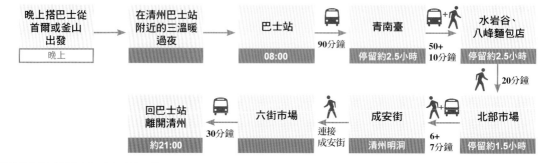

晚上搭巴士從首爾或釜山出發 **晚上** → 在清州巴士站附近的三溫暖過夜 → 巴士站 **08:00** ──90分鐘→ 青南臺 停留約2.5小時 ──50+10分鐘→ 水岩谷、八峰麵包店 停留約2.5小時

↓20分鐘

北部市場 停留約1.5小時 ──6+7分鐘→ 成安街 清州明洞 ──連接成安街→ 六街市場 ──30分鐘→ 回巴士站離開清州 約21:00

如何前往清州

清州高速巴士站大門出來，左轉直走約2分鐘到路口，過馬路到對面，就是清州市外巴士站。

簡圖只標示方向，遠近請參考內文，距離

高速巴士站
VILLE SPA 樂天超市
市外巴士站

|火車|

由於清州火車站距離巴士站周邊的主要市區較遠，搭計程車或公車前往約需20～60分鐘，又因為各地前往清州的直達火車班次大多比巴士少，建議搭乘巴士前往清州。

|巴士|

清州有高速巴士站和市外巴士站，兩者位置相近，若從首爾出發前往清州，因主要的聯外巴士站都有往清州的班次，發車密集、車資也都差不多，所以建議選擇離住宿地點較近的巴士站出發即可。

清州市外巴士站
(청주 시외버스터미널)

釜山、慶州、安東、江陵、全州▶▶清州(巴士)

出發地點	釜山	慶州	安東	江陵	全州
交通工具	高速巴士	市外巴士	市外巴士	市外巴士	市外巴士
出發站名	釜山綜合巴士站(老圃洞)(P.151)	慶州市外巴士站(P.132)	安東巴士站(P.116)	江陵綜合巴士站(P.84)	全州市外巴士站(P.182)
路線別	釜山→清州	慶州→清州	安東→清州	江陵→清州	全州→清州
到達清州	高速巴士站	市外巴士站	市外巴士站	市外巴士站	市外巴士站
頭末班車	06:30～19:30	08:40～19:35	09:30～20:30	07:00～18:40	07:10～18:35
班車間距	一天9班	一天5班	一天6班	一天6班	一天21班
車資(W)(成人票價)	一般 16,600　優等 24,600	15,500	14,800	14,800	9,200
行車時間	約3小時20分	約3小時10分	約2小時20分	約3小時	約2小時10分

※以上資訊若有異動，依當地最新公布為準，前往時請務必再次確認。

製表：Helena

清
州

● 觀光資訊看這裡 ●

清州官方網站

www.cjcity.net

清州觀光案內所 (관광안내소)

　　清州市外巴士站大門出來往右側走不到1分鐘，就可看到忠清北道綜合觀光案內所(충청북도종합관광안내소)，所內有會說英文和中文的服務人員，可在此諮詢忠北道的相關旅遊資訊。

DATA 📞 (043)233-8430～1 🕐 09:00～18:00

首爾▶▶清州(巴士)

出發站名	高速巴士站(P.36)		東首爾巴士站(P.37)		南部巴士站(P.37)
路線別	京釜線	湖南線	首爾→清州		首爾→清州
交通工具	高速巴士		高速巴士	市外巴士	市外巴士
抵達清州	高速巴士站		高速巴士站	市外巴士站	市外巴士站
頭末班車	05:40～21:55 (深夜22:30、22:50、23:10、23:30)	06:00～23:30 (深夜22:30、23:00、23:30)	06:00～21:55	06:50～21:00	06:20～22:20 (深夜22:40～24:00)
班車間距	5～10分	40～90分	30分	20分	20～30分 (深夜一天4班)
車資(₩) (成人票價)	一般 7,400 優等 8,400 深夜 9,200	一般 7,400 深夜 8,100	一般 8,000 優等 9,000	8,000	一般 7,400 深夜 8,100
行車時間	約1小時40分				

※以上資訊若有異動，依當地最新公布為準，前往時請務必再次確認。　　　　　　　製表：Helena

清州高速巴士站
(청주 고속터미널)

市內交通

　　在清州市區搭公車，可使用首爾的T-money卡，一般公車單程車資投現1,150₩，刷卡1,050₩，部份較遠的景點車資會高一些，上車前請先詢問司機。目前清州市尚未有可儲值T-money卡的地方，建議要在首爾儲值足夠金額。

住宿

一般旅館多集中在市外巴士站周邊,且主要公車的行駛路線多會經過市外巴士站前,建議在此區住宿比較方便,若在非節日期間前往,到當地再找住宿即可。住宿費用每晚約40,000W。若想來點特別體驗,也可到巴士站附近的三溫暖洗澡、過夜。

| VILLE SPA三溫暖 사우나 |

位於市外巴士站對面、高速巴士站和樂天超市(LOTTE Mart)中間的轉角處,是當地人也常會去的平價三溫暖之一,對於只在清州待上一晚的人來說,是可以考慮過夜的地方。

營場時間及費用

製表:Helena

種類	三溫暖사우나 (洗澡)		三溫暖사우나、蒸氣房찜질방 (洗澡+過夜)	
	白天 (주간)	晚上 (야간)	白天 (주간)	晚上 (야간)
入場時間	05:00~21:00	21:00~05:00	05:00~21:00	21:00~05:00
費用 (₩)	5,000		6,000	7,000

※1.店家的營業內容,依當日實際情況為準。
　2.使用時間每次為24小時,超過每日需加收6,000W。

使用說明

VILLE SPA三溫暖和韓國一般的三溫暖一樣,在櫃檯付費取得鑰匙後,先依鑰匙上的號碼找鞋櫃放鞋,再去浴室裡找置物櫃放個人物品。若要在三溫暖內消費,是使用鑰匙感應計費,離場時於櫃檯結帳;唯一不同的是,進場付費後,櫃檯服務人員會給一張類似收據的感熱紙,要拿著這張感熱紙到浴室裡的販賣部換毛巾和衣服(若只使用三溫暖的部分,就只會有毛巾);若使用蒸氣房或到休息大廳,則需穿著店家提供的專用服裝。

由於VILLE SPA三溫暖內有會員制的健身房,所以會有兩種不同的衣服,直接跟販賣部人員兌換就不會拿錯了(有關三溫暖的使用過程,請見P.15)。

VILLE SPA 三溫暖樓層說明
3樓:入場、鞋櫃、女湯、女廁、蒸氣房、餐飲部、休息大廳
4樓:男湯、男廁、男女睡眠室、會員制健身房

▲3樓的休息大廳,會提供枕頭和墊子,旁邊有各種溫度的蒸氣房。

▲3樓的餐廳,使用鑰匙感應計費,離場時於櫃檯結帳即可。

清州

逛街購物

|大賣場連鎖店|

清州市外巴士站對面有LOTTE Mart清州店、鬧區成安街附近有Home plus清州成安店，對旅遊者來說，是方便購物的選擇。Home plus的公車站名為清州大橋(청주대교)或地下商街(지하상가)，若要從道廳步行前往，請先過馬路到成安街、右轉直走約3分鐘到大馬路口，再左轉直走約6分鐘即可到達，或也可以走成安街裡的小巷子。

▲清州市外巴士站對面的LOTTE Mart清州店。

LOTTE Mart(롯데마트)、Home plus(홈플러스)營業資訊

店別	分店	賣場營業時間	退稅	直接寄回臺灣	生鮮商品	位置	電話
L	清州店(청주점)	10:00～23:00	○(10:00～22:40)	×	B1	清州市外巴士站對面B1 ☒ 충청북도 청주시 흥덕구 가경동 1416-2	(043)236-2500
H	清州成安店(청주성안점)	10:00～24:00	×	×	B2	靠近道廳附近的成安街與清州大橋 ☒ 충북 청주시 상당구 서문동 157-14번지(청주/서문대교 신한은행 앞)	(043)259-2080

※店家的營業內容，依當日實際情況為準。

製表：Helena

▼成安街

▲六街市場

成安街 성안길
六街市場 육거리시장

清州較熱鬧的區域在道廳對面,主要集中於成安街(類似首爾的明洞),有「清州明洞」的稱號,除了服飾店、彩妝保養品店和速食店,還有電影院和百貨商場,是年輕人逛街、聚會的區域。

跟成安街連在一起的六街市場,是個傳統市場,除了生鮮食品,也有不少五金和生活雜貨。成安街和六街市場也是韓劇《麵包王金卓求》的拍攝場景之一。

DATA

- 🕒 各店家的營業時間不同,約中午過後到晚上10點之間較為熱鬧。
- ➡ **1.從巴士站出發**:在清州市外巴士站前的公車站牌搭311號公車,車程約30分鐘,在道廳(도청)下車;從市外巴士站另有多部公車可前往道廳。
  2.從北市場出發:走到牛岩小學(우암초등학교)對面的公車站牌搭111〜118或411〜418號公車,車程約7分鐘,在道廳(도청)下車。
  3.從青南臺出發:回到文義總站,搭311號公車,車程約20分鐘,在道廳(도청)下車。

● 必遊景點 ●

|青南臺 청남대|

KBS 2TV 수목드라마
"제빵왕 김탁구"
촬영장소입니다.

位於忠清北道清原郡的大清湖邊,最初1983年12月竣工時取名為迎春齋,1986年7月改稱為青南臺,意指南方的青瓦臺(韓國的總統府)。原為總統的別墅,盧武炫總統在位時,於2003年4月18日移交給忠清北道管理並對外開放,因有豪華氣派的主建築物和寧靜清幽的周邊環境,近年來成為多部影視作品的拍攝場景,如韓劇《該隱與亞伯》、《IRIS》、《麵包王金卓求》等,在《麵包王金卓求》裡,被選為巨星食品日中會長(全光烈飾演)的豪宅外景地。

如果只參觀主建築物,約1小時就已足夠,但若時間許可,建議沿著散步道走一圈,欣賞大清湖的周邊美景(約需2.5小時)。

▲青南臺的主建築物,入內參觀前須在門口換穿拖鞋,室內禁止拍照。

▲若時間許可,建議前往大清湖邊散步,享受美景帶來的舒暢。

清州

問路關鍵字：道廳（도청）、售票處（매표소）

DATA

- http chnam.cb21.net
- 參觀時間：2～11月09:00～18:00；12～1月09:00～17:00
- 售票時間：2～11月08:30～16:30；12～1月09:00～15:30
- 休 每週一、元旦、農曆春節、中秋節
- $ 5,000₩

Step1：搭311號公車在終點站文義(문의)下車

在清州市外巴士站前的公車站牌搭311號公車，車資1,300₩，車程約50分鐘，在終點站文義下車。公車會先迴轉到對向的停車場後再讓乘客下車。①

Step2：前往青南臺的售票處及搭車處

出停車場後左轉直走約2～3分鐘至廣場②，右邊是青南臺售票處(매표소)，左邊是往青南臺的302號專車售票處和搭乘處③。車資3,000₩，每30分鐘一班車，但會機動調整。(往青南臺的車票和入場門票，現改為列印在同一張票券上，共8,000₩／人)

302號專車的售票處和搭乘處

右側是售票處

Step3：搭302號專車前往青南臺

搭前往青南臺的302號專車，車程約20分鐘。上車前會收青南臺的門票④和車票⑤，車票會整張收走。(往青南臺的車票和入場門票，現改為列印在同一張票券上，共8,000₩／人)

Step4：總統歷史文化館下車

302號專車是直達車，在總統歷史文化館(대통령역사문화관)前下車，下車後左轉直走約1分鐘，即可到青南臺的大門口⑥。

Step5：沿原路返回

回程搭302號專車時直接上車即可，搭車處就在下車處旁邊⑦；回到文義總站後，再轉搭311號公車前往下一個景點。

貼心小叮嚀

參觀青南臺無需預約，但請注意最後的售票時間。

|八峰麵包店 팔봉제빵점|

位在水岩谷入口處，原本是間工藝美術館，因成為韓劇《麵包王金卓求》主要拍攝場景而聲名大噪，電視劇拍攝結束後，以劇裡的「八峰麵包店」為名開始對外營業：1樓是電視劇的主要拍攝場景，2樓是咖啡廳，B1仍為工藝工作室，3樓為私人空間，目前B1和3樓不對外開放。

1樓櫃臺旁販售4種劇裡出現的麵包和紀念品，4種麵包分別為紅豆麵包(峰麵包)、大麥麵包(有加玉米)、菠蘿麵包和奶油麵包，每個售價1,500₩，建議在1樓購買麵包後，帶到2樓點杯咖啡一起享用(咖啡參考價：拿鐵6,000₩)。

麵包韓文對照表

品名	韓文
紅豆麵包	단팥빵
大麥麵包	보리빵
菠蘿麵包	소보루
奶油麵包	크림빵

牛岩小學
公車站牌
公車站牌
往水岩谷方向八峰麵包店
簡圖只標示方向，距離遠近請參考內文

▲1樓櫃檯旁販售的麵包。

貼 心 小 叮 嚀

在韓國，咖啡類的產品大多使用外來語，建議可用英文詢問看看有沒有想喝的飲料。

我個人最喜歡的是大麥麵包，真的跟電視劇裡說的一樣，很有飽足感。菠蘿麵包也蠻不錯，紅豆麵包和奶油麵包比較適合愛甜食的人，建議可搭配不太甜的咖啡一起享用。

▲麵包店的大門入口處。

DATA

🕐 週一～日10:00～20:30

🚫 每月第一、第三週的週一休息

➡️ **1.從市外巴士站出發：**

Step1：搭311號公車在道廳(도청)下車
在清州市外巴士站前的公車站牌搭311號公車，車程約30分鐘，在道廳下車；從市外巴士站另有多部公車可抵達道廳。

Step2：到對向搭公車在牛岩小學(우암초등학교)下車
到對向的公車站牌(道廳側)搭111～118或411～418號公車，車程約7分鐘，在牛岩小學下車。

Step3：依照指示牌前進
往回走到路口後左轉直走❶，約5分鐘看到大指示牌後左轉❷，再依指示直走❸，往前繞個大圈，即可達八峰麵包店的正門。

2.從青南臺出發：
從青南臺回到文義總站後搭311號公車，車程約20分鐘，在道廳(도청)下車，同個站牌轉搭111～118或411～418號公車，之後請參考方法1從市外巴士站出發的Step2、Step3。

3.從上黨山城出發：
從上黨山城搭862、863或864號公車，約15分鐘在道廳(도청)下車，同個站牌轉搭111～118或411～418號公車，之後請參考方法1從市外巴士站出發的Step2、Step3。

往麵包王金卓求的拍攝場地

貼心小叮嚀

看到照片❷的指示牌左轉後，直走約2分鐘的小巷口右轉，上斜坡後再走約1分鐘也可以到麵包店。

｜水岩谷 수암골｜

水岩谷就在八峰麵包店對面，是韓戰時期(西元1950～1953年)的避難村，政府原本有意要拆除此村，但因當地的藝術家跟大學生

▲水岩谷的地圖就繪製在入口處附近的牆上。

在此畫了美麗和有意思的壁畫，口耳相傳之下，使得壁畫村逐漸有名氣得以保存下來。

此處也是韓劇《該隱與亞伯》(카인과아벨，SBS電視臺於2009年播映)的拍攝場景之一。

DATA

🕐 從早至晚上9點以前

➡️ 請參考上面八峰麵包店的交通方式，入口處就在麵包店的斜對面。

貼心小叮嚀

因為當地都還是有村民居住，請於晚上9點前參觀，並請降低音量、勿亂丟垃圾。

▲水岩谷的壁畫

| 北部市場 북부시장 |

　　清州的傳統市場，販售生鮮食品、五金雜貨及街邊小吃，為韓劇《麵包王金卓求》的外景地之一。位於市場中央的豬腳店，是主角三人在市場吃小吃的拍攝場地，除了「豬」的相關產品，另有辣炒年糕(떡볶이)、魚板(오뎅)、各式炸物(튀김)和血腸湯飯(순대국밥)等小吃。

近請參考內文

簡圖只標示方向，距離遠

往巴士站
公車站牌
←
往巴士站方向
北部市場
市場下車
站牌
加油站
牛岩小學

DATA

🕐 各商家營業時間不同，一般來說，傍晚時間以前都還有在營業。

➡️ 1.從巴士站出發：

Step1：搭831或831-1號公車
在市外巴士站對面樂天超市前的公車站牌，搭831或831-1號公車，車程約20分鐘，在北部市場(북부시장)站下車即到❶。

Step2：搭832或832-1號公車返回市外巴士站(시외버스터미널)
因為是循環路線公車，回程時請到對面的公車站牌，搭832或832-1號公車，車程約20分鐘，在市外巴士站下車。

要走這條路的左側

牛岩小學
（馬路對面）

馬路口

加油站

2.從水岩谷出發：

Step1：走回牛岩小學
小學外校門口是個不規則的路口，請往對面朝右斜的那一條路(不是直接右轉)走。

Step2：靠左側直走
靠左側直走約6分鐘的小巷子左轉，就可看到市場的入口。

▲市場中央的豬腳店。

|上黨山城 상당산성|

建造於統一新羅時期，名稱來自於百濟時代的上黨縣，朝鮮時期改建為石牆城堡，1970年被列為古蹟第212號，是清州市民登山休閒的好去處。環繞山城一周，可看到清州市的現代感和清原郡的古樸風。

DATA

🕐 24小時開放，但請留意上下山的公車時間，環城步行一周約需1.5～2小時。

➡ **Step1：前往清州體育館**(청주체육관)**換車**
在清州市外巴士站前的公車站牌搭311號公車，車程約20分鐘，在清州體育館下車；從市外巴士站另有多部公車可前往清州體育館。

Step2：轉搭862、863或864號公車在上黨山城終點站(상당산성종점지)**下車**
下車後在同一個公車站牌，轉搭乘862、863或864號公車，車程約35分鐘，在底站上黨山城終點站下車。

Step3：往回走約80步的兩側上山城
下車後，往回走約80步的兩側都可以上山城，繞一圈從另外一邊下來，環城一周約需1.5～2小時。

Step4：回程公車
回程時，在去程下車處的公車站牌等車即可。

貼 心 小 叮 嚀

1. 山城上無廁所，公車終點站附近的這家餐廳可免費提供廁所(화장실)給遊客使用。
2. 因有部分車程為山路，容易暈車者請及早準備。

問路關鍵字：廁所(화장실)、暈車藥(멀미약)

上黨山城公車時刻表(因行車狀況會有誤差)

從山城發車	從清州體育館發車
06:55	06:46
07:36	07:50
08:40	08:53
09:43	09:36
10:21	09:57
10:47	10:40
11:30	11:01
12:02	11:43
12:33	12:26
12:55	13:30
13:16	13:51
13:37	14:33
13:58	15:37
14:20	16:41
14:52	17:45
15:23	18:27
15:45	19:10
16:06	19:31
16:27	20:13
17:31	20:57
18:35	
19:28	
20:00	
20:32	
21:03	
21:50	

說明：
1. 以上資訊若有異動，依當地最新公布為準，前往時請務必再次確認。
2. 藍字部分：是從山城入口出發或是只有到山城入口，並沒有到終點站。
3. 紅字部分：只有週六、日和假日行駛。

製表：Helena

慶尚北道 경상북도

安東市
Andong

안동시

（含2010年最新世界文化遺產：河回村）

位於慶尚北道的安東市除了是個地靈人傑的寶地，一八六八年時的朝鮮末期，高宗生父興宣大院君所頒布的書院撤廢令，全國只有四十七所書院被保留下來，安東的屏山書院就是其中之一。此外，還有為了紀念朝鮮時代的理學大師——退溪李滉（西元1501～1570年）所建造的陶山書院，也是舊版一千韓幣紙鈔上的景點。

作者說

河回村因三面被洛東江包圍而得名，小小村落因為出了多位功績卓越、影響歷史的名臣宰相而備受矚目，河回村也因為地理位置的關係，在朝鮮半島歷經幾次戰亂後得以完整保存原有的樣貌。此外，國寶第121號的河回假面和無形文化財產第69號的河回別神巫假面舞也是不可錯過的重要傳統文化表演。2010年7月31日，安東的河回村與慶州的良洞村以「韓國的歷史村莊」為名，登錄在世界文化遺產中，成為韓國的第10個世界文化遺產。

安東遊逛戰略

安東市地圖

陶山書院

卍
鳳停寺

泥川洞石佛像

安東巴士站　新世洞　安東水庫
　　　　　　七層磚塔　　安東民俗博物館
玉洞三層石塔　　　月映橋　安東民俗村
　　　　　　　安東火車站

假面博物館
　　屏山書院
河回村
(芙蓉臺)　洛東江　　安東燒酒博物館
　　　　　　　　傳統飲食博物館

行程路線規劃

A 兩天一夜行程
為配合觀賞假面舞公演，第一天建議安排在週三、六、日，尤其安排在週三、日最佳，住宿費用比較便宜，也較容易找到合意的住宿地點。

第一天(半天)

安東火車站 → 河回村 → 假面舞公演 → 芙蓉臺 → 河回村住宿

中午 ｜ 搭11:25公車，40分鐘 ｜ 找住宿 ｜ 建議演出開始前半小時前往找位子 ｜ 預計停留約2小時

第二天(半天)

河回村散步 → 離開河回村 → 屏山書院 → 陶山書院 → 離開安東

06:30 ｜ ｜ 搭11:10公車，約10分鐘 ｜ 搭11:40公車，約50分鐘到安東火車站(註：轉車空檔可在火車站周邊買午餐。搭13:10公車，約40分鐘) ｜ 搭15:40公車，約40分鐘回到火車站

安
東

B 三天兩夜行程

1. 三天兩夜行程建議安排在週三、四、五,遊客比較少一點,可以玩得盡興。
2. 第二天行程是一大早就要出發,建議前一天或在中間轉車時預先買好早餐。
3. 安東火車站前的觀光案內所可暫時寄放行李,但請在晚上6點前取回。
4. 河回村內民宅供應的早餐每人約8,000₩,亦可自備。

▲ 河回村內(春天櫻花)

第一天(半天)

安東火車站 → 搭11:25公車40分鐘 → 河回村 找住宿 → → 假面舞公演 建議演出開始前半小時前往找位子 → + → 芙蓉臺 預計停留約2小時 → + → 河回村住宿

中午

第二天(全天)

河回村 → 搭07:15公車出河回村,約40分鐘至火車站轉搭08:15公車,約40分鐘 → 鳳停寺 → 搭11:30公車,約40分鐘回到火車站,轉車空檔可在火車站周邊買午餐,搭13:10公車,約40分鐘 → 陶山書院

搭15:40公車,約40分鐘回到火車站

河回村住宿 ← 搭18:10公車,約40分鐘 → 火車站周邊晚餐

第三天(全天)

河回村 → 河回村散步 06:30 → 離開河回村 → 搭11:10公車,約10分鐘 → 屏山書院

離開安東 ← 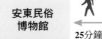 搭計程車回安東火車站 ← 安東民俗博物館 ← 25分鐘 ← 月映橋 ← 搭11:40公車,約50分鐘到安東火車站,轉搭計程車,約10分鐘,3,000₩

觀光資訊看這裡 •

安東官方網站
www.andong.go.kr

安東觀光案內所(관광안내소)

慶北綜合觀光案內所
📞 (054)852-6800
➡ 安東火車站前左側

河回村觀光案內所
📞 (054)852-3588
➡ 河口村入口處

以上服務時間：09:00～18:00

如何前往安東 •

|巴士|

　　安東巴士站(안동터미널)於2011年1月24日遷至新址，從新安東巴士站前往火車站需搭公車(約需15～20分鐘)或計程車(車費約1萬W)。因安東前往景點的公車大多經過火車站附近，加上新巴士站並無設置觀光案內所，且地處偏僻、也無住宿地點，建議搭火車前往安東。但因火車班次較少，以下另提供從新巴士站轉往火車站或各觀光景點的交通方式。

新安東巴士站往返安東火車站(기차역)

從新安東巴士站▶▶火車站：巴士站步行5分鐘至往市內公車搭乘處(見本頁簡圖)，有0、0-1、1和2號公車可前往市區或火車站，每天06:30～22:00，約10～15分鐘一班車，行車時間約15～20分鐘。

從火車站▶▶新安東巴士站：火車站附近、教保生命大樓對面的公車站牌(見P.118簡圖)，搭乘0、0-1、1和2號公車可到。

安東巴士站(안동터미널)

新安東巴士站往返河回村、屏山書院、鳳停寺

從新安東巴士站▶▶河回村、鳳停寺：巴士站步行5分鐘至公車搭乘處(見本頁下方簡圖)，公車號碼和時刻表請見P.118。

從河回村、鳳停寺▶▶新安東巴士站：參觀完河回村或鳳停寺後，要搭乘巴士離開安東，搭公車時請告知司機要到安東巴士站(안동터미널)，請司機提醒下車。

新安東巴士站▶▶屏山書院：屏山書院距河回村附近約10分鐘車程，目前每天有2班46號公車可到，時刻表請見P.118，在往河回村的站牌等車即可。

新安東巴士站前往其他觀光景點

　　從新安東巴士站前往除了河回村、屏山書院和鳳停寺以外的其他觀光景點，目前都必須先到火車站周邊搭車，請見P.118安東市公車往返觀光地點時刻表。

■ ■ ■ 注意事項 ■ ■ ■

1. 目前安東各公車時刻表的發車時間，均以起站為基準，46和51號公車都是從火車站附近發車，雖可大概預估公車至新巴士站的抵達時間，但無法很精準，且新巴士站目前沒有觀光案內所，若公車時刻調整，現場詢問不便、抓不準正確公車時刻，前往觀光景點的班次較少，若要再改搭公車或計程車轉去火車站，又要多花時間和金錢，所以建議直接搭火車到安東會比較方便。

2. 若因行程規劃必須搭巴士前往安東，建議務必事先確認公車時刻表，可上安東市網站查詢，或電洽慶北觀光案內所，以便估算公車抵達新巴士站的時間。

遠近請參考內文，簡圖只標示方向，距離

←往河回村、鳳停寺
→往安東市區、火車站
往河回村、鳳停寺的公車站牌●

往市內公車候車亭
車行地下道
巴士搭乘處
巴士站
大門
Taxi排班處

巴士下車處
巴士停車場
◀巴士出入口

安東

|火車|

　　由於安東火車站(안동역)周邊即有公車站可前往主要景點，建議旅行者搭火車前往安東較為方便。出火車站後左邊有觀光案內所，有會說中文的服務人員，可寄放簡單行李，但需於晚上6點之前取回。建議一到安東、開始遊覽前，先至此觀光案內所索取最新公車時刻表。

安東火車站(안동역)

首爾▶▶安東(巴士、火車)

交通工具	高速巴士站	市外巴士	火車無窮花號
出發站名	高速巴士站(P.36)	東首爾巴士站(P.37)	清涼里火車站(P.39)
路線別	湖南線	首爾→安東	
抵達站名	安東巴士站	安東巴士站	安東火車站
頭末班車	06:10～20:40	06:00～20:30(深夜23:00)	06:00～21:00
班車間距	一天12班	一天34班	一天8班(含1班新村號，票價略高)
車資(W)(成人票價)	16,400	一般 16,400 深夜 18,000	特席 17,100 一般 14,900 自由 11,900
行車時間	約3小時	約2小時50分	約3小時40分

釜山▶▶安東(巴士、火車)

交通工具	市外巴士	火車無窮花號
出發站名	綜合巴士站(P.151)(老圃洞)	釜田火車站(P.152)
路線別	釜山→安東	
抵達站名	安東巴士站	安東火車站
頭末班車	10:45～15:50	07:10、09:05、22:30
班車間距	一天2班(另有往榮州的班車會經過安東)	一天3班
車資(W)(成人票價)	15,300	一般14,300 自由11,400
行車時間	約2小時40分	約3小時50分

慶州▶▶安東(巴士、火車)

交通工具	市外巴士	火車無窮花號
出發站名	慶州市外巴士站(P.132)	慶州火車站(P.132)
路線別	慶州→安東	
抵達站名	安東巴士站	安東火車站
頭末班車	08:30～20:00	00:26、09:16、11:06
班車間距	一天8班	一天3班
車資(W)(成人票價)	12,000	一般 7,800 自由 6,600
行車時間	約3小時	約2小時

全州經西大邱(서대구)▶▶安東(巴士)

出發地點	全州		大邱
交通工具	市外巴士		
出發站名	全州市外巴士站(P.182)		大邱西部巴士站
路線別	全州→西大邱		西大邱→安東
抵達站名	大邱西部巴士站		安東巴士站
頭末班車	07:20～19:40	06:15～17:25(直達)	07:05、12:40、17:30
班車間距	一天11班	一天8班	一天3班
車資(W)(成人票價)	12,300	12,300	6,900
行車時間	約3小時40分	約2小時40分	約1小時10分

※以上資訊若有異動，依當地最新公布為準，前往時務必再次確認。

製表：Helena

大邱的市內交通

　　因西大邱到安東的巴士班次較少，如果錯過時間，也可從西大邱先換車到東大邱或北大邱，再轉往安東：

1. 到大邱西部巴士站(대구서부정류장)後，再轉搭旁邊的地鐵(지하철)；從地鐵「123聖堂못(성당못)」站，搭到地鐵「135東大邱(동대구)」站，車程約30分鐘，票價1,100W(不可使用首爾的T-money卡)，3號出口斜對面即是東大邱高速巴士站(동대구고속버스터미널)。

2. 到大邱西部巴士站(대구서부정류장)後，轉搭計程車前往大邱北部市外巴士站(대구북부시외버스공용정류장)，車程時間約15分鐘，車資約6,000W。(大邱北部市外巴士站附近為工業區，建議晚上勿前往)

清州、江陵▶▶安東(巴士)

出發地點	清州	江陵
交通工具	市外巴士	市外巴士
出發站名	清州市外巴士站(P.102)	江陵綜合巴士站(P.84)
路線別	清州→安東	江陵→龜尾(經安東)
到達安東	安東巴士站	安東巴士站
頭末班車	06:30～17:40	09:40～16:50
班車間距	一天6班	一天2班
車資(W)(成人票價)	14,400	18,800
行車時間	約2小時30分	約3小時30分

市內交通

在安東市區搭乘公車,可使用首爾的T-money卡,一般公車單程車資投現1,200W,刷卡為1,100W,部分較遠的景點車資會高一些,上車前請先詢問司機。目前安東市尚未有可儲值T-money卡的地方,建議要在首爾儲值足夠金額。

離遠近請參考內文,簡圖只標示方向,距

安東小學
⊙C　　⊙B
⊙A　ⓘ安東
教保生命 火車站
Kyobo大樓

公車站牌:
Ⓐ 教保生命大樓前;往陶山書院／安東民俗博物館
Ⓑ 教保生命對面;往河回村、新安東巴士站
Ⓒ 安東小學前;往鳳停寺

安東市公車往返觀光地點時刻表

製表:Helena

觀光地(紅字為公車號碼)	票價(W)	發車時間		搭車地點❺	觀光地(巴士號碼)	票價(W)	發車時間		搭車地點❺
		市區❹	觀光地				市區❹	觀光地	
46河回村(하회마을)屏山書院(병산서원)(書院發車時間:11:40、16:00)	1,200	06:20	07:15❷	教保生命對面(교보생명 건너편)	**3**安東民俗博物館(안동민속박물관)、安東水庫(안동댐)、月映橋(월영교)	1,200	08:35	08:20	教保生命前(교보생명 앞)
		08:40	09:50❷				09:45	09:20	
		10:30❶	11:50				10:05	10:00	
		11:25	12:50❷				10:45	10:40	
		14:05	15:00❷				11:25	11:20	
		14:40❶	16:10				12:05	12:00	
		16:00	17:00				13:10	12:40	
		18:10	19:00❷				14:45	13:40	
51鳳停寺(봉정사)	1,200	06:00	06:50	安東小學前(안동 초등학교 앞)			15:25	15:40	
		08:15	09:20				16:25	16:40	
		10:30	11:30				17:25	17:20	
		12:40	13:40				18:05	17:50	
		14:40	15:40				19:25	18:40	
		17:10	18:00					19:35	
		18:50	19:20						
67陶山書院(도산서원)	1,200	09:40	11:10	教保生命前(교보생명 앞)					
		10:50	12:30						

※❶往河回村的10:30及14:40這兩班公車,會先到河回村之後,轉往屏山書院,再原車分別於11:40及16:00開回河回村,之後返回市區,所以在屏山書院停留的時間長短不固定,即使車輛晚到,回程的開車時間是一樣的,不會延後;參觀屏山書院時,可把大型行李暫放在公車上,但貴重物品請自行攜帶。
❷回程的46號公車皆可在村口搭乘,部分班次會開到村內的小廣場。
❸以上資訊若有異動,依當地最新公布為準,前往時請務必再次確認。
❹市區的出發時間,為火車站的發車時間。
❺搭車地點為火車站旁或對街。

安東

住宿

安東火車站對面一帶有不少旅館，可多詢問後再選擇，若要在河回村過夜，住的是傳統韓屋民宿，設備雖無法和旅館相比，但可體會河回村難得的朝鮮古村落氛圍。

河回村的住宿費用，週末假日時部分也許會略有調漲，且因為住宿的遊客較多，選擇性較少，建議平日前往一遊得佳。若要住在河回村，可先將行李寄放在村口的觀光案內所，輕鬆逛逛及選找民宿，確定住宿點後再取回行李較省力。

安東住宿分析

製表：Helena

住宿區域	火車站對面周邊區域	河回村內
類型	一般旅館	韓屋民宿
價格(W) (2～3人一室)	約3～4萬	約5萬
假日加價	不一定（約5千～1萬）	
刷卡	大多可以	大多只收現金
基本設備	電視、飲水機、小冰箱、基本盥洗用品	飲水機、冰箱、現代化廁所等基本設備多屬於公用，冷氣、電視部分住宿地點並無提供
特別設備或服務	提供網路或免費飲料	韓式傳統炕房地鋪
是否需要預定	不需要，特殊節慶除外	不需要，除非有特別指定的住宿地點或週五、六前往
特殊備註	有些業者並非每日提供打掃服務	傳統韓屋民宿，純樸無華，設備無法和旅館相比
建議選擇	到達安東的時間較晚	想體驗韓屋住宿

貼心小叮嚀

由於河回村位居山間水旁，體感溫度會比實際溫度還要來涼或冷，甚至覺得較為潮濕。若秋冬住在河回村，建議晚上洗好的衣服直接晾在有熱炕的室內，才容易乾；不要晾在室外，否則早上可能結冰了，即便回溫後，衣服摸起來還是溼溼的。

購物

安東火車站對面的巷子，有許多服飾店、彩妝保養品店和攤販小吃、餐廳等商店，是年輕人聚集地區之一，可前往採買所需生活用品。

安東特色美食

安東的特色美食包括：安東燉雞、安東燒酒、生牛肉、祭祀飯、鮎魚和安東食醯，餐廳資訊可洽當地觀光案內所。

|飯捲天國 김밥천국|

韓國隨處可見飯捲(壽司)店，隨身買幾條飯捲在身上，不只方便填飽肚子，還能節省餐費，像安東的景點多屬郊區，附近不是沒有賣吃的，就是價格較貴，而且選擇性也不多，所以隨身攜帶飯捲，非常實惠。位於安東火車站對面的飯捲店，不僅位置方便，24小時營業，而且非常好吃，是我到目前為止吃過最好吃的其中一家，所有餐點都可以打包外帶，特別是雞蛋捲口味的飯捲，推薦給大家！（各式餐點價位在1,300～5,000W左右，菜單請見下頁）

安東次車站斜對面的飯捲天國

雞蛋捲飯捲

河回村內(春天櫻花)

河回村內

飯捲天國菜單

飯捲類		煮泡麵類(微辣)	
中文	韓文	中文	韓文
原味	원조김밥	原味	라면
野菜	야채김밥	加年糕	떡라면
辣味	땡초김밥	加泡菜	김치라면
泡菜	김치김밥	加起司	치즈라면
雞蛋捲	계란말이김밥	加水餃	만두라면
起司	치즈김밥	加辣海鮮	짬뽕라면
鮪魚	참치김밥	辣炒年糕類	
牛肉	소고기김밥	原味	떡볶이
冬粉	누드김밥	加泡麵	라볶이
沙拉	샐러드김밥	加起司	치즈떡볶이
綜合	모듬김밥	加起司／泡麵	치즈라볶이
水餃類		湯麵類	
泡菜	김치만두	麵疙瘩湯	수제비
原味	고기만두	刀切麵	칼국수
炸	군만두	年糕湯	떡국
蓋飯／蛋包飯／白飯類		水餃湯	만두국
魷魚	오징어덮밥	年糕水餃湯	떡만두국
豬肉	제육덮밥	烏龍麵	우동
鮪魚	참치덮밥	拌飯類	
起司	철판치즈덮밥	一般	비빔밥
烤肉	철판불고기덮밥	石鍋	돌솥비빔밥
泡菜	철판김치덮밥	火鍋類	
蛋包飯	오므라이스	豆腐	순두부백반
白飯	공기밥	泡菜	김치찌개
冷麵類		鮪魚	참치찌개
水冷麵	물냉면	味增	된장찌개
拌冷麵(微辣)	비빔냉면	湯類	
炸豬排類		辣牛肉湯	육개장
原味	돈까스	排骨湯	갈비탕
起司	치즈돈까스	內臟湯	내장탕
地瓜	고구마돈까스	魚漿黑輪	오뎅

※店家的營業內容，依當日實際情況為準。　　　　製表：Helena

河回村內(秋天銀杏)

安東

DATA

- http www.hahoe.or.kr
- 參觀時間：24小時(村內居民日出而作、日落而息，無夜生活)
  售票時間：夏季09:00～19:00；冬季09:00～18:00
- 休 無
- $ 大人2,000W，青少年1,000W，小孩700W
- **Step1：參考安東市內公車表**
  請見P.118市內公車表，從安東火車站搭公車前往約40分鐘，在河回村外的停車場下車。

  Step2：換乘接駁車
  在距離村口約1公里外的停車場，司機會請要到河回村的乘客下車，並給一張接駁車換乘券，在停車場旁購買河回村的門票，工作人員收取門票之後，憑換乘券可免費搭乘從停車場到河回村口的接駁車一次，若無換乘券，一次車費500W。

  Step3：搭46號公車返回市區
  回程時，可在河回村口或村內的小廣場，搭46號公車往市區，若前往新安東巴士站，車程時間約25分鐘。

◆ 2010年最新 世界文化遺產

必遊景點

| 河回村 하회마을 |

河回村的三面被洛東江包圍，命名為河回，意思是河流在此地回繞。河回村是豐山柳氏的集姓村莊，至今仍有人居住，保留朝鮮時代的住宅樣式。被山水包圍，猶如太極圖，是韓國公認地靈人傑的風水寶地，英國女王曾特訪此地，亦是韓流藝人柳時元的故鄉。村內有很多民宿，建議在河回村住上1、2個晚上，傍晚和清晨在村子裡散步，可盡享清新空氣，使身心舒暢。

(簡圖只標示方向，距離遠近請參考內文)

稻田 | 河邊林蔭路 | 洛東江 | 芙蓉臺
稻田 | | |
河回村口 | | |
●假面舞表演場 | | |

貼 心 小 叮 嚀

1. 在河回村外的停車場旁購買門票，當天有效。
2. 芙蓉臺和假面舞公演是在河回村內的景點和表演，請留意時間。
3. 河回村因有人居住，夜晚或清晨參訪時，請降低音量，避免打擾居民。
4. 若看到門口有貼電話的房舍，多半不是餐廳(식당)，就是民宿(민박)。

民宿

飯菜(餐廳)

假面舞公演

河回別神巫假面舞是韓國傳統民俗活動之一，原為祭神儀式，主要包括祭拜和娛樂神明，目的是為驅逐惡魔，並祈求豐衣足食及子孫綿延、身體健康，後來演變為揭露腐敗的諷刺故事演出。1980年被指定為韓國第69號重要無形文化財。

▲河回別神巫假面舞是韓國的重要無形文化財之一。

DATA

- 每年3～12月的每週三、六、日14:00～15:00
- $ 免費
- 出河回村口的右邊即可看到公演場地。

貼 心 小 叮 嚀

建議到現場購買中文場刊，費用1,000W，可先了解故事內容。

▲從芙蓉臺可以看到河回村的全景。

芙蓉臺 부용대

河回村隔著洛東江的對面就是芙蓉臺,可以從河回村搭船前往,再登上最高處觀看整個河回村的景色,芙蓉臺是韓劇《黃真伊》(황진이,KBS電視臺於2006年播映)的拍攝場景之一。

貼 心 小 叮 嚀

1. 從河回村前往芙蓉臺的小船,沒有固定的營業時間,需以電話聯絡船大叔過來。
2. 冬季會因水位過低而無法開船。
3. 24小時皆可參觀,但晚上和清晨沒有船可供搭乘。
4. 另可從河回村包計程車前往芙蓉臺和屏山書院,每車的價格約為7萬韓元(4人),包車的電話可事先詢問村口的觀光案內所。

屏山書院 병산서원

原名豐岳書堂,是朝鮮著名的儒學家柳成龍(西元1542～1607年)為培養弟子而遷移此處,柳成龍去世之後,儒林和追隨者為了紀念他,將書堂改名屏山書院,並在此修建祠堂供奉牌位及祭祀,1868年興宣大院君(朝鮮高宗生父)頒布書院撤廢令時,全國有47座書院被保留下來,屏山書院是其中一。

▲屏山書院原名豐岳書堂,是朝鮮儒學家柳成龍培育弟子之地。

▲江邊或簡易碼頭邊會貼有船大叔的電話

DATA

🕐 24小時(玉淵精舍開放時間 09:00～18:00)
💲 來回船票3000W
➡️ **Step1：搭乘小船前往**

請見下方的地圖,在河回村旁的洛東江邊,可乘船前往芙蓉臺。

在簡易碼頭❶邊會有船大叔招呼上船,若船大叔不在,建議請附近的韓國人幫忙打電話請船大叔過來,江邊或簡易碼頭邊都貼有船大叔的電話。

Step2：作者建議參觀路線

到達芙蓉臺後,往右邊的沙坡上走,上階梯後會看到指示牌,但因指示牌的路線過於陡峭,建議右轉穿過玉淵精舍(옥연정사)和花川書院(화천서원),到停車場前❷左轉直走上去,也可到達最高處,這條路線雖然比較遠一點,但路況比較好,方便行走❸。

簡圖只標示方向,距離遠近請參考內文

```
                芙蓉臺●          小繞路
      指示牌路線      ●玉淵  ●花川  但是好走路線
      指示牌        精舍   精舍   ●停車場
            芙蓉臺下
         河回村    洛東江        往河回村口→
```

DATA

🕐 24小時　🈳 無　💲 免費
➡️ **Step1：參考安東市內公車表**

請見P.118市內公車表,從安東火車站搭公車前往約60分鐘。

Step2：搭乘46號公車

該公車每天有2個班次可到屏山書院,從安東市區出發的是10:30及14:40,又分別於11:10和15:20先開到河回村口,之後轉往屏山書院,公車會停在書院前的停車場。

Step3：回程一樣搭乘46號公車

從屏山書院回程時間分別是11:40及16:00,會先開往河回村,之後轉往市區。

貼 心 小 叮 嚀

1. 河回村和屏山書院之間的車程約10分鐘,但因部分道路狹窄,偶爾會出現會車狀況,有可能會延後到達。
2. 另可從河回村包計程車前往芙蓉臺和屏山書院,每車的價格約為7萬韓元(4人),包車的電話可事先詢問村口的觀光案內所。

▲鳳停寺的極樂殿是韓國現存最久的木造建築。

鳳停寺 봉정사

傳說該處是新羅時期的義湘大師，曾經放了一隻會飛的紙鶴所停留的地方，並在此蓋了一座寺廟，命名為鳳停寺。但據文獻所記載，是義湘大師的弟子能仁師父所建造，並歷經多次修建，目前鳳停寺的極樂殿是韓國現存最久的木造建築（國寶第15號）。

安東

DATA

- http www.bongjeongsa.org ⏰ 08:00～17:00 💲 1,500₩
- ➡ **Step1：參考安東市內公車表**
  請見P.118市內公車表，從安東市區搭乘公車前往約40分鐘。

  Step2：從售票處旁往山上走
  終點站下車後，旁邊就是售票處，從售票處旁往山上走，約15～20分鐘可到達❶。

DATA

- http www.dosanseowon.com
- ⏰ 夏季09:00～18:00；冬季09:00～17:00
- 💲 大人1,500₩，青少年700₩，小孩600₩
- ➡ **Step1：參考安東市內公車表**
  請見P.118市內公車表，從安東火車站搭公車前往約40分鐘。

  Step2：上車前告知司機要在陶山書院下車
  該站並非終點站，請事先告知司機，要在陶山書院下車。

  Step3：下車處再步行到達
  下車處是停車場，售票處在後方，買票後從左邊的小路進去❶，步行約8～10分鐘可到達；回程時在下車處的對面等車即可。

陶山書院 도산서원

原名為陶山書堂，是被喻為東方朱子（朱熹）的朝鮮儒學家李滉(號退溪)的住所及講學教室，退溪先生去世之後，先生的弟子及儒學家們為紀念其學識及品德，將書堂擴建成書院，1969年被指定為史蹟第170號，退溪先生和他的陶山書院也登上韓國舊版1,000韓圜紙鈔。

陶山書院隔江的對岸有一座試士壇，這是朝鮮時代正祖(李祘)因仰慕退溪先生的才德和學識，為了推崇退溪先生並且鼓勵地方儒林學者的士氣，下旨進行特別科舉的場所。

THE BANK OF KOREA 1000
1000 WON

▲舊版1,000₩

▲試士壇

▲安東民俗博物館展示安東地區的各種傳統文物。

安東民俗博物館
안동민속박물관

安東被稱為儒教的故鄉,人的一生從出生到死亡都受到儒教的影響,博物館內利用模型和文物展示人類一生的過程,包括日用物品、各種民俗活動,也有介紹安東最有名的假面舞,室外展場則展出了石佛石雕和傳統韓屋。

DATA
🌐 www.adfm.or.kr
🕐 參觀時間09:00～18:00
　售票時間09:00～17:30
💲 大人1,000₩,青少年、小孩300₩
➡ 1. **Step1:參考安東市內公車表**
　請見P.118市內公車表,從安東火車站搭公車前往約10分鐘。

　Step2:上車前告訴司機要在安東民俗博物館下車
　該站並非終點站,請事先告知司機,要在安東民俗博物館下車。

　2.搭計程車到月映橋下車,再步行前往
　從安東火車站搭計程車到月映橋約3,000₩,步行穿越月映橋後左轉直走,經過安東民俗村和室外展場❶,總共步行約20分鐘即可抵達。

　3.或從火車站直接搭計程車前往,車費約3,500₩。
　4.回程的公車站牌在去程下車處對面。

月映橋 월영교

建造於安東水庫之上,是韓國最大的木柵橋,天氣好時可看到水中有橋的倒影,形狀像月亮因而得名,在橋上的月映亭可欣賞安東湖周邊的景色,橋的兩側設置有噴水臺。

DATA
🕐 24小時
🕐 噴水臺噴水時間:每年4～10月,每日12:00、15:00、18:30、20:00,每次20分鐘
➡ **搭計程車前往:**從安東火車站搭計程車到月映橋,車費約3,000₩。
　搭公車前往:請見P.118市內公車表,搭公車到安東民俗博物館,再步行約10分鐘可到。

順遊景點
慶尚南道경상남도
陝川郡합천군
海印寺

海印寺(慶尚南道陝川郡)、通度寺(慶尚南道梁山市)、松廣寺(全羅南道順天市)合稱韓國三大寺院;海印寺建造於新羅時代(西元802年),寺內收藏舉世聞名的八萬大藏經(國寶第32號)、保存大藏經的藏經板殿(國寶第52號)等眾多文物。藏經板殿內禁止攝影拍照,所以請旅遊者用眼睛觀察,用鼻子大力吸一吸這千年古蹟的迷人古味。

DATA
🌐 www.haeinsa.or.kr
🕐 夏季08:30～18:00;冬季08:30～17:00
💲 2,000₩
➡ **Step1:安東前往西大邱**
　請見P.183交通看板:慶州／安東▶▶西大邱(서대구)往全州(전주)。

　Step2:西大邱前往海印寺
　從大邱西部巴士站(대구 서부정류장)❶搭乘前往海印寺(해인사)的巴士❷,約需1小時40分,到海印寺入口之前,會有人上車收海印寺的門票。

　Step3:到海印寺站下車
　海印寺入口非終點站,上車請告訴司機,要在海印寺下車,但如果真的坐到終點站❸才下車,也不用擔心,只要往回步行約8分鐘即可看到往海印寺的入口❹。

　Step4:跟著指示牌或人群走
　從入口走到海印寺約20分鐘,跟著指示牌❺或人群走即可。

貼心小叮嚀

海印寺入口對面的車站是這間迷你版的小票亭❶，
時刻表要在窗戶關上後才看得到❷。

如何前往全州、首爾

有住宿考量作法

1.建議先回到到西大邱市區，大邱西部巴士站對面有幾間旅館可供選擇，隔天早上再前往全州或首爾。

2.返回首爾：
Step1：從大邱西部巴士站前的地鐵123聖堂(성당못)站，搭乘大邱地鐵1號線到135東大邱(동대구)站，車程約30分鐘，車費1,100W，可轉往東大邱火車站、或東大邱高速巴士站。

Step2：到東大邱火車站(동대구역)轉火車回首爾火車站(서울역)，各火車車種班次多，選擇多，車程時間約為2~4小時。

Step3：或是到東大邱高速巴士站(동대구 고속버스터미널)，再換巴士回東首爾巴士站(동서울)，或是首爾江南高速巴士站(서울강남)

東大邱▶▶首爾(巴士)

交通工具	高速巴士	
出發站名	東大邱高速巴士站	
路線別	大邱→首爾	
到達站名	東首爾巴士站	高速巴士站(首爾江南)
頭末班車	一般06:00~20:00(深夜22:00、23:10)	一般06:00~21:30(深夜22:00~01:30)
班車間距	30~40分	20~30分
車資(W)(成人票價)	一般 16,500 優等 24,400 深夜 26,800	一般 16,300 優等 24,100 深夜 26,500
行車時間	約3小時50分	約4小時

※以上資訊若有異動，依當地最新公布為準，前往時請務必再次確認。

西大邱▶▶海印寺、海印寺經居昌(거창)▶▶全州(巴士)

出發地點	西大邱	海印寺	居昌
交通工具	市外巴士		
出發站名	大邱西部巴士站	海印寺市外巴士站	居昌市外巴士站
路線別	大邱→海印寺	海印寺→居昌	居昌→全州
到達站名	海印寺入口	居昌市外巴士站	全州市外巴士站
頭末班車	06:40~20:00	07:00 10:10 15:30	08:45~19:15
班車間距	40分	一天3班	一天9班
車資(W)(成人票價)	6,600	3,400	12,900
行車時間	約1小時40分	約50分	約2小時50分

從海印寺直接搭車往全州
可直接從海印寺前往全州，但需要在居昌(거창)換車，如果從海印寺搭乘15:30往居昌的巴士，再換車往全州，到達全州的時間約為晚上8點。

※以上資訊若有異動，依當地最新公布為準，前往時請務必再次確認。

慶尚北道경상북도

慶州市
Gyeongju

경주시

（含2010年最新世界文化遺產：良洞村）

慶州市四面環山，雖然有眾多的古墳坐落其中，但絲毫沒有陰森的感覺；歷經近千年古新羅首都的歲月，累積了難以計數的珍貴文物，詳細的記錄著新羅的歷史軌跡，被喻為一座沒有圍牆的博物館。

東草
江陵
首爾
水原
安城
清州
安東
大邱
慶州
全州
金海
晉州
釜山
木浦
濟州島

作者說

韓劇《家門的榮光》(가문의영광,SBS
電視臺於2008年播映)裡,男女主角前
往慶州度蜜月的橋段,開啟了我研究慶
州這城市的契機。一踏進慶州,映入眼
簾的是一座又一座被暱稱為「大饅頭」
的古墳墓,歷經朝代的更迭,還能保存
如此完整,著實令人感佩。除了大量保
存完整的古墳和歷史遺物,還有可以
「走」進去參觀的古墳「天馬塚」,是
到慶州的必訪景點之一。

慶州遊逛戰略

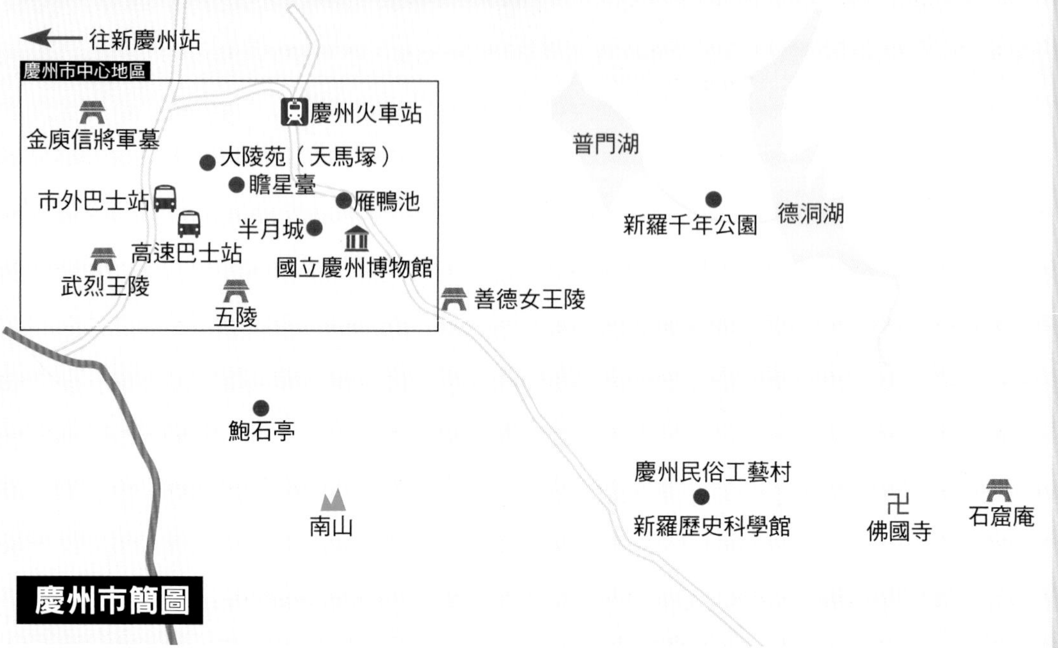

← 往新慶州站

慶州市簡圖

慶州市中心地區

金庾信將軍墓
🚉 慶州火車站
大陵苑（天馬塚）
普門湖
瞻星臺
雁鴨池
市外巴士站 🚌
半月城
新羅千年公園
德洞湖
🚌 高速巴士站
武烈王陵
🏛 國立慶州博物館
五陵
善德女王陵

鮑石亭

南山
慶州民俗工藝村
新羅歷史科學館
卍 佛國寺
石窟庵

慶州市中心地圖

往良洞村方向 →

脫解王陵

金庾信將軍墓

P.133
🚉 慶州火車站
ℹ 觀光案內所

卍 芬皇寺

中央市場
路西古墳群
路東古墳群

卍 皇龍寺址

市外巴士站 ℹ 🚌
西川橋　高速巴士站
大陵苑(天馬塚)

瞻星臺　雞林
石冰庫
雁鴨池(臨海殿址)
西岳書院
慶州鄉校
半月城

崔氏宗宅
國立慶州博物館 🏛

武烈王陵

往佛國寺方向 →

行程路線規劃

A 四天三夜行程

以住宿在巴士站周邊為規劃考量。第二天鎖定較遠的景點，隔天則主要以巴士站和火車站周邊景點為準；第二、三天的行程建議自備餐點飲料，沿途店家少，或是價格較高，比較無法及時補充熱量。

第一天(晚上)

巴士站（傍晚） → 🚶 15分鐘 → 大邱排骨 → 🚶 15分鐘 → 回住宿點休息

第二天(整天)

巴士站（08:00） → 🚌 30分鐘 → 佛國寺（停留約2小時） → 🚌 10分鐘 → 石窟庵（停留約1小時） → 🚌 10分鐘 → 南元餐廳（停留約1.5小時） → 🚌+🚶 5+10分鐘 → 新羅歷史科學館（停留約1.5小時）

新羅歷史科學館 → 🚶+🚌+🚶 10+5+10分鐘 → 新羅千年公園（停留約3小時） → 🚌+🚶 10+20分鐘 → 阿珠媽辣炒年糕 → 🚶 5分鐘 → 回住宿點休息

▲韓劇《善德女王》拍攝場地：新羅千年公園

第三天(整天)

巴士站（09:00） → 🚶 10分鐘 → 大陵苑、天馬塚 → 🚶 5分鐘 → 瞻星臺 → 🚶 3分鐘 → 雞林 → 🚶 5分鐘 → 半月城、石冰庫

半月城、石冰庫 → 🚶 5分鐘 → 雁鴨池 → 🚶 10分鐘 → 國立慶州博物館 → 🚕 4,000₩ → 善德女王陵 → 🚕 5,000₩ → 回住宿點休息

第四天(半天)

巴士站（09:00） → 金庾信將軍墓 or 良洞村 → 回巴士站離開慶州

B 三天兩夜行程

以住宿在巴士站周邊為規劃考量。第一、二天的行程建議隨身自備餐點及飲料。

第一天(半天)

巴士站 → 10分鐘 → 大陵苑、天馬塚 → 5分鐘 → 瞻星臺 → 3分鐘 → 雞林 → 5分鐘 → 半月城、石冰庫

中午

半月城、石冰庫 → 5分鐘 → 雁鴨池 → 10+10分鐘 → 大邱排骨 → 15分鐘 → 回住宿點休息

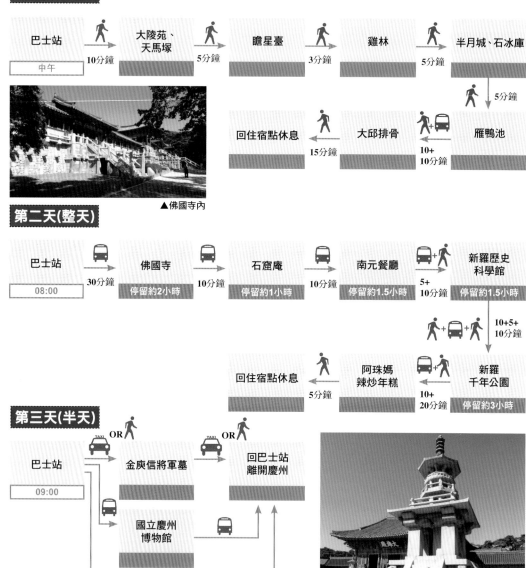

▲佛國寺內

第二天(整天)

巴士站 → 30分鐘 → 佛國寺(停留約2小時) → 10分鐘 → 石窟庵(停留約1小時) → 10分鐘 → 南元餐廳(停留約1.5小時) → 5+10分鐘 → 新羅歷史科學館(停留約1.5小時)

08:00

新羅歷史科學館 → 10+5+10分鐘 → 新羅千年公園(停留約3小時) → 10+20分鐘 → 阿珠媽辣炒年糕 → 5分鐘 → 回住宿點休息

第三天(半天)

巴士站 → (TAXI OR 步行) → 金庾信將軍墓 → (TAXI OR 步行) → 回巴士站離開慶州

09:00

巴士站 → 國立慶州博物館 → 回巴士站離開慶州

巴士站 → 良洞村 → 回巴士站離開慶州

▶佛國寺內的多寶塔

慶州

C 一日遊行程
以從釜山出發為規劃考量,一早即可到達慶州,腳程快的人還是有辦法遊逛完重要景點的!

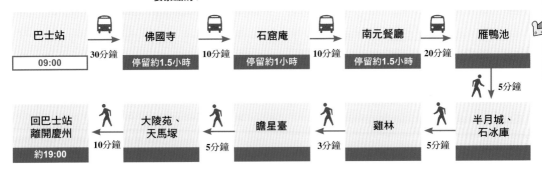

巴士站	→30分鐘	佛國寺	→10分鐘	石窟庵	→10分鐘	南元餐廳	→20分鐘	雁鴨池
09:00		停留約1.5小時		停留約1小時		停留約1.5小時		

↓5分鐘

回巴士站 離開慶州	←10分鐘	大陵苑、 天馬塚	←5分鐘	瞻星臺	←3分鐘	雞林	←5分鐘	半月城、 石冰庫
約19:00								

● 觀光資訊看這裡 ●

慶州官方網站
www.gyeongju.go.kr

為了保持慶州市中心的歷史風味,所以有限制建築物高度的規定,在以巴士站和火車站為中心的區域內,看不到高樓大廈,並且古墳群就像公園般的親切,因此,即使現代人的「陽宅」和古代王的「陰宅」比鄰而居,也絲毫不突兀或有不舒服的感覺。

慶州觀光案內所(관광안내소)

慶州火車站觀光案內所
☎ (054)772-3843
➡ 出火車站大門後左前方

巴士站觀光案內所
☎ (054)772-9289
➡ 高速巴士站和市外巴士站之間的轉角處

佛國寺觀光案內所
☎ (054)746-4747
➡ 佛國寺山下停車場邊的公車站牌附近

新慶州站觀光案內所
☎ (054)771-1336
➡ 新慶州站內

以上服務時間:09:00～18:00

▲大陵苑內可以走進去參觀的古墳「天馬塚」

小知識

往生者安葬地統稱為墳墓,但會依據墳墓主人的身分地位而有不同的名稱:帝王或統治者的墳墓稱為「陵」,如善德女王陵;知道主人身份的稱為「墓」,如金庾信將軍墓;不知主人身份的稱為「墳」,如路西里古墳群;有經過挖掘但不確定主人身份的稱為「塚」,如天馬塚。

如何前往慶州

慶州火車站(경주역)

|巴士|

慶州有高速巴士站和市外巴士站，兩者分別在路口轉角的兩側，中間有觀光案內所，周邊是一般旅館的聚集區域。在兩個巴士站對面的公車站牌，分別可搭乘10、11號公車前往佛國寺的方向。

慶州市外巴士站
(경주 시외버스터미널)

慶州高速巴士站
(경주 고속터미널)

|火車|

搭火車或高鐵KTX前往慶州，主要會使用的是慶州火車站和「新」慶州站。**慶州火車站為一般火車的停靠站**，搭火車新村號或無窮花號前往慶州，會在此站下車，鄰近慶州的鬧區，步行約20～25分鐘可到巴士站；而**2010年底落成啟用的「新」慶州站**，則是高鐵KTX的停靠站，距離主要市區較遠，搭計程車或公車前往約需20～40分鐘，從新慶州站可搭70、700號公車前往巴士站周邊(700號公車也可前往佛國寺)。

安東▶▶慶州(巴士、火車)

交通工具	市外巴士	火車無窮花號
出發站名	安東巴士站(P.116)	安東火車站(P.117)
路線別	安東→慶州	
到達慶州	市外巴士站	慶州火車站
頭末班車	07:50～16:25	00:38、11:53、17:30
班車間距	一天2班 (另有安東前往釜山、蔚山的班車經過慶州)	一天3班
車資(W) (成人票價)	12,000	一般 7,800 自由 6,600
行車時間	約3小時	約2小時

※以上資訊若有異動，依當地最新公布為準，前往時請務必再次確認。

首爾▶▶慶州(巴士、火車)

交通工具	高速巴士	市外巴士	高鐵KTX直達	高鐵轉火車
出發站名	高速巴士站(P.36)	東首爾巴士站(P.37)	首爾火車站(P.38)	首爾火車站(P.38)
路線別	京釜線	首爾→浦項 (經過慶州)	首爾→慶州	首爾→慶州
抵達慶州	高速巴士站	市外巴士站	新慶州站	在東大邱火車站換車，再搭到慶州火車站
頭末班車	06:30～19:00 (深夜22:45、23:55)	07:00～19:00 (深夜23:10、24:00)	05:30～22:00	06:10～18:40
班車間距	30～40分	一天21班 (深夜2班)	一天21班	KTX轉乘新村號、無窮花號 一天19種組合，但無窮花號無特席
車資(W) (成人票價)	一般 19,500 優等 29,000 深夜 31,900	一般 20,200 深夜 24,100	特席 47,600～59,600 一般 34,000～42,600 自由 32,300～40,500	特席 53,800～62,200 一般 41,700～43,300 自由 39,300～41,200
行車時間	約4小時	約4小時	約2小時10分～2小時40分	約3小時15分

※以上資訊若有異動，依當地最新公布為準，前往時請務必再次確認。

製表：Helena

慶州

釜山▶▶慶州(巴士、火車)

交通工具	高速巴士	市外巴士	高鐵KTX	火車新村號	火車無窮花號
出發站名	綜合巴士站(老圃洞)(P.151)	釜山火車站(P.152)	釜田火車站(P.152)	釜田火車站(P.152)	釜田火車站(P.152)
路線別	釜山→慶州	釜山→慶州	釜山→慶州	釜山→慶州	釜山→慶州
到達慶州	高速巴士站	市外巴士站	新慶州站	慶州火車站	慶州火車站
頭末班車	08:30～20:00 (深夜22:30、23:30)	05:30～21:00 (深夜22:30、23:30)	05:30～21:30	05:40～16:30	06:00～22:30
班車間距	30～40分	10分	一天19班	一天5班	一天16班
車資(W) (成人票價)	優等 4,500 深夜4,900	4,500 (深夜5,000)	特席 14,300 一般 9,700 自由 9,200	特席 13,100 一般 9,600 自由 9,100	一般 6,500 自由 5,500
行車時間	約50分	約50分	約30分	約1小時50分	約2小時

全州經西大邱(서대구)▶▶慶州(巴士)

出發地點	全州	西大邱	
交通工具	市外巴士	市外巴士	
出發站名	全州市外巴士站(P.182)	大邱西部巴士站(P.117)	
路線別	全州→西大邱	西大邱→慶州	
到達	大邱西部巴士站	慶州市外巴士站	
頭末班車	07:20～ 19:40	06:15～ 17:25 (直達)	06:30～21:30
班車間距	一天11班	一天8班	一天19班
車資(W) (成人票價)	12,300	12,300	5,200
行車時間	約3小時40分	約2小時40分	約1小時10分

清州、全州▶▶慶州(巴士)

出發地點	清州	全州
交通工具	市外巴士	市外巴士
出發站名	清州市外巴士站(P.102)	全州市外巴士站(P.182)
路線別	清州→蔚山 (經過慶州)	全州→慶州
到達慶州	市外巴士站	市外巴士站
頭末班車	07:20～18:30	09:30～17:30
班車間距	一天4班	一天4班
車資(W) (成人票價)	15,500	18,000
行車時間	約3小時10分	約4小時

※以上資訊若有異動，依當地最新公布為準，前往時請務必再次確認。製表：Helena

慶州市區公車站位置圖

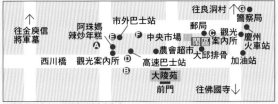

簡圖只標示方向，距離遠近請參考內文
公車站說明(A～G)
・A/B/C：可前往國立慶州博物館、佛國寺、石窟庵、新羅歷史科學館、新羅千年公園。
・E/F/C/G：可前往良洞村。
・慶州火車站步行至C約2分鐘，至G約1分鐘。

慶州10、11、12號公車路線說明

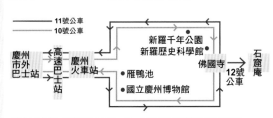

從巴士站出發，經過慶州火車站，10、11號公車會在雁鴨池附近開始走
不同的路線，各繞一圈後，最後再回到雁鴨池附近會合，因此雖然都有
到同一個景點，但是前後順序會不太一樣。

市內交通

|公車| 在慶州市區搭公車，可使用首爾的T-money卡。部分路線有分一般公車和座席公車(座位較多或路線較長)，一般公車單程車資投現1,000W、刷卡950W，座席公車(座位較多或路線較長)單程車資投現1,500W、刷卡1,450W。若要使用T-money卡，建議在首爾或釜山儲值多一點金額較妥當。

|腳踏車| 在市區內參觀，可租腳踏車，平日一天約10,000W(假日或淡旺季時會有約2,000～3,000W的價差)。火車站、巴士站和普門湖周邊皆有腳踏車出租店。

住宿

慶州可住宿的區域和選擇很多，若要住一般旅館，建議到當地後再找住宿即可，但若要住韓屋或是特定的住宿地點，則建議事先預訂，普門湖周邊的住宿，以星級觀光大飯店為主。

慶州住宿資訊

住宿區域	慶州火車站	高速巴士站、市外巴士站	大陵苑	普門湖
類型	一般旅館	一般旅館	韓屋民宿	觀光大飯店
價格(₩) (2人一室)	約3萬	約4萬	約5萬	比照一般星級飯店
假日加價	不一定，約5千～1萬	不一定，約5千～1萬	不一定，約5千～1萬	
刷卡	大多可以	大多可以	不一定	
基本設備	基本盥洗用品、電視、飲水機、小冰箱	基本盥洗用品、電視、飲水機、小冰箱	不一定，大多是公用	
特別設備或服務	房間內有網路或提供免費飲料	房間內有網路或提供免費飲料	韓式傳統炕房地鋪	
是否需要預定	不需要，特殊節慶除外	不需要，特殊節慶除外	若有特定想住的地點，建議先預訂	
特殊備註	·有些業者並非每日提供打掃服務 ·周邊環境熱鬧，但出入分子較複雜。	有些業者並非每日提供打掃服務	在古墳群周邊	設施較為完善
建議選擇	·晚上需要有可以逛街的地方 ·搭火車離開慶州	·比較喜歡安靜 ·搭巴士離開慶州	想要體驗韓屋(建議事先準備宵夜或零食)	預算較高，或是要享受度假

※以上資訊若有異動，依當地最新公布為準，前往時請務必再次確認。

製表：Helena

逛街購物

火車站前鬧區

慶州市區較為熱鬧的地方，集中在火車站前的巷子裡，有服飾店、彩妝保養品店、速食店和餐廳攤販等等，一般來說，中午過後到晚上10點前較為熱鬧。

DATA
- 🕐 各店家的營業時間不同，約中午過後到晚上10點之間較為熱鬧。
- ➡ 請見P.133地圖，慶州火車站左斜對面，往前直走約2～3分鐘的巷子裡。

農會超市

慶州的連鎖大賣場距離主要市區比較遠，對遊客來說，較方便購物的地方是位於巴士站和火車站之間的農會超市。營業面積雖不像大賣場那樣寬敞、品項也較少，但對於遊客的日常所需來說已經很足夠，價格和大賣場也相差不多。

DATA
- ➡ 1.從大陵苑後門往巴士站的對面方向，步行約5分鐘。
  2.從慶州火車站出來左轉，直走約5分鐘到加油站路口，右轉過馬路後直走約15分鐘。
  3.從慶州高速巴士站前左轉直走約5分鐘。

餐廳&飲食

|大邱排骨 대구갈비|

慶州的大邱排骨,是家24小時營業的無窮花模範店,店裡的招牌菜蒸豬肉排骨,幾乎是每桌客人的必點選擇,雖然口味有點辛辣,但非常好吃下飯!不敢吃辣的人,也可以點口味甘醇、附有麵線的排骨湯,一樣可飽餐一頓。有提供飯後免費咖啡。

菜單

中文	韓文
蒸牛排骨	소갈비찜
(烤)牛排骨	소갈비
蒸豬排骨	돼지갈비찜
(烤)豬排骨	돼지갈비
排骨湯	갈비탕
白飯	공기밥

※店家的營業內容,依當日實際情況為準。　　製表:Helena

DATA

💲 6,000~16,000₩左右
➡ (請見P.133地圖)
1. 大陵苑後門對面,往火車站方向步行約4~5分鐘的巷子❶,左轉的第三家。
2. 慶州火車站左斜對面直走約2~3分鐘,過郵局❷後的巷口❸左轉走到底。

|阿珠媽辣炒年糕|

慶州巴士站旁的阿珠媽小吃攤,辣炒年糕香Q好吃、份量十足,魚板和烤雞心也是很不錯的人氣小吃,不管是要填飽肚子,或是想要吃東西殺時間,都是很不錯的選擇!

魚板1,000₩/2串
烤雞心1000₩/3串
辣炒年糕2,000₩/份

菜單

中文	韓文	規格
辣炒年糕	떡볶이	1份
烤雞心	염통 구이	3串
魚板	오뎅	2支

DATA

➡ 請見P.133地圖,面對慶州市外巴士站和高速巴士站之間的觀光案內所❶,從左邊的小路步行約1分鐘❷。

南元餐廳 남원식당

這是一家在餐廳群裡、不太起眼的韓食小店,但老闆娘用充滿熱情和誠意的心在做生意:餐前小菜是豐富新鮮生菜做的涼拌橡實凍,光是這個就已讓人驚喜、物超所值!用餐時老闆娘也會主動詢問是否要添加小菜,餐點內容豐富、價格平易近人,是佛國寺附近飽餐一頓的好選擇。

南元餐廳只有老闆娘一人,要吃到好手藝請務必耐心等候。

DATA

- ✉ 불국사 숙박촌 상가내
- ☎ (054)746-8296,016-523-8296
- 💲 4,000~13,000W左右
- ➡ 搭10、11號公車在佛國寺站下車,往公車站與觀光案內所中間對面的路直走,靠右邊第二排的第三家。

▲朝著這條路直直走,就可以抵達南元餐廳。

▲天冷時供應的熱茶。　▲超值的餐前小菜——涼拌橡實凍。

▲價格實惠、內容豐富的韓定食套餐。

簡圖只標示方向,距離遠近請參考內文

南元餐廳 ●

10、11號
公車站牌 ●

12號 ●
公車站牌

往佛國寺 ↓

● 觀光
案內所

菜單(部分)

中文	韓文	中文	韓文
豆腐鍋	순두부정식	辣湯鍋	매운탕백반
泡菜鍋	김치찌개	野菜烤肉套餐	산채불고기정식
牛肉鍋	소고기찌개	野菜套餐	산채정식
大醬鍋(韓式味噌)	된장찌개	韓定食	한정식
野菜拌飯	산채비빔밥	海鮮煎餅	해물파전
石鍋拌飯	돌솥비빔밥	冷麵	냉면
刀切麵	칼국수	涼拌橡實凍	도토리묵

※店家的營業內容,依當日實際情況為準。

製表:Helena

慶州

|皇南餅 황남빵|

　一踏入慶州,到處可見皇南餅的招牌!這是一種用餅皮包裹著滿滿紅豆餡的甜點,原產地是慶州市的皇南洞,對平常不太吃甜食的人來說,口味會偏甜,搭配無糖或少糖的茶、咖啡一起食用會比較剛好。據當地人說,各家店的口味都差不多,若想嘗鮮,建議找有小份量包裝的店家購買即可(約10個以內)。

「洞」
Dong
類似臺灣行政單位「區」。

▲位於大陵苑後門斜對面的這家店,是當地人公認的皇南餅老店,但缺點是最小盒的份量就有20個。

必遊景點

|巴士站周邊景點|

　從巴士站附近的大陵苑開始、一直到雁鴨池為止,中間會行經瞻星臺、雞林、半月城和石冰庫等景點,每個景點之間的距離大約步行3～5分鐘即可到達;從高鐵KTX新慶州站可搭70、700號公車前往巴士站周邊。

建議步行路線

大陵苑後門(天馬塚)

大陵苑前門
🚶 過馬路到對面直走約5分鐘

瞻星臺
🚶 對面直走約3分鐘

雞林
🚶 右轉上斜坡後左轉

半月城
🚶 直走約1分鐘

石冰庫
🚶 往前直走到馬路邊,過到對面右轉直走約5分鐘

雁鴨池

巴士站周邊景點
大陵苑 대능원
天馬塚 천마총

大陵苑是以新羅第13
代王「味鄒王」(西元262
～284年在位)的王陵為
首的古墳公園。園區裡
有慶州唯一可以「走」

進去參觀的古墳，由於出土的陪葬品當中有一件
以天馬為圖案的馬鞍，因而取名為「天馬塚」，內
部構造完整，真實呈現當時堆石木墩棺槨的構造，
出土遺物約一萬多餘件，包括王族專屬的陪葬飾
品，有金冠、金腰帶和玉製飾品等，塚內展示的為
複製品，真品於國立慶州博物館內專館收藏。

DATA
- http guide.gyeongju.go.kr
- 🕐 09:00～22:00
- 💲 大人1,500W，青少年700W，小孩600W
- ➡ 見P.137

巴士站周邊景點
| 瞻星臺 첨성대 |

新羅第27代王「善德女王」(西元632~647)在位時
期建造，是東方最早的天文觀測臺，除了基座和最
上層的部分之外，主體由362個石塊堆砌而成，以中
間的窗戶為分隔，上下各12層，分別代表了12個月和
2 4個節氣，頂部
的四方型代表一
年四季和四方土
地，圓弧的外形
則象徵天空，是
國寶第31號。

DATA
- http guide.gyeongju.go.kr　🕐 09:00～22:00
- 💲 大人500W，青少年300W，小孩200W

巴士站周邊景點
| 雞林 계림 |

傳說是新羅第5代王「金閼智」的出生地。相傳，
雞啼聲中，一個金櫃出現在樹林裡，第4代「脫解
王」打開金櫃，發現裡面有個男嬰，於是將男嬰命
名為金閼智並封為太子，成為新羅金姓王族的始
祖。當初發現金櫃的樹林改名「雞林」，日後成了
新羅的國號。

DATA
- 🕐 24小時　💲 免費

巴士站周邊景點
| 半月城 반월성 |

新羅時代的宮殿遺址，因為形狀類似半月，所以
稱為半月城或月城，從新羅初期一直到最後一位
君主「敬順王」為止，約900年間的新羅君王們都
居住於此。現在半月城遺址內的大片草地，成了郊
遊踏青野餐的好選擇。

DATA
- 🕐 24小時　💲 免費

慶州

巴士站周邊景點
| 石冰庫 석빙고 |

位在半月城遺址內,顧名思義,是用石頭做成的冰箱,現存的這個石冰庫建造於朝鮮英祖14年(西元1733年),特殊的構造加上稻草的隔熱,可以有效的保存冰塊不融化。

DATA
- 🕐 24小時
- 💲 免費

巴士站周邊景點
| 雁鴨池 안압지 |

新羅,「文武王」14年(西元674年)時,在半月城的東北邊修建了一處蓮花池,並建造多個附屬的宮殿和庭院,用做設宴款待臣子的場所。原名為月池,朝鮮時代聚集了許多的大雁和鴨子,因而改名為雁鴨池,此處也是韓劇《宮野蠻王妃》(궁,MBC電視臺於2006年播映)的拍攝地點之一。

DATA
- http guide.gyeongju.go.kr
- 🕐 09:00～22:00
- 💲 大人1,000₩,青少年500₩,小孩400₩

| 佛國寺 불국사 |

建於新羅時期西元751年,經過高麗和朝鮮時代的改建和擴充,規模達到鼎盛時期,壬辰倭亂(西元1592～1598年)期間,木造部分的建築全毀,目前所看到的佛國寺,木造建築部分是從朝鮮時期到現在的修復成果,石造部分則是經過千年流傳下來的古蹟,1995年被聯合國教科文組織指定為世界文化遺產。

佛國寺內的紫霞門和安養門,分別通往大雄殿和極樂殿,紫霞門前的青雲橋和白雲橋,上下分別代表著佛祖的世界和一般眾生的世界,而安養門前的七寶橋和蓮花橋則是代表通往極樂世界的路,但是為了保護文化遺產,兩邊的橋樑和門都禁止通行,要從寺院側邊的路進去。

DATA
- http www.bulguksa.or.kr
- 🕐 夏季07:00～18:00;冬季07:30～17:00
- 💲 大人4,000₩,青少年3,000₩,小學生2,000₩
- ➡ 1.請見P.133慶州市區公車站位置圖,從巴士站或火車站周邊搭10、11號公車,約30分鐘在佛國寺站下車,之後往停車場後方山上步行約10分鐘即可到達。
  2.從新慶州站搭700號公車前往(班次間隔約30分鐘左右)。

▲佛國寺內的福金豬

▲大雄殿前的多寶塔,是韓幣10元銅板上的建築物。

|石窟庵 석굴암|

　　位於慶州的吐含山區，正式名稱為石窟庵石窟，是新羅時期的金大城為其前世的父母於西元751年開始建造，歷經24年才完工，是一座以花崗岩建造而成的人工佛教寺院，內部是圓形構造，供奉著釋迦如來佛像，1995年被聯合國教科文組織指定為世界文化遺產，為了保護歷史遺蹟，遊客都只能隔著玻璃參觀。

DATA

- http www.sukgulam.org
- ⓒ 2～3月中、10月07:00～17:30；3～9月06:30～18:00；11～1月07:00～17:00
- $ 大人4,000₩，青少年3,000₩，小孩2,000₩
- ➡ **Step1：搭乘12號公車**
  請見P.136地圖，在佛國寺觀光案內所對面的公車站牌搭12號公車、或佛國寺大門對面往山上的路邊等12號公車開過來時直接招手攔車，約10分鐘可到石窟庵的停車場。

  Step2：下車後往後方走
  下公車後往後方走，可到達售票處和入口處，進去後再步行約20分鐘可到達石窟庵。

  Step3：回程時，在去程下車處搭12號公車，回到佛國寺山下後，再接續下面的行程。

12號公車時刻表

製表：Helena

佛國寺出發 (불국사 출발)	石窟庵出發 (석굴암 출발)
08:40	09:00
09:40	10:00
10:40	11:00
11:40	12:00
12:50	13:05
13:40	14:00
14:40	15:00
15:40	16:00
16:40	17:00
17:20	18:20

※以上資訊若有異動，依當地最新公布為準，前往時請務必再次確認。

新羅歷史科學館
신라역사과학관

展出並解說新羅時期慶州地區的文物模型，尤其是禁止拍照的石窟庵，用各種角度的模型來解說石窟庵的建築過程和構造，揭開石窟庵神祕的面紗。

新羅千年公園
신라밀레니엄파크

以新羅時代為背景的民俗村，重現當時的建築物及日常生活情況，可體驗韓國傳統文化工藝，特別的是有其他地方很少見的新羅服飾體驗；另有和新羅時期有關的公演。園區內另規畫了以西元8世紀、世界四大城市為背景的參觀區域，包括聖德大王神鐘塔、巴格達、君士坦丁堡和華清池；這裡也是韓劇《善德女王》(선덕여왕，MBC電視臺於2009年播映)、《花樣男子》(꽃보다 남자，KBS電視臺於2009年播映)、《金首露》(김수로，MBC電視臺於2010年播映)的拍攝場景。

DATA

http www.sasm.or.kr

🕐 3～10月09:00～18:30；11～2月09:00～17:30

💲 大人3,000W，青少年2,000W，小孩1,500W

➡️ **Step1：搭10、11號公車在民俗工藝村(민속공예촌) 站下車**
從巴士站或火車站出發：請見P.133慶州市區公車站位置圖，搭10號公車，約25分鐘在民俗工藝村站下車。
從佛國寺出發：請見P.136地圖，搭11號公車(不用到對向)，約5分鐘在民俗工藝村站下車。

Step2：下車後步行前往
下公車後往工藝村的高處走，步行約300公尺可抵達。

▲韓劇《善德女王》裡「美室」的寢宮，《金首露》裡的新羅宮殿。　▲新羅服飾體驗，大人4,000W，小孩3,000W。

DATA

http www.smpark.co.kr/eng (可上網查詢公演的演出時間)

🕐 10:00～18:40，每週一公休

💲
類別	日間(W)	夜間(17:00以後)(W)
大人	18,000	9,000
青少年	13,000	7,000
小孩	11,000	6,000

➡️ **Step1：搭10、11號公車在世界文化Expo公園(세계문화엑스포공원)站下車**
從巴士站或火車站出發：請見P.133慶州市區公車站位置圖，搭10號公車，約20分鐘在世界文化Expo公園站下車。
從佛國寺出發：請見P.136地圖，搭11號公車(不用到對向)，約10分鐘在世界文化Expo公園站下車。

Step2：下車後步行前往
下公車後，過旁邊或對面的橋到對側❶，再穿過停車場後即可到達❷。

慶州　問路關鍵字：民俗工藝村(민속공예촌)、世界文化Expo公園(세계문화엑스포공원)

國立慶州博物館
국립경주박물관

以收藏並展出新羅時期慶州地區的文物為主，包括從古墳出土的金飾陪葬物、一般平民的日常生活用品，雁鴨池館展出從雁鴨池內出土的大批文物，室外展示場展出宮殿或寺廟遺址的各種石頭雕刻作品，在入口附近可租借語音導覽器（有中文），每次每個3,000₩，有助於了解展覽的內容。

DATA

🌐 gyeongju.museum.go.kr

🕐 09:00～18:00，如遇週日及公休日則延長1小時；3～12月的每週六延長開放到21:00，最後入場時間為參觀時間結束前的30分鐘。

🚫 元旦、週一，如遇週一為公休日，則順延至下一個平日休館，戶外展示場照常開放。

💲 一般是免費入場，部分特展除外，但因為安全因素，需要在門口先領門票，然後再入場。

➡️ **1.從巴士站或火車站出發**：請見P.133慶州市區公車站位置圖，從巴士站或火車站搭11號公車，約10分鐘在國立慶州博物館(국립경주박물관)站下車，穿過停車場即到。
2.從雁鴨池出發：步行前往約10分鐘。

▲入口附近可租借語音導覽器，每次每個3,000₩。

善德女王陵 선덕여왕릉

新羅第27代王「善德女王」(西元606～647年，632年即位)的陵墓，因為當時聖骨族的男性皆亡故，所以由真平王的長女德曼公主即位，是新羅(西元前57～935年)的第一位女性君主，在位期間的政績豐實，替新羅日後的三國一統大業打下根基。

新羅時期的社會階級制度共分為五個等級，原本只有聖骨族(王族)的男性可以繼承王位，真平王過世之後，聖骨族的男性血統已斷絕，所以由其女善德王和姪女真德王繼位，之後再由第一位的真骨族(貴族)王「武烈王」金春秋繼位。

DATA

🕐 24小時

💲 免費參觀

➡️ **建議搭計程車前往**：善德女王陵位於慶州的狼山上，從最近的公車站牌步行前往約需20分鐘，並且路況有些荒涼，建議搭計程車前往。在停車場下車後，依照指示牌❶，再步行約10分鐘可到達；從雁鴨池或國立慶州博物館搭計程車前往，車資約4,000₩，由於附近較無其他車輛可搭乘，強烈建議請計程車司機要稍作等候、快速參觀完畢後搭原車返回。

金庾信將軍墓
김유신장군묘

新羅名將金庾信(西元595～673年)將軍的墓；金庾信將軍是金官伽倻建立者金首露王的12代孫，父親是新羅的名將金舒玄，母親是新羅的公主金萬明，外甥是統一朝鮮半島三國(新羅、百濟、高句麗)的文武王金法敏，戰功顯赫的金庾信將軍協助文武王打敗百濟和高句麗，完成朝鮮半島三國一統的大業，死後被追封為興武大王。

國語：請稍等一下。
韓文：잠깐만 기다려 주세요.
拼音：jam-gan-man- ki-da-lyo- ju-se-yo

實用韓文教學

DATA

- 🕘 09:00～18:00
- 💰 大人500W，青少年300W，小孩200W
- ➡️ **1. 搭計程車前往**：目前沒有公車可達。若從巴士站附近搭計程車，車程約5分鐘，車資約4,000W，如果回程還是要搭計程車，建議請司機稍作等候。
- **2. 步行前往**：走過慶州巴士站對面的西川橋後，右轉直走約12分鐘❶斜對面可看到上山的叉路口❷，路口會有往將軍墓的指示牌❸，依指示牌往山上步行約6分鐘可到將軍墓外的停車場和售票處，右上方就是將軍墓的入口處，進去之後再步行約1～2分鐘即可看到將軍墓。

2010年最新世界文化遺產

良洞村 양동마을

依山而建的良洞村，兩班貴族的宗家瓦房幾乎都位於較高的山坡上，一般平民的草房則建於平地處，因保存了160多間的傳統房屋和多樣的文化財產，2010年和安東河回村一起被列入世界文化遺產之中。

DATA

- ➡️ **1. 公車＋步行前往**：
  Step1：搭公車
  請見P.133慶州市區公車站位置圖，搭200～208、212、217號公車，請告知司機要前往良洞村，約20分鐘在類似交流道口的地方下車。

  Step2：沿石碑右後方的小路
  下車後會看到良洞村的石碑❶，沿石碑右後方的小路直走約8分鐘❷，小路會和車道連在一起。

  Step3：沿車道往前走
  沿車道邊走約9分鐘，間中會穿過橋底❸，繼續沿著車道走，看到學校後再走約2分鐘，即可到達良洞村前的停車場，後方就是良洞村，村口有觀光案內所。

  Step4：回程
  回程的公車站牌，在去程良洞村石碑❶的斜對面❹。

- **2. 從慶州巴士站搭計程車前往**：
  車資約為25,000W，車程約25～30分鐘。當地計程車較少，請預先詢問叫車電話。

- **3. 從新慶州站（P.132）前往**：
  站外可搭203號公車，但班次較少(每天9班)。

貼心小叮嚀

1. 良洞村內有民宿和小吃店，但數量不算太多，且前往的道路較窄，建議住在慶州市區，利用半天時間前往良洞村。走完一圈約需2～2.5小時。
2. 良洞村內並非每間房屋都開放參觀，若是遇到用木頭或鐵鍊擋住門口的住家，就請不要進入，以免打擾居民的生活。

釜山市
Busan

부산시

釜山是朝鮮半島東南方的門戶，韓戰時期(1950～1953年)被選為臨時首都，原本行政區域屬於慶尚南道，但因城市擴張和地理位置日顯重要，1995年被升格為釜山廣域市(類似臺灣的直轄市)。

除了有海港、大船、沙灘和多到數不清的賣魚攤販，釜山之所以成為韓國的第二大城市，是因為其地理位置對朝鮮半島發展的重要性；在19世紀之前，釜山只不過是個小漁港，當時朝鮮半島南方的海運主要是以旁邊的金海港為主，19世紀後期釜山開港後，逐漸取代金海港，成為韓國連接日本和歐美等國的重要國際港口之一。

束草
首爾○
江陵
水原
安城
清州
安東
大邱
慶州
全州
金海
晉州
釜山
木浦

● 濟州島

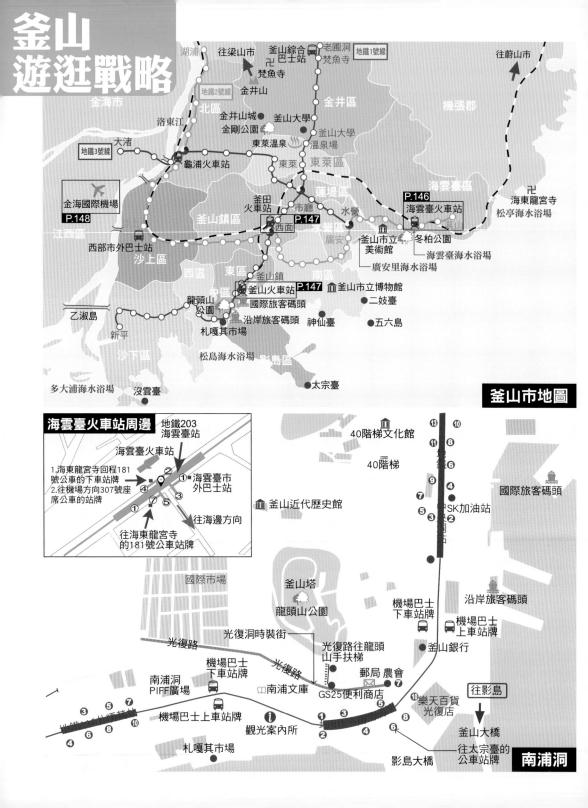

釜山

往東萊／市廳

往沙上／金海國際機場
←201號公車往機場的站牌

樂天地下
商店街

toyoko-inn飯店

機場巴士
上下車處
(樂天飯店前)
201號公車樂天飯店前的站牌
(公車專用道上)

樂天飯店／
樂天百貨

地鐵1、2號線
交會西面站
大賢地下商店街

往田浦

柳家(西面2號店)
TGI Friday's

PARIS BAGUETTE
麵包店

柳家(釜山直營店)

西面一號街

CGV電影院

往凡一洞／南浦洞

西面

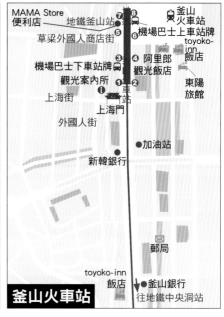

MAMA Store
便利店
地鐵釜山站
草梁外國人商店街

釜山
火車站

機場巴士上車站牌
toyoko-inn
飯店

機場巴士下車站牌
觀光案內所

阿里郎
觀光飯店

上海街

東陽
旅館

上海門

外國人街

加油站

新韓銀行

郵局

toyoko-inn
飯店

釜山銀行
往地鐵中央洞站

釜山火車站

行程路線規劃

規劃行程時,建議把區域相近的景點安排在同一天,如太宗臺、札嘎其市場和南浦洞放同一天,省卻奔波於不同方向景點,徒增交通時間。太宗臺邊的日夜景都很漂亮,若時間充足,建議下午前往,欣賞日落後再離開;如時間緊湊者,則可安排在早上前往,中午後轉往南浦洞周邊景點。此外也可以安排1～2天,前往釜山附近的金海、鎮海或是晉州等地區順遊。

A 四天三夜行程

第四天(半天)

梵魚寺

第一天(半天)	第二天(全天)	第三天(全天)
太宗臺＋西面周邊	40階梯文化館＋南浦洞周邊＋札嘎其市場	海東龍宮寺＋海雲臺、廣安里海水浴場周邊＋VESTA海景三溫暖

B 三天兩夜行程

第一天(半天)	第二天(全天)	第三天(半天)
太宗臺＋南浦洞周邊＋札嘎其市場	海東龍宮寺＋海雲臺、廣安里海水浴場周邊＋VESTA海景三溫暖	梵魚寺

觀光資訊看這裡

釜山官方網站

www.busan.go.kr

釜山觀光案內所(관광안내소)

金海國際機場觀光案內所(國際線)
📞 (051)973-2800　🕐 09:00～18:00
➡️ 金海國際機場國際線1樓入境大廳

金海國際機場觀光案內所(國內線)
📞 (051)973-4607　🕐 08:00～21:00
➡️ 金海國際機場國內線1樓到達大廳

釜山火車站觀光案內所
📞 (051)441-6565　🕐 09:00～20:00
➡️ 釜山火車站內(釜山火車站正面手扶梯上樓,直走到售票處後左轉)

海雲臺綜合觀光案內所
📞 (051)749-4335　🕐 09:00～18:00
➡️ 海雲臺海邊

如何前往釜山

釜山聯外交通發達，國際線目前每日皆有臺北和釜山間的直航班機，國內線部分，若由北部仁川國際機場入境韓國，除了有機場巴士可前往釜山，另可從首爾搭高鐵KTX、火車或巴士前往釜山，或經首爾附近的金浦國際機場搭國內線航班前往釜山。此外，若考慮旅遊路線的順暢，從慶州或濟州島前往釜山是最適當的路線。

金海國際機場 김해국제공항

簡稱金海機場，是韓國第二大機場，僅次於北部仁川國際機場，為韓國南部最重要的空運進出門戶。分國際線和國內線2部分，面對金海機場，左邊是國際線大樓，右邊是國內線大樓，兩航廈內部互不相通，要從航廈大門外走道互往。國際線是世界各地和韓國南部間的交通樞紐；國內線則連接韓國各地國內機場，尤其是首爾附近的金浦國際機場和濟州島的濟州國際機場，每日有多個航班往來。

金海機場面積不大，且機場內中文指標清楚，較不會有找不到路的狀況。從釜山市區來往金海機場，目前有利木津機場巴士和市內公車可選擇，車程時間約30～60分鐘(不塞車的狀況)。亦有釜山◆━━━◆金海輕軌電鐵往來機場與釜山市區。

入境時除出示護照外，需擷取指紋及臉部照片(見P.12)。

飛機：國際線(국제선)

若從金海機場國際線入境韓國、再轉搭國內線航班，請先出國際線大樓後，右轉步行約5～10分鐘可到國內線大樓。

金海機場國際線內部設施：1樓入境的行李轉盤旁和入境大廳左右兩側設有銀行匯兌櫃檯，入境大

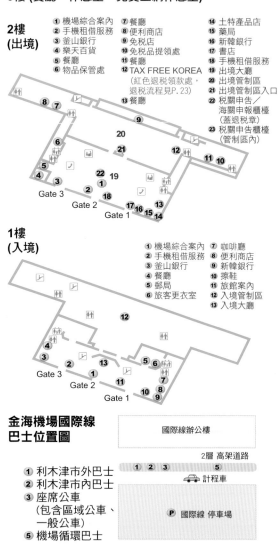

金海國際機場「國際線」樓面示意圖

3樓 (餐廳、休息室、免費上網休息室)

2樓(出境)
① 機場綜合案內
② 手機租借服務
③ 釜山銀行
④ 樂天百貨
⑤ 餐廳
⑥ 物品保管處
⑦ 餐廳
⑧ 便利商店
⑨ 免稅店
⑩ 免稅品提領處
⑪ 餐廳
⑫ TAX FREE KOREA
(紅色退稅領款處，退稅流程見P.23)
⑬ 餐廳
⑭ 土特產品店
⑮ 藥局
⑯ 新韓銀行
⑰ 書店
⑱ 手機租借服務
⑲ 出境大廳
⑳ 出境管制區
㉑ 出境管制區入口
㉒ 稅關申告／海關申報櫃檯(蓋退稅章)
㉓ 稅關申告櫃檯(管制區內)

Gate 3　Gate 2　Gate 1

1樓(入境)
① 機場綜合案內
② 手機租借服務
③ 釜山銀行
④ 餐廳
⑤ 郵局
⑥ 旅客更衣室
⑦ 咖啡廳
⑧ 便利商店
⑨ 新韓銀行
⑩ 擦鞋
⑪ 旅館案內
⑫ 入境管制區
⑬ 入境大廳

Gate 3　Gate 2　Gate 1

金海機場國際線巴士位置圖

國際線辦公樓
2層 高架道路
① 利木津市外巴士
② 利木津市內巴士
③ 座席公車(包含區域公車、一般公車)
⑤ 機場循環巴士
🚕 計程車
Ⓟ 國際線 停車場

廳前方有觀光案內、手機租用和旅館案內等服務櫃檯，GATE1門對面有郵局；從GATE3門出去後右前方有巴士或公車站。2樓出境大廳前方有機場案內、手機租用和書店等服務櫃檯或商店，後方則是報到櫃檯和出境管制區。

金海國際機場「國內線」樓面示意圖

3樓(餐廳、藝廊)

2樓(出發)

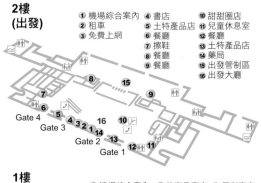

① 機場綜合案內
② 租車
③ 免費上網
④ 書店
⑤ 土特產品店
⑥ 餐廳
⑦ 擦鞋
⑧ 餐廳
⑨ 餐廳
⑩ 甜甜圈店
⑪ 兒童休息室
⑬ 土特產品店
⑭ 藥局
⑮ 出發管制區
⑯ 出發大廳

Gate 4 / Gate 3 / Gate 2 / Gate 1

1樓(到達)

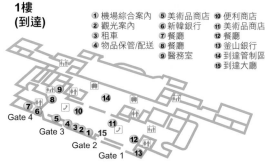

① 機場綜合案內
② 觀光案內
③ 租車
④ 物品保管/配送
⑤ 美術品商店
⑥ 新韓銀行
⑦ 餐廳
⑧ 餐廳
⑨ 醫務室
⑩ 便利商店
⑪ 美術品商店
⑫ 餐廳
⑬ 釜山銀行
⑭ 到達管制區
⑮ 到達大廳

Gate 4 / Gate 3 / Gate 2 / Gate 1

金海機場國內線巴士位置圖

國內線 貨物 辦公樓 　　國內線 辦公樓　　國內線 貨物 辦公樓
P 停車場　　⑥層 高架道路　　P 停車場
①②③④⑤ 1號公共汽車
計程車
P 國內線 停車場

① 利木津市外巴士
② 利木津市內巴士
③ 座席公車(包含區域公車、一般公車)
⑤ 機場循環巴士
⑥ 機場巴士售票處

▲金海機場內有清楚的中文指標,跟著指標走即可到達要前往的地方。

| 飛機:國內線(국내선) |

　　若從金海機場的國內線到達釜山,要轉搭國際線航班,請先出國內線大樓後,左轉步行約5~10分鐘可到國際線大樓。金海機場(釜山)和金浦機場(首爾)間的國內線飛行時間約55分鐘。

　　金海機場國內線內部設施:1樓到達大廳前方有觀光案內、租車和銀行等服務櫃檯;從GATE4門出去後右前方有市外巴士和市內公車站。2樓出發大廳前方有機場案內、租車和書店等服務櫃檯或商店,後方則是報到櫃檯和出發管制區。

韓國國內航空公司網址

航空公司名稱	網址	說明
大韓航空(대한항공)	www.koreanair.com	1.若非特定節假日或活動,建議可到機場再臨櫃購票。 2.每週二~四的票價比較便宜,週五~一比較貴。 3.每天早上約9點之前和傍晚6點之後出發的班次價格會比較便宜。
韓亞航空(아시아나항공)	flyasiana.com	
釜山航空(부산항공)	www.airbusan.com	
t-way航空(티웨이항공)	www.twayair.com	
濟州航空(제주항공)	www.jejuair.net	
JIN航空(진에어항공)	www.jinair.com	
Eastar航空(이스타항공)	www.eastarjet.com	

※以上資訊若有異動,依當地最新公布為準,前往時請務必再次確認。製表:Helena

釜山←→金海 輕軌電鐵

釜山往返金海的輕軌電鐵已於2011年下半年通車,從金海機場可搭電鐵前往沙上站,再轉搭市區地鐵至釜山市區,或在釜山西部巴士站轉搭市外巴士前往其他的城市。但釜山市區地鐵的電梯和手扶梯都較少,若攜帶較重或較大的行李,建議考量自身狀況後再做選擇。

▲釜山市區往金海機場的機場巴士候車站牌。

從金海國際機場到釜山市區或其他城市

在金海機場國際線和國內線的1樓戶外,有市外巴士或市內公車站,可前往釜山市區或其他城市。站牌的排列方式大致相同,同一班車會先停國際線航廈前接駁乘客,再往國內線航廈站牌行駛、接駁乘客後再離開機場,因此國內線的發車時間會比國際線晚約5分鐘(以下表格發車時間以國際線為主)。

金海機場一樓巴士／公車路線表

製表:Helena

站牌編號	巴士名稱	前往地區	車資付費方式
Bus 1	利木津市外巴士(리무진 시외버스)	釜山以外的其他城市	·上車投現(車上可找零)。·從國內線前搭乘,可於Bus2和Bus3站牌中間後方的售票室先購票。
Bus 2	利木津市內巴士(리무진 시내버스)	釜山市區	
Bus 3	座席公車(좌석버스)	釜山市區	·上車投現(車上可找零)。·可使用首爾的T-money卡。

Bus1:可前往的城市有昌原(창원)、馬山(마산)、鎮海(진해)、梁山(양산)、慶州(경주)、浦項(포항)、龜尾(구미)、東大邱(동대구)、彥陽(언양)、蔚山(울산)、長有(장유)、統營(통영)、巨濟(거제)等,部分路線班次較少,可先至釜山西部市外巴士站(地鐵「沙上」站)或是綜合巴士站(地鐵「老圃洞」站)再換車。

利木津市內巴士資訊

製表:Helena

交通工具	利木津巴士	
種類	市內	
路線	南川洞(남천동)海雲臺(해운대)	西面(서면)釜山火車站(부산역)
頭末班車	07:05～21:35	07:15～21:35
班車間距	約20分	約40分
車資(₩)(成人票價)	6,000	5,000

※以上資訊若有異動,依當地最新公布為準,前往時請務必再次確認。製表:Helena

區域公車資訊(部分)

製表:Helena

交通工具	區域公車	
路線	**11**	**13**
行經	江西體育公園(강서체육관)→江西區廳(강서구청)→龜浦(구포)→龜浦市場(구포시장)	下端(하단)→乙淑島(을숙도)→金海國際機場(김해국제공항)→江西區廳(강서구청)→龜浦(구포)→龜浦市場(구포시장)→德川小學(덕천초등학교)
頭末班車	05:40～22:25	05:40～22:25
班車間距	30分	15～20分
車資(₩)(成人票價)	1,000	1,000

※**1.**以上資訊若有異動,依當地最新公布為準,前往時請務必再次確認。
2.上車前請向司機確認前往的方向。

貼 心 小 叮 嚀

詳細機場巴士路線可上金海國際機場網站查詢
daegu.airport.co.kr/doc/gimhae/index.jsp

座席公車資訊

交通工具	座席公車	
路線	**201**	**307**
行經	沿地鐵2號線行駛,行經站名:周禮(주례)→冷井(냉정)→東義大(동의대앞)→伽倻(가야)→釜岩(부암)→西面樂天百貨(서면롯데백화점)	沿地鐵3號線,經1號線東萊站往2號線行駛站名:江西體育公園(강서체육공원)→江西區廳(강서구청)→龜浦(구포)→德川(덕천)→淑嶝(숙등)→東萊(동래)→市立美術館(시립미술관)→海雲臺海水浴場(해운대해수욕장)→海雲臺區廳(해운대구청)
頭末班車	04:55～22:35	05:55～22:55
班車間距	15分	15～20分
車資(₩)(成人票價)	1,800	1,800

※以上資訊若有異動,依當地最新公布為準,前往時請務必再次確認。

製表:Helena

釜山

問路關鍵字：西面(서면)、釜山火車站(부산역)、南浦洞(남포동)、海雲臺(해운대)

機場←→市區的利木津市內巴士行車資訊(市區的機場巴士站牌位置請參考P.146、147地圖)

路線名稱	西面(서면)、釜山火車站(부산역)線						南川洞(남천동)、海雲臺(해운대)線	
停靠站	西面(서면) ⇄ 釜山火車站(부산역) ⇄ 南浦洞(남포동)						海雲臺(해운대)周邊	
方向	往市區	往機場	往市區	往機場	往市區	往機場	往市區	往機場
上下車位置	都在樂天飯店前		釜山火車站對面下車，地鐵釜山站5號出口附近	釜山火車站1號出口正前方馬路邊	近南浦洞PIFF廣場外的馬路邊	札嘎其魚市場側(往市區下車站牌的斜對面)	大多為觀光大飯店的大門口	
行車時間(無塞車的狀況)	約25分鐘		約40分鐘		約50分鐘		約50分鐘	

※以上資訊若有異動，依當地最新公布為準，前往時請務必再次確認 　　　　　　　　　　　　　　　　　　　　製表：Helena

機場←→市區的座席公車行車資訊(市區的機場巴士站牌位置請參考P.146、147地圖)

機場往返市區	西面		海雲臺	
車輛種類	201座席公車		307座席公車	
方向	往市區	往機場	往市區	往機場
上下車位置	樂天百貨前的公車專用道	樂天百貨左斜對面的路邊	海雲臺海水浴場海邊	地鐵海雲臺站4號出口往後走的公車站牌(海雲臺火車站前)
行車時間(無塞車的狀況)	約30分鐘		約1小時	

※以上資訊若有異動，依當地最新公布為準，前往時請務必再次確認。 　　　　　　　　　　　　　　　　　　製表：Helena

巴士

釜山較常使用的巴士站是釜山綜合巴士站、以及西部市外巴士站，釜山綜合巴士站分高速巴士和市外巴士路線，而西部市外巴士站是市外巴士的路線為主；另有海雲臺巴士站，若要從海雲臺附近出發前往其他地區，建議先查詢是否有可搭乘的巴士，雖然來往路線較少，若時間配合的上，可減少前往其他巴士站的市內交通時間。

釜山3大巴士站解析

釜山綜合巴士站(부산종합버스터미널)：地鐵「134老圃洞(노포동)」站3號出口即到。從銜接地鐵站的入口進去，右邊是賣票處，正前方的樓梯下去是搭乘處。

西部市外巴士站(서부시외버스터미널)：地鐵「227沙上(사상)」站5號出口出來，左轉直走過百貨商場❶的側邊即可到達，售票處在2樓

的中間，四周是往搭乘處(1樓)的樓梯和商店餐廳。

海雲臺市外巴士站(해운대 시외버스터미널)：地鐵「203海雲臺(해운대)」站1號出口出來即到。

釜山綜合巴士站(부산 종합버스터미널)

西部市外巴士站(서부 시외버스터미널)

❶

首爾▶▶釜山(巴士、火車)

交通工具	高速巴士		市外巴士	高鐵KTX	火車新村號	火車無窮花號
出發站名	高速巴士站(P.36)	東首爾巴士站(P.37)	東首爾巴士站(P.37)	首爾火車站(P.38)		
路線別	京釜線	首爾→釜山	首爾→釜山	京釜線		
到達釜山	綜合巴士站(老圃洞)		海雲臺市外巴士站	釜山火車站		
頭末班車	06:00~21:00 (深夜22:00~02:00,除00:25之外,每30分鐘一班)	06:30~18:40 (深夜23:50)	06:00~20:10 (深夜24:00)	05:30~23:00	06:05~22:15	05:50~22:50
班車間距	20分	1小時	一天11班	一天63班	一天7班	一天15班
車資(W) (成人票價)	一般 22,000 優等 32,800 深夜 36,000	一般 22,200 優等 32,900 深夜 36,100	一般 28,900 深夜 31,800	特席 58,900~72,500 一般 42,100~51,800 自由 40,000~49,200	特席 45,200 一般 39,300 自由 37,300	一般 26,500 自由 19,200
行車時間	約4小時30分		約5小時30分	約2小時30分~3小時20分	約5小時	約5小時半

※以上資訊若有異動,依當地最新公布為準,前往時請務必再次確認。　　　　　　　　　　　　　　　　製表:Helena

|火車|

　　來往釜山,最主要的火車站是釜山火車站,其次是釜田火車站。釜山火車站除有一般火車,也是釜山高鐵KTX的車站,一般火車主要是以來往首爾的方向為主,而高鐵KTX則是來往首爾、東大邱和新慶州等車站。另外,釜田火車站則是一般火車來往慶州、安東和順天等地的停靠站。

　　釜山另有龜浦火車站和海雲臺火車站,龜浦火車站雖然也是一般火車和高鐵KTX的停靠站,但因為距離釜山市區較遠,較少利用到;而海雲臺火車站雖然離市區稍遠,但若要從海雲臺周邊出發前往慶州或安東,也可考慮選擇從海雲臺火車站出發。

釜山3大火車站解析

釜山火車站(부산역):地鐵「113釜山站(부산역)」6或8號出口出來即達車站前廣場(地鐵釜山站和釜山火車站非同一站體)。從車站正中間的手扶梯上去後,直走是賣票所,從賣票所左轉直走可看到觀光案內

所,有會說中文的服務人員;左邊是乘車入口,雖然空間很大,但車站裡的中文標示清楚,跟著指標走即可,也有很多商店跟餐廳。

釜田火車站(부전역):地鐵「120釜田洞(부전동)」站1號出口出來直走,步行約5~10分鐘,經過菜市場後可到。上手扶梯後走過長廊的左邊就是賣票大廳,中文標示清楚,跟著指標走即可,但是規模較小,目前沒有商店和餐廳。

海雲臺火車站(해운대역):地鐵「203海雲臺(해운대)」站2號出口出來即到。

釜山火車站(부산역)

釜田火車站(부전역)

海雲臺火車站(해운대역)

慶州▶▶釜山(巴士、火車)

交通工具	高速巴士	市外巴士	高鐵KTX	火車新村號	火車無窮花號
出發站名	慶州高速巴士站(P.132)	慶州市外巴士站(P.132)	新慶州站(P.132)	慶州火車站(P.132)	
路線別			慶州→釜山		
到達釜山	綜合巴士站(老圃洞)	西部市外巴士站(沙上)	釜山火車站	釜田火車站	
頭末班車	08:30～21:30(深夜22:30)	06:20～21:50(深夜23:20、24:20)	07:41～23:44	08:42～18:04	02:41～22:16
班車間距	30～40分	15分	一天20班	一天5班	一天16班
車資(W)(成人票價)	優等 4,500深夜 4,900	一般 4,500深夜 5,000	特席 14,300一般 9,700自由 9,200	特席 13,100一般 9,600自由 9,100	一般 6,500自由 5,500
行車時間	約50分	約1小時	約30分	約1小時40分	約2小時

※以上資訊若有異動，依當地最新公布為準，前往時請務必再次確認。　　　　　　　　　　　　　　　　製表：Helena

安東▶▶釜山(巴士、火車)

製表：Helena

交通工具	市外巴士		火車無窮花號
出發站名	安東巴士站(P.116)		安東火車站(P.117)
路線別	安東→釜山		安東→釜山
到達釜山	綜合巴士站(老圃洞)		釜田火車站
頭末班車	08:00～20:30(直達)	08:03～17:16	00:38、11:53、17:30
班車間距	一天16班	一天9班	一天3班
車資(W)(成人票價)	15,300	15,300～23,200	一般 15,000自由 12,000
行車時間	約3小時	約4小時30分	約4小時

※以上資訊若有異動，依當地最新公布為準，前往時請務必再次確認。

清州、木浦▶▶釜山(巴士)

製表：Helena

出發地點	清州	木浦
交通工具	高速巴士	市外巴士
出發站名	清州高速巴士站(P.102)	木浦綜合巴士站(P.200)
路線別	清州→釜山	木浦→釜山
到達釜山	綜合巴士站(老圃洞)	西部市外巴士站(沙上)
頭末班車	07:00～18:30	07:40～15:30
班車間距	60～90分	一天9班
車資(W)(成人票價)	一般 16,600優等 24,600	27,000
行車時間	約3小時40分	約5小時10分

※以上資訊若有異動，依當地最新公布為準，前往時請務必再次確認。

客船

釜山連外客運碼頭主要是國際旅客碼頭和沿岸旅客碼頭，前者可往來釜山和日本之間，後者則以往來韓國南部的國內港口碼頭、濟州島、巨濟島和仁川港的航線為主。釜山往來濟州島的是夜間大型客船，晚上上船、清晨下船，可節省一晚的住宿費用，但搭船和搭飛機的狀況會有些許不同，敬請多加留意自身安全和貴重財物的保管。

釜山2大碼頭解析

釜山港國際旅客碼頭(부산항 국제 여객터미널)：地鐵「112中央洞(중앙동)」站8或10號出口可到。

釜山港沿岸旅客碼頭(부산항 연안 여객터미널)：

地鐵「112中央洞(중앙동)」站2或4號出口旁路口轉彎直走，約3分鐘過馬路到海邊右轉走3分鐘可到。碼頭正門樓梯上2樓直走進去正面是售票處(搭船過程和手續大致上和濟州島的相同，請見P.171)。

釜山港沿岸旅客碼頭
(부산항 연안 여객터미널)

濟州▶▶釜山(客船)

船名	開船時間		所需時間	票價(₩)	休航日	備註
	濟州島出發	釜山返回				
코지아일랜드호 (Cozy Island號)	19:00	19:00	約11小時半	43,000~170,000	週日	濟州出發：每週一、三、五 釜山返回：每週二、四、六
설봉호(雪峰號)	19:10	19:00		43,000~170,000	週日	濟州出發：每週二、四、六 釜山返回：每週一、三、五

※1.以上資訊若有異動，依當地最新公布為準，前往時請務必再次確認。
　2.建議至少於開船時間30分鐘前抵達碼頭。

製表：Helena

市內交通

釜山地鐵路線雖不如首爾來得多，但大部分景點都還是可以搭地鐵前往，少部分地方雖然需要轉乘公車，幸好釜山公車上的電子看板多數有顯示中文，方便辨識方向。建議事先準備好要前往地點的中、韓文名稱，隨時可詢問路人或司機，一樣可輕鬆前往想去的地方。

公車

在釜山市區搭公車，可使用首爾的T-money卡，一般公車單程車資投現1,000₩、刷卡950₩、座席公車(座位較多或路線較長)單程車資投現1,500₩、刷卡1,450₩。只是目前釜山可儲值T-money卡的地方很少，若從首爾前往釜山，並要在釜山使用T-money卡，建議在首爾預先儲值多一點的金額。

地鐵

釜山地鐵路線解析：

目前釜山地鐵有4條路線，預計2011年下半年往返金海的輕軌電鐵會通車，除了原有的地鐵路線可到達很多景點，即將通車的釜山←→金海輕軌電鐵，將可縮短釜山來往於金海的交通時間，並且設有機場站，為金海機場來往於釜山和金海增加了另一個選擇。(釜山←→金海輕軌電鐵已於2011年9月通車運行)

釜山交通公社網站：**humetro.busan.kr**

釜山地鐵路線圖：請見封面後折口

釜山地鐵票價：

可購買單程票，也可使用首爾的T-money卡。單程票1區間(10公里以內)票價1,200₩、2區間(超過10

釜
山

▲釜山地鐵站內有清楚的中文標示

釜山可儲值T-money卡的店

　　位於釜山火車站對面、24小時營業的「MAMA store便利店」，可以儲值首爾的T-money卡，從釜山火車站前廣場過馬路後右轉直走，過冰淇淋店後的第二個店面。

▲MAMA store便利店

公里)票價1,400W，若一天內預計搭3～4次地鐵，則建議購買釜山地鐵的1日票，每張價格4,000W，購票當天可不限次數搭乘地鐵(但不可搭乘公車)；若使用首爾的T-money卡，除了單趟可以節省130～200W的車費，還可以搭公車，若在30分鐘之內換乘其他路線公車、或是公車和地鐵互換，還可享換乘優惠(2次)。

釜山地鐵搭乘注意事項：

　　釜山地鐵站有分上、下行月臺，有些月臺是分開兩邊進站，中間互不相通，指示牌會寫出該方向月臺路線的終點站或是中間較大的站，部分指示牌會標示漢字，若無法分辨，建議可詢問服務人員或是當地人。

　　釜山每個地鐵站都有自己的代號，第一碼是路線別，二、三碼是站編號，地鐵站有不少的漢字標示，換乘其他路線時，只要跟著該線顏色的指標或是站名指示牌走，即可找到轉乘的月臺。

　　地鐵站內電梯和手扶梯的數量較少，請盡量避免拖著過多或是過重的行李搭地鐵。

釜山地鐵購票步驟

　　釜山地鐵站裡的自動售票機有中文操作介面可選擇❶，只收1,000W紙鈔，旁邊會設有換鈔機❷，可購買單程票、1日票和月票。

釜山地鐵1日票使用叮嚀

　　如果當日搭乘地鐵的次數會超過3～4次，建議可購買1日票，每張價格4,000W，購票當天可不限次數搭乘地鐵，但不可搭乘公車。使用1日票時，有磁條的背面要向下，將票放入刷票機上方的刷票口❸，票會從刷票機的最上方跑出來，亮燈後即可出入站❹。

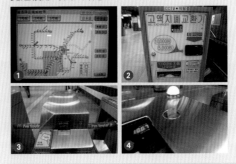

住宿

　　釜山可以住宿的區域很多，除了火車站和巴士站周邊，南浦洞、西面和東萊等地區也有很多的旅館、飯店可選擇，星級大飯店大多集中在海雲臺周邊；但因區域範圍大，價格和服務內容較參差不齊，一般旅館一晚約4萬W左右，通常都會有基本設備(如衛浴、電視、冰箱和飲水機等)，其他服務則不一定。除了預算考量，建議以主要的活動區域範圍或是要離開釜山時的交通方式來選擇住宿的區域，舉例來說，如果喜歡逛街，可以住在西面或南浦洞，如果是要搭乘高鐵KTX或是火車離開釜山，則建議住在火車站周邊，省卻拖行李移動之苦。

逛街購物

熱鬧逛街區

西面(見P.161)、光復洞時裝街、南浦洞PIFF廣場(見P.159)等是人潮聚集的熱鬧區域，除了服飾、彩妝保養品和電影院，也有各式餐廳和小吃攤販，是釜山市區逛街的好去處。

大賣場連鎖店

韓國三大連鎖賣場在釜山都設有分店，以下是部分距離地鐵站較近的分店，只有E-MART的沙上店和Home plus的西釜山店距離地鐵227沙上站較遠，但是這兩家分店距離已通車的釜山←→金海輕軌電鐵的停靠站很近，提供給大家做參考。

柳家 유가네
(一隻公雞鐵板炒雞排店)

這是一家一個人也可以吃的炒雞排店，詳細介紹請參考P.48。

DATA

西面2號店
- 부산 부산진구 부전동 168-448
- (051)803～4451
- 11:00～24:00
- 地鐵1、2號線交會西面(서면)站2號出口步行約2分鐘，第2個路口左轉，再走約3分鐘，TGI星期五餐廳對面的巷子左轉後，靠右側即可看到。

釜山直營店(西面本店)
- 부산 부산진구 부전동 172-3
- (051)802-7573
- 11:00～23:00
- 地鐵1、2號線交會西面(서면)站2號出口步行約5分鐘，在Paris Baguette 麵包店的巷口左轉直走約2分鐘，經過CGV電影院後再走約1分鐘可到(靠左側)。

LOTTE Mart(롯데마트)、Home plus(홈플러스)、E-MART(이마트)大賣場營業資訊

店別	分店	賣場營業時間	退稅	寄回臺灣	生鮮商品	位置	電話
E	門峴店 (문현점)	10:00～24:00 (元旦、中秋當日休息)	○ (10:00～24:00)	×	1F	地鐵217門田站1號出口出來，直走到路口，過馬路後右轉，再直走約2分鐘即到 부산 남구 문현동 751번지	(051)609-1234
E	海雲臺店 (해운대점)	24小時營業 (限生鮮、加工食品和日常用品，元旦、中秋和週日夜間休息)	○ (10:00～24:00)	×	B1	地鐵202中洞站7或9號出口上來即到 부산 해운대구 중동 1767번지	(051)608-1234
E	金井店 (금정점)	10:00～24:00 (元旦、中秋當日休息)	○ (10:00～23:00)	×	1F	地鐵130久瑞洞站3號出口，右轉步行約2分鐘 부산 금정구 구서동 368번지	(051)606-1234
E	沙上店 (사상점)	10:00～24:00 (元旦、中秋當日休息)	○ (10:00～23:00)	×	1F	西部市外巴士站(사상)後門往右步行約5分鐘(距離釜山←→金海輕軌電鐵102掛法Renecite站較近) 부산 사상구 괘법동 531-2번지	(051)329-1234
H	西釜山店 (서부산점)	24小時營業(部分商品除外，每週一00:00～10:00休息)	×	×	B1	西部市外巴士站(사상)後門往右步行約7分鐘的商場B1(距離釜山←→金海輕軌電鐵102掛法Renecite站較近) 부산광역시 사상구 괘법동529-1	(051)319-9100
H	東萊店 (동래점)	10:00～02:00 (每週一00:00～02:00休息)	×	×	B1	地鐵127溫泉場站5號出口，過天橋後的商場B1 부산광역시 동래구 온천1동 153-8번지	(051)559-8114
L	東萊店 (동래점)	10:00～24:00	×	×	B1	地鐵126明倫洞站5號出口，過天橋即到 부산광역시 동래구 온천동 502-3	(051)668-2500

※店家的營業內容，依當日實際情況為準。製表：Helena

必遊景點

海東龍宮寺 해동용궁사

不同一般寺廟多建於山林裡，位於釜山東邊機張郡的海東龍宮寺，是倚著濤濤大海、建於岩石之上，可以聆聽海浪拍打岩石的清脆聲、觀賞廣闊無邊的美麗海景。若時間充裕，建議沿著日出岩旁的海邊道路散步，感受這獨特的美景。

太宗臺 태종대

位於釜山南邊的影島上，因新羅的太宗武烈王曾到此一遊而得名，可步行前往園區內各個景點，亦可購票搭遊園車前往，建議在遊園車的影島燈塔站下車，沿著樓梯往下走到海邊的岩石上，可一覽連綿的懸崖峭壁和廣闊海景層疊交錯的景致。若時間許可，建議安排於下午前往，日景、夕陽一次欣賞；若時間不多，則建議安排於札嘎其市場之前，交通較為通順，並直接前往影島燈塔即可。

DATA

http www.yongkungsa.or.kr
🕐 04:00～日落時
💲 免費
➡️ **Step1**：搭公車在「龍宮寺／國立水產科學院(용궁사／국립수산과학원)」站下車
在地鐵「203海雲臺(해운대)」站7號出口的公車站牌，搭乘181號公車，約22分鐘在「龍宮寺／國立水產科學院」站下車，從旁邊的斜坡上去❶，走約15分鐘，經停車場、餐廳和攤販，過了12生肖的石雕就可以看到龍宮寺入口❷，沿108階梯走下去，就可看到海邊的龍宮寺。
Step2：回程時，在去程下車處的對面搭乘181號公車，約22分鐘可回到地鐵「203海雲臺(해운대)」站。

DATA

http taejongdae.or.kr
🕐 04:00～24:00
售票時間：夏天09:00～19:00；冬天09:00～18:30
遊園車營運時間：夏天09:30～20:00；冬天09:30～19:00
13:00～18:00每20分鐘一班車、其餘時間每30分鐘一班車
遊園車營運路線：搭乘處(승차장)→太苑鵝卵石園(태원자갈마당)→救命寺(구명사)→展望臺(전망대)→影島燈塔(영도등대)→太宗寺(태종사)→搭乘處(승차장)
💲 **太宗臺**：免費入場
遊園車：大人1,500₩，青少年1,000₩，小孩600₩。票券限當日使用，無次數限制，在園區內任一車站出示車票即可搭乘，遺失不補發。
➡️ **Step1**：**1.從釜山火車站出發**：在釜山火車站(부산역)右斜對面的公車站牌，搭88、101號公車，約30分鐘在太宗臺終點站下車。**2.從南浦洞出發**：在南浦洞樂天百貨(光復店)對面、影島大橋(영도대교)旁的公車站牌，搭乘88、101號公車，約20分鐘在太宗臺終點站下車。
Step2：下公車後走到馬路邊，左轉直走約4分鐘可到太宗臺的入口❶。
Step3：從入口處上斜坡直走約3分鐘，靠左邊可看到遊園車搭乘處，後方就是售票處。

Step4：回程時，在去程下車處搭公車即可。**1.往釜山火車站、西面**：搭88、101號公車。**2.往札嘎其魚市場、南浦洞**：搭8、30、66號公車。

40階梯文化館
40계단문화관

韓戰(西元1950～1953年)初期,北韓軍隊節節勝利,越過北緯38度線之後,將南韓軍隊進逼到釜山洛東江一帶,大批難民隨著軍隊到釜山避難,為了取得救援物資和販賣貨物的方便,多數人選擇居住在碼頭附近,就是現今釜山地鐵中央洞站的40階梯一帶。由於匆匆逃難撤退,很多人都與親屬失去聯繫,於是40階梯逐漸成為尋人、探聽消息,以及和失散家人朋友的重逢之地。40階梯文化館保存並展示韓戰期間的文化史料和用品,從地鐵中央洞站往40階梯文化館的路上,也可以看到許多跟韓戰當時有關的照片和藝術作品。

◀40階梯文化館

DATA

http chinese.bsjunggu.go.kr

🕐 週二～五10:00～18:00;週六、日10:00～17:00

休 週一、特定公休日

$ 免費

➡ **Step1**:地鐵「112中央洞(중앙동)」站
站13號出口左轉直走,約3分鐘可到旋轉天橋❶,上天橋後即可到達。主要參觀樓層為5～6樓。
Step2:面對文化館往左走約2分鐘,左側可看到40階梯,下階梯後直走約3分鐘到路口,可回到地鐵「112中央洞(중앙동)」站。

▼距離文化館約2分鐘路程的40階梯,真的是名副其實剛好40個階梯。

札嘎其市場 자갈치시장

地鐵南浦洞和札嘎其兩站中間靠海邊的道路,聚集了眾多海產攤販和餐廳,這裡是韓國最大漁港,充斥著喧囂熱鬧的叫賣聲,除了購買新鮮捕撈的漁貨,還可體驗海港城市特有的文化。除了路邊矮房的攤販和餐廳,另有海鷗造型的新大樓,1樓是魚市場,購買魚貨後可直接到2樓找店家烹調享用。需注意部分不誠實的店家將食材調包。

DATA

http www.jagalchimarket.org

➡ **1.搭地鐵前往**:地鐵「110札嘎其(자갈치)」站10號出口,往巷子裡轉即可到魚市場周邊。
2.從40階梯文化館前往:走回地鐵「112中央洞(중앙동)」站,左轉往樂天百貨(롯데백화점)方向直走,經過樂天百貨後再走約8分鐘,左邊對面巷子裡即是魚市場的周邊。

▲札嘎其市場的新大樓

▲登上釜山塔可眺望釜山市區的景色

龍頭山公園 용두산공원
釜山塔 부산타워

　　龍頭山位於釜山市中心的位置,因其形狀得名,是當地人休閒運動的熱門去處。公園內有釜山地標「釜山塔」,塔前有朝鮮壬辰倭亂時的名將李舜臣將軍(西元1545～1598年)的銅像,搭電梯登上釜山塔的展望臺,可清楚眺望釜山的美麗景色,亦是賞夜景的好去處。公園內另有世界民俗樂器博物館及世界模型船展示館可參觀。

DATA

🌐 www.yongdusanpark.or.kr

🕐 龍頭山公園:全年無休,但部分景點有時間限制。
　　釜山塔(부산타워):10～3月09:00～22:00;4～9月08:30～22:00
　　世界民俗樂器博物館、世界模型船展示館:週二～日10:00～18:00

🚫 週一

💲 釜山塔:大人4,000₩,小孩3,500₩
　　世界民俗樂器博物館:大人2,500₩,小孩2,000₩
　　世界模型船展示館:大人1,000₩,小孩1,000₩
　　備註:另有綜合折價券(통합할인권):大人5,000₩,小孩4,000₩(可參觀釜山塔、世界民俗樂器博物館,但世界模型船展示館需另行購票)

▶ Step1:搭乘往龍頭山公園的手扶梯
　　1.搭地鐵前往:地鐵「111南浦洞(남포동)」站7號出口左轉,沿光復洞時裝街的右側步行約3分鐘的巷內可看到往龍頭山公園的手扶梯❶。
　　2.從40階梯文化館前往:走回地鐵「112中央洞(중앙동)」站,左轉往樂天百貨(롯데백화점)的方向直走,步行約10～15分鐘可到光復洞時裝街,靠右側步行約3分鐘的巷內可看到往龍頭山公園的手扶梯❶。

　　Step2:搭手扶梯到最上層後,往前上小樓梯即是龍頭山公園,後方是釜山塔。

光復洞時裝街 광복동패션거리
南浦洞PIFF廣場 남포동PIFF광장

　　光復洞時裝街類似首爾的明洞,聚集了服飾、餐飲和彩妝保養品等店面;而南浦洞PIFF廣場是一條電影街,也是每年舉辦釜山國際電影節的活動場地之一,和光復洞時裝街連在一起,都是年輕人聚集之處,兩處沒有明顯的界線。一般來說,從中午開始到晚上10點左右的人潮較多。

DATA

▶ **1.搭地鐵前往**:地鐵「111南浦洞(남포동)」站7號出口左轉就是光復洞時裝街,南浦洞PIFF廣場接於光復洞時裝街之後。
　　2.從40階梯文化館前往:走回地鐵「112中央洞(중앙동)」站,左轉往樂天百貨(롯데백화점)方向直走,步行約10～15分鐘可到光復洞時裝街,南浦洞PIFF廣場接於光復洞時裝街之後。

▲地鐵「111南浦洞(남포동)」站7號出口的光復洞時裝街口

海雲臺 해운대
迎月嶺 달맞이고개

海雲臺位於釜山東南邊,是韓國有名的海水浴場之一,每年夏天大批遊客來此戲水避暑,冬天則有成群的海鷗在此過冬。此地也是每年秋天釜山國際電影節的活動場地之一。面對大海,海雲臺左邊的迎月嶺每到春暖之時,會綻放美麗的櫻花,也因地勢較高,是觀看海雲臺全景和日落的好地方。

DATA

- http tour.haeundae.go.kr
- 🕐 24小時
- $ 免費
- ➡ 1.地鐵「203海雲臺(해운대)」站3或5號出口出來,直走約10分鐘可到海邊。
  2.從海雲臺周邊搭計程車前往迎月嶺,車資約3,000～4,000W。

三溫暖價格表		※店家的營業內容,依當日實際情況為準。
項目	價格(W)	使用內容
三溫暖(사우나)	5,000	・附毛巾兩條 ・洗澡+Spa溫泉
三溫暖+蒸氣房 (사우나+찜질방)	8,000	・附毛巾兩條+蒸氣服一套 ・洗澡+Spa溫泉+過夜

VESTA海景三溫暖
베스타리조트 온천

樓層	設施內容
5F	休息室+露天溫泉
4F	男子三溫暖(洗澡)
3F	蒸氣房+餐廳
2F	女子三溫暖(洗澡)
1F	大廳+三溫暖

貼 心 小 叮 嚀

如有拖帶行李,建議搭計程車前往。

位於海雲臺旁邊的迎月之路上,擁有非常好的視野,可以一邊休息泡湯、一邊欣賞海雲臺的景色,用三溫暖的平實價格就能盡享海景飯店的美景,值得用力推薦!

注意事項:1. 使用方式和過程同韓國一般的三溫暖。
2. 3樓有女性專用的睡眠室。入口旁有枕頭可取用,睡眠室左斜對面的小房間有小毯子可取用。

DATA

- http www.vesta.co.kr
- ✉ 부산광역시 해운대구 중동 1509-6
- ☎ (051)743-5705～6
- 🕐 24小時營業
- ➡ **1.搭地鐵前往:** 地鐵「202中洞(중동)」站7號出口出來直走,約8分鐘到岔路口,沿往上的斜坡步行約6分鐘可到,大門在內側。

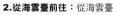

2.從海雲臺前往: 從海雲臺觀光案內所面海往左邊走,約15分鐘在尾浦的石碑❶左轉上斜坡,約5分鐘會到方法❶的岔路口,右轉沿往上的斜坡,步行約6分鐘可到,大門在內側。或可直接從海雲臺周邊搭計程車前往,車資約3,000～4,000W。

釜山

|梵魚寺 범어사|

位於釜山北邊金井山裡的梵魚寺，相傳為義湘大師於新羅文武王18年(西元678年)時建立，分別於新羅興德王時和壬辰倭亂(西元1592～1598年)後重建，與海印寺、通度寺並列為嶺南的三大寺廟。

|廣安里海水浴場 광안리해수욕장|

位於海雲臺西邊，旁邊的海上建有韓國唯一的海上雙層結構橋樑「廣安大橋」，這裡的夜景特別美麗，日落之後看著打上燈光的廣安大橋、合著簡單的海浪聲，增添不少浪漫氣氛。除了海水浴場，還有各式的餐廳、咖啡廳和小吃店林立。

DATA
- http gwangalli.suyeong.kr   24小時
- 地鐵「209廣安(광안)」站3、5號出口往旁邊的路口直走，約10分鐘可達海邊。

|西面 서면|

釜山地鐵1、2號線換乘的西面(서면)站周邊，是釜山市中心最熱鬧的地區之一，有百貨公司、服飾彩妝店、各式餐廳攤販和電影院等休閒場所，是年輕人聚集逛街之處(類似首爾的明洞)。

DATA
- 各店家營業時間不同，約中午過後到晚上約10點之間較為熱鬧。
- 地鐵1、2號線換乘的西面(서면)站周邊。
  西面地鐵和地下街的同一個出口編號會不相同

DATA
- http www.beomeosa.co.kr
- 08:30～17:30
- 免費
- **Step1**：地鐵「133梵魚寺(범어사)」站5或7號出口往回走到路口轉彎❶，直走約3分鐘到公車站❷搭90號公車❸，約8分鐘在梵魚寺(범어사)站下車，下車後直走上階梯，約8分鐘可到達❹梵魚寺。
  Step2：回程時，在去程的下車處搭90號公車即可，回到公車站後再步行回地鐵站。

釜山附近賞櫻名城

鎮海(진해) (2010年7月1日合併至慶尚南道的昌原市，為昌原市的鎮海區)

離釜山約1個多小時車程的鎮海，種有約35萬株的櫻花樹，是韓國有名的賞櫻景點，如果時間夠、季節對，建議前往一遊。鎮海的櫻花季約在每年的3月下旬至4月上旬之間，視氣候狀況而略有差異。

釜山▶▶鎮海
製表：Helena

出發地點	釜山	鎮海
交通工具	市外巴士	
出發站名	釜山西部市外巴士站(沙上)(P.151)	鎮海市外巴士站
路線別	釜山→鎮海	鎮海→釜山
到達	鎮海市外巴士站	釜山西部市外巴士站(沙上)
頭末班車	06:00～22:00	06:00～21:30
班車間距	20分	20分
車資(W)(成人票價)	4,700	4,700
行車時間	約1小時10分	

※1.以上資訊若有異動，依當地最新公布為準，前往時請務必再次確認。
2.釜山的綜合巴士站亦有前往鎮海的班車，但是班次很少，票價也較西部市外巴士站出發的稍高。

順遊城市

慶尚南道 경상남도
金海市 김해시
Gimhae

在朝鮮半島的三國時代(高句麗、新羅和百濟)之前,有些規模較小的國家,各自有獨立的政治體系,但為了壯大聲勢以禦外敵,也會組成國家聯盟的形式,因此誕生了所謂的「三韓」(辰韓、馬韓和弁韓)。其中弁韓位於朝鮮半島南部洛東江流域,以發展鐵器而聞名,並透過海運的方式將所製造的鐵製農具、武器等產品銷往日本等鄰國。

之後由弁韓發展而成的國家聯盟「伽倻」(가야),相傳是西元42年時,在現今金海市降下了一個黃金箱子,裡面的6個黃金蛋各孵出了一個男孩,幾天之後男孩長大成人,分別建立了國家,其中為首的是名叫「金首露」的男孩所建立的金官伽倻。首露王在位時,利用優質的鐵礦和純熟的冶鐵技術,創造了朝鮮半島的鐵器文明,也讓伽倻成為了鐵器王國,並透過海運將所生產的鐵器銷往國外,使伽倻成為有名的海上王國。金首露王和王妃許黃玉(相傳是印度阿育陀國的公主)是金海地區金氏和許氏的始祖,兩人共育有10個兒子,其中兩個兒子隨母姓,因此以往有金海金氏和許氏互不通婚的習俗。

雖然後來伽倻逐漸被新羅征服,但金官伽倻對新羅日後的三國一統大業有著強大的影響,除了原有的富庶土地和冶鐵技術,其子孫在政治上亦對新羅有很深的影響,善德女王時期的金庾信大將軍,就是金首露王的十二世孫,因此在參觀慶州的新羅古文物遺跡的同時,亦要對金官伽倻有所認識,方能更深入的瞭解歷史的淵源脈絡。

● 觀光資訊看這裡 ●

金海官方網站
gimhae.go.kr/main/

金海觀光案內所
(관광안내소)

🕐 10:00～17:00
📞 (055)338-1330
➡ 首露王陵前

← 釜山←→金海輕軌電鐵(詳細電車路線圖請參考封底折口)

海畔川

龜旨峰

🏯 首露王妃陵

博物館站

🏛 國立金海博物館

Home plus

● 金海鄉校

大成洞古墳博物館 🏛

金海民俗博物館 🏛

🏯 首露王陵

● 金海韓屋體驗館

鳳凰橋

首露王陵站

金海旅客巴士站 🚌

金海市地圖

釜山周邊

必遊景點

首露王陵 수로왕릉

DATA
🕐 3～10月09:00～18:00；11～2月09:00～17:00
💲 免費

首露王妃陵 수로왕비릉

DATA
🕐 3～10月09:00～18:00、11～2月09:00～17:00
💲 免費

龜旨峰 구지봉

首露王妃陵對面的龜
旨峰，相傳是六伽倻的
國王降生之處，因為山
形很像烏龜的頭，所以
被稱為龜旨峰。

DATA
🕐 24小時　💲 免費

國立金海博物館 국립김해박물관

以收藏並展出伽倻時期的歷史文物為主，建築
物外觀以黑色為
主體，呈現出鐵
礦石和木炭的感
覺，用以表達伽
倻鐵器王國的文
化特色。

DATA
🕐 平日09:00～18:00；週六、日及公休日09:00～19:00(4～
　10月的週六延長至21:00)
休 週一、元旦，若休館日為公休日，則下一個平常日為休館日。
💲 免費
➡ ●前往金海
　1.從金海國際機場出發：金海機場每日有4班市外巴士往
　金海，班次分別是10:15、13:15、15:15和19:15。
　2.從釜山市區出發：
　❶公車：從釜山火車站前搭1004號紅色公車可前往金
　海。
　❷市外巴士：從釜山西部市外巴士站搭市外巴士，頭末班
　車07:20～22:05，每天有18個班次，車資2,000₩，行車
　時間約30分鐘，在金海旅客巴士站下車。回程班車時間和
　車資，大致和去程差不多。
　❸釜山↔金海輕軌電鐵：釜山和金海之間的輕軌電鐵，
　可從釜山地鐵2號線沙上站、或3號線大渚站，轉乘輕軌電
　鐵前往金海，在首露王陵站或是博物館站下車即可。
　●金海市內交通
　1.輕軌電鐵首露王陵站▶▶首露王陵：從首露王陵站的2
　號出口出去，直走過對側的鳳凰橋，再直走約10分鐘，可
　看到首露王陵的指示牌，左轉進去即可。
　2.首露王陵▶▶首露王妃陵：從首露王陵出來後，前方馬
　路邊左轉，直走約3分鐘到路口可看到首露王妃陵的指示
　牌，左轉直走約20分鐘可到首露王妃陵(靠右側)。
　3.首露王妃陵▶▶龜旨峰：面對首露王妃陵，左上方有小
　門和天橋通往對面的龜旨峰。
　4.龜旨峰▶▶國立金海博物館：從龜旨峰往首露王妃陵的
　反方向步行約10分鐘，可從側門進入國立金海博物館。
　5.國立金海博物館▶▶金海旅客巴士站：從國立金海博物
　館大門出來(對面是Home plus大賣場)，往左邊沿著川
　步行約30分鐘，即可回到金海旅客巴士站路口。

晉州城地圖

炮樓　北將臺　●販賣處　拱北門
彰烈祠　　　　　　　　　●廁所
護國寺　　　金時敏將軍銅像
國立晉州博物館　●嶺南布政司　　　金時敏將軍戰功碑
音樂噴泉　西將臺　　　　　　　壬辰大捷殉義壇　晶石旌忠壇碑
　　　　　●廁所　　雙忠事蹟碑　　護國之鐘　　　●廁所
義妓祠　晶石樓
　　　　　　　　　　　　晶石門
南　江
義岩
往市外巴士站 →

往市外巴士站 →

順遊城市 慶尚南道경상남도
晉州市 진주시
Jinju

　　自古以來，戰爭的勝利者，除了要有完善的作戰計畫，還需要充足的軍糧，全羅道地區是朝鮮半島的糧倉，擁有廣大的平原和肥沃的土地，因此在戰亂中，守住全羅道就成為最重要的課題之一；位於慶尚南道的晉州城，因其地理位置，成了守護全羅道的重要門戶。正確建造時間已難以考據，原來是座土城，高麗時期因倭亂頻繁，重新修建為石城。

速草　首爾○　江陵　水原　安城　清州　安東　大邱　慶州　全州　金海　晉州　釜山　木浦　●濟州島

● 觀光資訊看這裡 ●

晉州官方網站
www.jinju.go.kr
晉州市觀光案內所
(관광안내소)

晉州城觀光案內所
🕐 4～10月09:00～18:00；11～3月09:00～17:00
📞 (055)749-2485
➡ 晉州城晶石門前

▲忠武公金時敏將軍銅像

● 必遊景點 ●

| 晉州城 진주성 |

壬辰倭亂(西元1592～1598年)初期，晉州城在牧使金時敏將軍英勇帶領下，成功擊退倭寇，然而，第二年倭寇再度入侵時，雖然百姓和官兵奮勇抵抗，終因寡不敵眾，倭寇還是攻入了晉州城；當倭寇將領入城後，指定要當時最有名的藝伎(賣藝但不賣身的女子)論介陪侍，論介用計把倭寇將領騙到南江邊後，抱著倭將投江殉國。為了感念論介的忠勇愛國之心，人們以「義妓」讚譽論介的義行，將論介抱著倭寇將領投江的岩石稱為「義岩」，城內的矗石樓旁蓋有一座「義妓」祠，供俸著論介的畫像。

矗石樓也叫南將臺或狀元樓，是戰時的指揮所、平時文人雅士的休閒之地。流經晉州城的南江，周邊景色優美，每年10月會舉辦晉州南江燈節；設立於晉州城內的國立晉州博物館，以收藏、展示壬辰倭亂時期的遺物和史料為主，1樓的觸摸室原為盲胞和小朋友所設置，但一般民眾也可參觀，觸摸室裡展示的古物複製品，讓參觀者用觸摸的方式，來感受了解，拉近參觀者和古文物的距離。

▲「義妓」論介的畫像

DATA

🕐 **售票時間**：09:00～18:00
晉州城參觀時間：05:00～23:00(冬天05:00～21:00)
國立晉州博物館開放時間：平日09:00～18:00，週六、日及公休日09:00～19:00
國立晉州博物館休館日：週一、元旦

💲 大人1,000₩，青少年500₩，小孩300₩

➡️ **從釜山前往晉州**
1.釜山綜合巴士站(老圃洞)▶▶晉州市外巴士站(진주 시외버스터미널)：頭末班車05:40～21:30，約每10分鐘一班車，車資7,300₩，行車時間約1.5小時。回程班車時間和車資，和去程差不多。
2.西部市外巴士站(沙上)▶▶晉州市外巴士站(진주 시외버스터미널)：頭末班車05:40～21:30，約每10分鐘一班車，車資7,300₩，行車時間約1.5小時。回程班車時間和車資，和去程差不多。
晉州市內交通
1.市外巴士站▶▶晉州城：從晉州市外巴士站出來後左轉直走，中間經過晉州橋，約10分鐘可到晉州城邊路口，左轉往矗石門，直走往拱北門。
2.高速巴士站▶▶晉州城：從晉州高速巴士站對面的公車站牌，搭15、25號公車(車程時間約5分鐘，車資1,000₩，不可使用首爾的T-money卡)，過南江後，在農會對面下車(和司機說要到晉州城即可)，往回走到路口後右轉，過馬路直走約3～5分鐘可到晉州城。回程時在去程下車處對面搭車即可。

▲國立晉州博物館

▲矗石樓

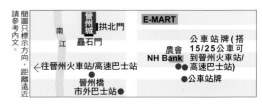

簡圖只標示方向，距離遠近請參考內文。

```
        晉州城  拱北門          E-MART
    南 江  矗石門            公車站牌(搭
                       農會 15/25公車可
    ←往晉州火車站/高速巴士站  NH Bank  到晉州火車站/
                       ●● 高速巴士站)
        晉州橋          ●公車站牌
        市外巴士站●
```

貼心小叮嚀

晉州市外巴士站和晉州城的周邊，有許多一般旅館，價格每晚約在3～4萬₩左右。

濟州島
Jeju
제주도

濟州島位於韓國西南方的東海上，是韓國最大的島嶼，和周邊的小島群合稱作濟州特別自治道；島上分為北邊的濟州市和南邊的西歸浦市，位於島中央位置的漢拿山，海拔1,950公尺，是韓國的最高峰。

作者說

濟州島有三多，風多、石頭多和女人多，前兩者是氣候和地理位置關係，至於女人多，是指喪夫的寡婦多！以前濟州島民多以捕魚為業，男性常因外出捕魚而失去性命，因此造就島上的特有職業——海女，喪夫婦女為了維持家計，從事沿海捕撈魚業，海女們可以不背氧氣筒，直接潛入二十公尺深的海底約兩分鐘，採集鮑魚、海螺等新鮮海產，直接在岸邊兜售。

濟州島遊逛戰略

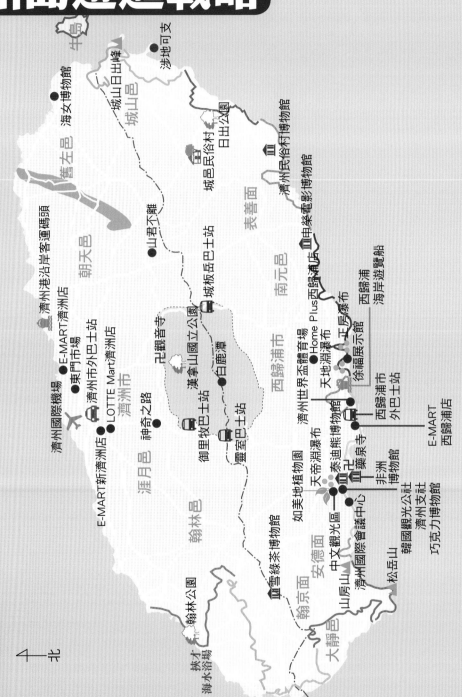

濟州島地圖

北

中島

涉地可支

城山日出峰
城山邑

海女博物館

舊左邑

城邑民俗村博物館

日出公園

朝天邑

濟州民俗村博物館

濟州港沿岸客運碼頭

申榮電影博物館

E-MART濟洲店

山君不離

表善面

城板岳巴士站

東門市場

南元邑

西歸浦

濟州市外巴士站

西歸浦

海岸遊覽船

LOTTE Mart濟洲店

濟洲市

己觀音寺

西歸浦市

Home Plus西歸浦店

正房瀑布

濟州國際機場

漢拿山國立公園

白鹿潭

濟州世界盃體育場

天地淵瀑布

徐福展示館

E-MART新濟洲店

神奇之路

御里牧巴士站

靈室巴士站

天帝淵瀑布

濟州綠茶博物館

如美地植物園

西歸浦市外巴士站

涯月邑

藥泉寺

E-MART

非洲博物館

西歸浦店

翰林邑

中文觀光區

蒸迪熊博物館

濟州國際會議中心

韓國觀光公社

山房山

濟州支社

翰京面

安德面

松岳山

巧克力博物館

翰林公園

大靜邑

挟才海水浴場

濟州島地圖

● 觀光資訊看這裡 ●

濟州島官方網站

www.jeju.go.kr

濟州島觀光案內所
(관광안내소)

濟州國際機場觀光案內所
🕒 原則上有航班起降時段內皆有服務
📞 (064)742-0032
濟州國際機場1樓大廳,可索取濟州島上的巴士或公車路線表,建議中、韓文各拿一張,以便有需要時可以用對照的方式向當地人問路。

濟州港觀光案內所
📞 (064)758-7181

➡ 濟州港沿岸客運碼頭1樓大廳
韓國觀光公社濟州支社
📞 (064)738-0326
➡ 中文觀光區內

中文觀光區觀光案內所
📞 (064)739-1330
➡ 中文觀光區入口處
以上服務時間:09:00～18:00

● 行程路線規劃 ●

濟州島的旅遊行程,若為兩人以上前往,建議在當地租車或是包計程車。出發之前先在地圖上圈出想去的景點,將位置相近的景點安排在同一天前往,比較可以在短時間之內遊覽濟州島。

如何前往濟州島

目前臺灣直飛濟州島的班機,是以包機形式、針對團體旅遊使用。若自助旅行者要到濟州島,可從韓國的國內機場或碼頭,轉搭國內航班或船班前往。

|飛機|

從韓國本土若要搭飛機來往濟州島,主要經由北部的金浦機場(首爾)和南部的金海機場(釜山),航程約50～60分鐘,票價則依不同的航空公司或時段而有所不同,建議可事先上網查詢。

貼心小叮嚀

學會訂購便宜機票

1. 建議避開特殊日子前往,如中秋、過年、旺季7～8月或連續假期,較可以挑選到最滿意的時間或是票價。
2. 不一定要選擇特定的航空公司,建議可以直接去機場各航空公司的櫃檯詢問,有機會問到較便宜的票價。
3. 可事先上網比價,部分航空公司會有不定期或時段的優惠票價。

濟州國際機場
제주국제공항

位於濟州島北部,簡稱濟州機場,分國內線和國際線,大廳區相連;面對濟州機場,右邊是國內線、左邊是國際線,機場內的中文標示清楚,面積不會太大,不用擔心迷路的困擾,國內線範圍比國際線較大,主要設施大都集中在國內線。1樓是到達和入境大廳,3樓是出發和出境大廳,兩者各有5個門,以GATE 3門為中間,GATE 1、2門為國內線,GATE 4、5門為國際線。

▲濟州國際機場外觀

DATA

http www.daegu.airport.co.kr/doc/jeju_chn/index.jsp

```
        GATE3
            GATE2
GATE4
                    GATE1
GATE5
        市內公車
        搭乘處        ● 600號機場巴士搭乘處
```

🚕 計程車搭乘處～往濟州市方向（短程）
🚕 計程車搭乘處～往西歸浦市方向（長程）

Ⓟ 停車場

到達(1樓)大廳

❶ 觀光案內所：GATE2門(國內線)和GATE4門(國際線)旁。
❷ 銀行、換錢：1樓大廳設有銀行，可提供換錢的服務。
❸ 租借服務：集中於GATE2、3門中間，有租車和租手機等服務。
❹ 計程車搭乘處：出機場大廳後過馬路到對面，往前走約20公尺處。
❺ 機場巴士搭乘處：GATE1門出來左前方，有往中文觀光區和西歸浦市的600號機場巴士，上車投現，找零時都是銅板，建議自備零錢。
❻ 市內公車搭乘處：GATE2門出來右前方，有公車可到濟州市區。

出發(3樓)大廳

❶ 報到或購票：上3樓後，門口對面即有一字排開的航空公司櫃檯。
❷ 商店或紀念品店大都集中於國內線部分。
❸ 國內線區較熱鬧，想安靜點的環境休息或上廁所，建議到國際線區。

｜客船｜

　　從韓國本土搭客船來往濟州島，建議從釜山或木浦的港口。木浦和濟州島間的航程約3～5小時，而釜山和濟州島間的則是航程約11個半小時的夜間船班，票價依照船艙或座位、房間大小不同而有所差異。

濟州港沿岸旅客碼頭
제주항연안여객터미널

　　位於濟州島的北部，是濟州島往來韓國本土的交通轉運點之一，營運航線以往返釜山、木浦和仁川等地為主；碼頭來往濟州市區，可搭92號公車，碼頭附近的公車站名為濟州港國際碼頭(제주항국제부두)，若搭計程車，車資約4,000～5,000W。

　　釜山和濟州島之間，每天各有一個班次的夜船往返，航程時間約11～11.5個小時，每天晚上19:00

～19:30左右從釜山和濟州島對開（週日休航），隔天清晨到達目的地，是類似國際客輪的大型客貨運輸船，有不同的臥鋪艙等可供選擇，並且穩定度較高，較不受風浪影響。

　　木浦和濟州島之間每天各有3個船班往返，航程時間約3～5小時，其中最快到達的是快船「핑크돌핀號」(粉紅海豚)，船程時間只需約3小時10分鐘，由於船身小、速度快，縮短了兩地之間的往返時間，但穩定度稍差。

濟州港沿岸旅客碼頭
(제주항연안여객터미널)

貼心小叮嚀

　　搭船和搭飛機的狀況不太相同，除了多加留意自身的安全和貴重物品的保管，依照個人的身體狀況，若容易暈船者，建議提早做準備；來往於木浦和濟州島的粉紅海豚號，因為船身小、穩定度稍差，風浪比較大時，會有搭雲霄飛車的感覺，如果較容易暈船者，敬請考量自身的狀況，或是及早做好止吐的準備。在船上的每個座位前都備有一大把嘔吐袋可供使用。

韓國國內航空公司網址

航空公司	網站	班次及價格比較說明
大韓航空(대한항공)	www.koreanair.com	**1.** 一般來說，每週二～四票價較便宜，週五～一較貴。
韓亞航空(아시아나항공)	flyasiana.com/index.htm	
釜山航空(부산항공)	www.airbusan.com	
t-way航空(티웨이항공)	www.twayair.com	**2.** 約早上九點之前和傍晚六點之後出發的班次較便宜。
濟州航空(제주항공)	www.jejuair.net	
JIN航空(진에어항공)	www.jinair.com	**3.** 部分航空公司的濟洲航線班次較少，建議多做比較。
Eastar航空(이스타항공)	www.eastarjet.com	

※以上資訊若有異動，依當地最新公布為準，前往時請務必再次確認。製表：Helena

濟州島

搭乘客船流程 (以從濟州沿岸旅客碼頭搭船離開為例)

Step 1
在韓國，購買國內線船票時不需要出示護照，以濟州港沿岸旅客碼頭為例，從大門進到大廳，右前方是售票處，08:30開始售票，左邊樓梯上2樓是往候船大廳，無行李託運，上船後自行找空位放行李，貴重物品、現金務必隨身保管。

Step 2
在韓國搭客船時，須在船票上填寫個人基本資料，請依照下圖的說明，將紅色框部分的資料填好。

Step 3
國內船班無安檢通關程序，只要在入口處出示填好資料的船票和護照即可，外國人請走GATE 3入口。

Step 4
進去後順著路線走即可，但部分碼頭上船處只標示船名的韓文，建議可詢問工作人員或附近的乘客，以便確認乘船處。

Step 1

護照號碼　　　　　電話號碼(不是韓國的也可以)

Step 2

名字(需與護照上相同)

Step 3

Step 4

木浦◀▶濟州島(客船)

船名	木浦出發	濟州島返回	航行時間	票價(₩)	休航日	備註
퀸메리(Queen Mary，瑪莉皇后)	09:00	16:50	約5小時半	26,500～274,500	週一休航	週日返回時間為16:30
카훼리레인보우 (Car Ferry Rainbow，汽車渡輪彩虹號)	14:30	隔日08:00	約5小時半	26,500～56,500	週日休航	
핑크돌핀(Pink Dolphin，粉紅海豚)	14:00	隔日09:30	約3小時10分	49,650	每月第四個週三休航	

製表：Helena

釜山◀▶濟州島(客船)

船名	釜山出發	濟州島返回	所需時間	票價(₩)	休航日	備註
코지아일랜드호 (Cozy Island號)	19:00	19:00	約11小時	43,000～170,000	週日	釜山出發日：每週二、四、六 濟州出發日：每週一、三、五
설봉호(雪峰號)	19:00	19:10	約11小時	43,000～170,000	週日	釜山出發日：每週一、三、五 濟州出發日：每週二、四、六

※以上資訊若有異動，依當地最新公布為準，前往時務必再次確認。

製表：Helena

島內交通

租借交通工具

　　濟州島上的景點大多偏僻、分散，沿路的中文標示尚不夠完備，如果具有冒險精神、或是旅遊時間夠長，建議做一趟單車或巴士之旅；但若只是短時間遊玩濟州島、並且2人以上同行，則建議採用租車或包計程車的方式遊覽較省時間，雖然費用稍微高一些，但是可以自己規劃想去的地方，在短時間內去到較多的景點。規劃行程時，建議把東西兩邊分開各1～2天，想去的景點盡量集中在同一天前往，可節省租車或包車的時間和費用。

搭乘公路巴士

　　濟州島上分為北部的濟州市和南部的西歸浦市，南北部各自有市外巴士站，從濟州機場外可搭100號市內公車前往濟州市外巴士站，車程約5分鐘，另可搭600號機場巴士前往西歸浦市外巴士站，車程時間約85分鐘。

　　濟州島上的環島公路，以漢拿山為中心，由北向南分為兩半，往右稱為「東循環一周道路」(동회일주도로)，往左稱為「西循環一周道路」(서회일주도로)，分別有巴士可達部分景點，在濟州島的兩個市外巴士站都可以搭乘。在濟州機場的觀光案內所可索取詳細的巴士路線表，建議中、韓文版各拿一張，以便有需要時，可以用對照的方式向當地人問路。但巴士途經的道路部分較為偏僻，建議結伴而行。

濟州市外巴士站
(제주시외버스터미널)

西歸浦市外巴士站
(서귀포시외버스터미널)

交通工具租借分析

種類	資格	價格(W)	洽詢	優缺點比較
汽車	備有國際駕照	依照CC數不同而定價，24小時約7～10萬(油資自理)	機場租車公司櫃檯	優點：1.可自行規劃想去的景點路線，無須受限巴士班次時間和路線。 2.全島道路方便汽車旅遊，且有單車專用道。 缺點：1.租汽車的費用較高。 2.12～2月酷寒，不利機車和單車旅行。 3.郊區道路多段全無照明，入夜駕駛危險。
機車	備有國際駕照	24小時約3～3.5萬	住宿點服務櫃檯	
腳踏車	無特殊要求	24小時約1萬		
包計程車	無特殊要求	4～5小時約8萬，8～9小時約15萬	機場租車公司櫃檯或住宿點服務櫃檯	優點：自主性高，規劃專屬行程，能節省交通時間。 缺點：費用高，適合2人以上一起分攤。
當地一天旅遊團	無特殊要求	一天行程約6～9萬	機場旅遊公司櫃檯或住宿點服務櫃檯	優點：節省體力和交通時間，餐點門票都有專人打點。 缺點：如果有不想去的景點，還是要跟著去。

※1.以上資訊若有異動，依當地最新公布為準，前往時請務必再次確認。
　2.國際駕照換發事宜，請洽臺灣各地監理單位。

製表：Helena

濟州島

市內交通

在濟州島搭市內公車，可使用首爾的T-money卡，一般公車單程車資投現1,000W，刷卡950W。若使用刷卡付費，30分鐘內換乘其他路線公車可享優惠。前門上車刷卡，下車時不用再刷卡(公車後門無刷卡機)。

濟州島機場巴士、濟洲市內公車

公車號碼	頭末班車	行車間距	票價(₩)	途經站名
200	06:15～21:36	約15～20分鐘一班	1,000	觀光大學→老衡十字路口→漢拿醫院→KBS→新濟州十字路口→市外巴士站→東門十字路口→龍潭十字路口→機場→新濟州十字路口→KBS→漢拿醫院→漢拿大學→觀光大學(循環路線)
100	06:25～22:10	約8～15分鐘一班	1,000	三陽→東門十字路口→中央路→光陽→市外巴士站→新濟州十字路口→新濟州十字路口→機場→市外巴士站→中央路→東門十字路口→三陽(循環路線)
500	06:25～22:10	約8～15分鐘一班	1,000	濟州大學→市政府→市民會館→中央路→龍潭十字路口→機場→漢拿醫院→老衡十字路口→漢拿大學(反向相同)
300	06:10～21:00	60分鐘一班	950	漢拿樹木園→漢拿大學→機場→龍潭十字路口→東門十字路口→市外巴士站→機場→漢拿大學→漢拿樹木園(循環路線)
600 機場巴士	機場出發：06:20～22:00　KAL飯店：06:10～21:40	每隔17分鐘一班	·機場→世界盃賽場 4,500(約85分鐘) ·機場→西歸浦市5,000 ·中文區→世界盃賽場 1,300(約15分鐘) ·中文區→西歸浦市 1,500(約20分鐘)	機場→如美地植物園→(中文觀光區各大飯店)→國際會議中心→世界盃賽場→西歸浦港→KAL飯店(反向相同)

說明：以上資訊若有異動，依當地最新公布為準，前往時請務必再次確認。　　　　製表：Helena

住宿

　　濟州島以觀光度假為主，住宿地方非常多，只要不是在7、8月旺季、特殊節慶前往或有特定要住宿的地點，幾乎都能預訂到合意的住宿位置，到了機場再請觀光公社的人員協助預定也都可以；但也因數量多，品質和價格較為懸殊，建議出發前可上網查詢並多加比較。住宿地區可依照行程的規劃做選擇，例如，如果要去的景點大多在南部的西歸浦市周邊或中文觀光區，建議直接住宿在該區；若要享受海洋風光，可以選擇海邊的民宿；若有意攀登漢拿山，建議選擇濟州市的住宿地點；但若隨身的行李較多，建議就近住在機場或碼頭附近為佳。

逛街購物

| 熱鬧區域 |

東門市場和夜市(동문시장과 야시장)、中央地下商街(중앙지하상가)

東門市場是濟州歷史悠久的傳統市場,在市場和夜市裡,除了可以品嘗各式新鮮海產,還有各式韓國傳統小吃。旁邊的中央地下商街則聚集了各類服飾和彩妝保養品等店家,此區域是濟州市區裡可逛街的好去處。

DATA

從濟州國際機場或濟州市區,搭100號公車,在中央十字路口(중앙로사거리)下車。

濟州市廳附近(제주시청 근처)

濟州市廳的周邊聚集有電影院、各式餐廳、服飾店和彩粧保養品店等,是濟州市區另一個較為熱鬧的區域。

DATA

從濟州市區搭公車,在濟州市廳(제주시청)下車。

| 大賣場 |

韓國的三大連鎖賣場,在濟州島上共有5家分店,除了一般韓國大賣場會有的產品,也有許多充滿濟州島風味的產品,是採買伴手禮的好去處。

LOTTE Mart(롯데마트)、Home plus(홈플러스)、E-MART(이마트)營業資訊

店別	分店	賣場營業時間	退稅及退稅時間	寄回臺灣	生鮮商品	地址	電話
E	濟州店(제주점)	10:00～23:00(元旦、中秋公休)	○ 10:00～22:40	×	B1	濟州市區,靠海堤,東方飯店斜對面 ⊠제주 제주시 삼도2동 1259번지	(064)729-1234
	新濟州店(신제주점)		○ 10:00～22:40	×	B1	濟州市新羅免稅店附近 ⊠제주 제주시 노형동 919번지	(064)798-1234
	西歸浦店(서귀포점)		○ 10:00～22:40	×	1F	靠近世界盃體育場,西歸浦市外巴士旁 ⊠제주 서귀포시 법환동 841-2	(064)797-1234
L	濟州店(제주점)	10:00～23:00	○ 10:00～22:40	×	1F	濟州市新羅免稅店附近 ⊠제주도 제주시 노형동 708	(064)798-2500
H	西歸浦店(서귀포점)	10:00～23:00	○ 10:00～22:40	×	2F	西歸浦市區 ⊠제주특별자치도 서귀포시 동홍동 1560-1	(064)731-8114

※店家的營業內容,依當日實際情況為準。製表:Helena

DATA

➡ 1.E-MART濟州店:往機場反方向的公車站牌搭100號公車,若從機場出發,車程時間約18分鐘,在中央路十字路口(중앙로사거리)站下車,下車後沿車行方向走約3分鐘會到十字路口,經過中央地下商街、過馬路到斜對面後繼續直走,約6分鐘到下一個大馬路口(快到海邊),過馬路到對面會有一間觀光案內所,左轉再走約5分鐘即可到達(請參考本頁簡圖)。

2.E-MART西歸浦店:從中文觀光區搭600號機場巴士過去,車程時間約15分鐘,跟司機說要到E-MART即可,

對面有站牌可搭回程的600號巴士。

3.E-MART新濟州店:從濟州市區往機場的方向搭100號公車,若從濟州市廳附近出發,車程時間約15分鐘,在韓華公寓「한화아파트」站下車,建議可以和司機說要到E-MART,下車後往前走到路口右轉,再直走約6分鐘,經過LOTTE Mart後,再步行約5分鐘可到。回程時在去程下車處對面搭即可。

4.LOTTE Mart濟州店,請參考E-MART新濟州店的交通方式。

❶ E-MART濟州店　❷ E-MART西歸浦店

❸ E-MART新濟州店　❹ LOTTE Mart濟州店

餐廳&飲食

濟州島最富盛名的料理就是新鮮海產和烤黑豬肉，黑毛豬是濟州島的特產，肉質鮮甜美味，吃了以後，常會有一種以後若吃不到該怎麼辦的不捨感覺，強力、大力的推薦！

鄉土亭 흙토정
(土產黑豬肉專門店)

位於濟州市韓國醫院旁的小巷子裡，店面不大、擺設樸素，但老闆和老闆娘待客親切，店內提供的烤肉食材也都新鮮美味，推薦前往飽餐一頓。

DATA

- 📧 濟州市韓國醫院附近
- 📞 (064)756-5910
  手機：018-695-5910、010-9546-5739
- 💲 4,500～12,000W左右
- ➡ 從濟州市區搭100號公車到韓國醫院(한국병원)站下車，面對韓國醫院右邊路口的巷子走進去，靠右側即可到達。

鄉土亭土產黑豬肉專門店菜單

品名	份量
濟州產烤黑豬肉 (제주산 흑 돼지 생구이)	200克
濟州產黑毛豬脖子肉 (제주산 흑 돼지 목살)	200克
濟州產黑毛豬特殊部位(里脊等) (제주산 흑 돼지 특수부위 : 항정살,가브리살,갈매기살)	200克(1人份)
調味豬排(돼지양념갈비)	300克(1人份)
烤豬排(돼지생갈비)	400克(1人份)
濟州產烤鴨肉(제주산 오리 불고기)	200克(1人份)
大骨醒酒湯(뼈다귀 해장국)	1份
血腸湯飯(순대 국밥)	1份
大醬火鍋(된장 찌개)	1份
泡菜火鍋(김치찌개)	1份
血腸定食(순대한접시)	1份
水冷麵(不辣)(냉면)	1份
生魚片辣冷麵(회냉면)	1份
燒酒／啤酒(소주/맥주)	1瓶
覆盆子(복분자)	1瓶
百歲酒(백세주)	1瓶

※店家的營業內容，依當日實際情況為準。製表：Helena

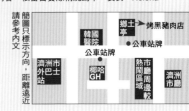

請參考內文

簡圖只標示方向，距離遠近

韓國醫院　鄉土亭→烤黑豬肉店
公車站牌
公車站牌
濟洲市外巴士站　椰哈GH　市廳周邊區域　熱鬧區域比較　濟洲市廳

必遊景點

中文觀光區 중문관광단지

命名為「中文觀光區」並非都是說中文的緣故，而是沿用當地「中文洞」的地名。中文觀光區內除了有韓劇《宮。野蠻王妃》(궁，MBC電視臺於2006年播映)的拍攝地泰迪熊博物館，園區內聚集了許多星級觀光大飯店，周邊有高爾夫球場、海水浴場和世界盃場館，是濟州島的觀光區域裡交通較為方便的一區，建議此區可以自行前往，若有需要，可在當地再換搭計程車即可。

DATA

- ➡ **Step1**：濟洲機場Gate1門左前方搭600號機場巴士，約50分鐘在如美地植物園(여미지식물원)站下車，即是中文觀光區的入口，回程站牌在去程下車處的斜對面。
  Step2：如美地植物園站下車後，前方叉路口往左走，步行約2分鐘，可到如美地植物園和天帝淵瀑布。往車行方向步行約2分鐘，左斜對面就是泰迪熊博物館，左邊後排是韓國觀光公社濟州支社和巧克力博物館。

泰迪熊博物館
테디베어뮤지엄

位於濟州島中文觀光區裡的泰迪熊博物館，是韓國最大的泰迪熊博物館，以泰迪熊為主角，介紹歷史文化、自然生態等場景。由於該地是韓劇《宮。野蠻王妃》的拍攝場景之一，因此有以電視劇為主的展覽區，此外還有戶外展示區和販售各式泰迪熊的紀念品。

DATA

- http www.teddybearmuseum.co.kr
- ⏰ 09:00～20:00，全年無休
- 💲 大人7,000W，中學生6,000W，小孩5,000W
- ➡ 請參考中文觀光區「如何前往Step2」。

貼心小叮嚀

1. 如美地植物園對面的韓國餐廳也有賣烤黑豬肉，200克一人份的價格為12,000W，但一次要點兩人份以上。另有其他的韓式餐點，有會說中文的服務人員。
2. 中文觀光區裡的站牌都可以等600號機場巴士，但要注意公車車前放置的牌子顏色，黃底是往西歸浦(서귀포)方向，白底是往機場(공항)方向，建議上車前再跟司機確認一下。

漢拿山 한라산

漢拿山海拔1,950公尺，是韓國境內第一高峰，東西走向橫跨濟州島中央，以溫帶到寒帶的多種垂直植物分布著名，隨著登山腳步向上行，可以看到豐富植物種類的變化，主峰頂上有著名的白鹿潭火山湖，兼具景觀欣賞及地質研究的雙項功能，1996年被韓國政府指定為第182號天然紀念物，1970年被指定為國家公園。

攀登漢拿山有御里牧、靈室(瀛室)、觀音寺和城板岳四條登山路線，前兩條路線可攀登上威勢岳，路程短、但仍有難度。裝備齊全的登山愛好者若一早出發，約中午左右就可下山；後兩條路線是前往主峰上的白鹿潭，

▲漢拿山的登頂地標

雖然觀音寺路線比城板岳少約1公里，但路線比較陡峭難走，一般遊客只建議走城板岳路線會比較妥當，腳程快者約6～8小時，慢者約需8～10小時，但若想登頂，請務必考量腳程快慢和身體狀況。

▲漢拿山攻頂前的登山路

漢拿山入山時間限制(逾時不得入山) 製表：Helena

路線名稱	月分		
	11～2月	3、4、9、10月	5～8月
御里牧	12:00	14:00	15:00
靈室	12:00	14:00	15:00
觀音寺	09:00	09:30	10:00
城板岳	09:00	09:30	10:00

※以上資訊若有異動，依當地最新公布為準，前往時請務必再次確認。

DATA

🅒 為了顧及登山者的
安全,管理單位會
控制入山及攻頂的
時間,並禁止夜間
登山,從日落到日
出前的2個小時限
制入山。入山時間
及每日登頂時間限
制會公布在公布欄
上,從入口處開
始,每隔一段路就
會有一個公布欄,
上面有2個時間,第
一個是登頂的最後
時間,必須在公布
的時間之內走到距
離城板岳入口處約
7.3公里的避難所,
第二個時間是最後
下山時間,也就是

▲登山時間公布欄,下半部的黃色牌子是說明「從這裡(避難所再往上的路段)開始沒有廁所」。

▲距離城板岳入口處約7.3公里的避難所

須在此時間之前,從白鹿潭開始下山。實際時間以當天現場公布為準,建議住宿地點的服務人員事先協助確認。

➡ 在濟州市外巴士站搭5.16道路巴士,車程約35分鐘,在城板岳(성판악)站下車,下車之後穿過停車場往裡面走,就是城板岳路線的入口。

作者體驗

會來攀登漢拿山,不是因為身體勇健,也不是想要征服韓國最高峰,而是因為韓劇《我叫金三順》(내 이름은 김삼순,MBC電視臺於2005年播映)的緣故,這可是當年紅極一時的人氣韓劇。

女主角為了要重新展開新的人生,跑到漢拿山頂上,大聲宣告和男主角戀情結束,而男主角突然出現挽回了感情。登漢拿山頂可是要一步一腳印的爬上去,整個劇組及演員也都是自己爬上去的,我準備了和女主角一樣的雨衣,爬到了山頂的白鹿潭,雖然當天是個大晴天,沒能模仿韓劇的情景,但看到了美到會讓人大聲叫出「哇」的絕佳景色,即使跌倒受傷、腳痛到快要不良於行,還是覺得不虛此行!

登山建議

1. 登山過程中,務必衡量自身的狀況,若有身體不適或體力不足,千萬不要硬撐上山,中途若發現身體不舒服時,請立即向附近的人求助,以確保安全。

2. 請穿著合適的登山鞋襪,千萬不要耍帥或裝可愛,穿皮鞋或娃娃鞋登山;另請穿著超過腳踝、襪頭鬆緊適中的襪子,避免襪子滑溜到腳底,無法達到保護足部的功能。

3. 建議穿著長褲、長袖及攜帶薄外套,除有保暖功用之外,還有不被樹枝、石頭磨擦的功用,如遇跌倒受傷時,還有保護傷口的效果。

4. 建議攜帶搬貨用的麻質手套和登山杖,前者為在臺灣五金雜貨店都有在賣的手套,便宜又耐磨,可防止登山跌倒時手部受到擦傷,至於登山杖,建議向住宿地點租借。

5. 漢拿山上沒有設置垃圾筒,請發揮保護自然環境的公德心,將垃圾帶下山。

6. 從城板岳入山口入山之後,一直要到4.1公里處的休息亭對面才有廁所,請在入山口附近的公廁先上廁所。

7. 距離入口7.3公里處的避難所才有簡易販賣部,但品項不多,而且部分價格稍貴,建議自備零食、飲用水或簡易餐點隨身備用。在販賣部購買泡麵會附送一個袋子,方便遊客將吃完的泡麵碗攜帶下山再丟棄。

8. 有些路段石頭的高低差較大,大小也參差不齊,沒有石階可走,請隨時小心路況,保護自身安全。

| 城山日出峰 성산일출봉 |

位於濟州島的東部海邊,是一個直徑約600公尺、海底火山爆發的火山口,因可觀賞美麗的日出而聞名。沿著步道爬上最高處,來回約需1小時,可欣賞濟州島的東海岸風光和濟州市區景色,山腳海邊還可以看到正在工作的海女,以及買到剛捕撈上來的新鮮海產。

DATA

🅒 全年無休,24小時開放,20:00～04:00免收門票

💲 大人2,000₩,青少年1,000₩,小孩1,000₩

➡ 在濟州市外巴士站或西歸浦市外巴士站搭東循環一周公路巴士,約60～90分鐘可達。

全羅北道전라북도

全州市
Jeonju

전주시

朝鮮半島大面積的平地多集中在西南邊的全羅道，所以全羅道地區自古就有「魚米之鄉」稱號；而位於全羅北道的全州市，是朝鮮國王的故鄉，因此全州的美食自然以故鄉佳餚的名義成為進貢的飲食，全州拌飯與平壤冷麵、開城湯飯並列為朝鮮的三大飲食。

第一次到全州時，問了當地人「哪裡有最好吃的拌飯呢」，他回答：「全部都好吃！隨便哪一家都好吃！」我心裡想：「哇！好狂妄的口氣！」但當我要離開全州的時候，想法完全改觀，「魚米之鄉」的稱號，果非浪得虛名！

束草
首爾
江陵
水原
安城
清州
安東
大邱
慶州
全州
金海
晉州
釜山
木浦

濟州島

全州遊逛戰略

全州韓屋村地圖

寒碧堂
寒碧橋

往甄萱王宮宅→
致命者山聖地
自然生態博物館

梨木臺
全州鄉校
芙蓉軒
傳統文化中心
觀光案內所

全州韓屋村觀光案內所
梧木臺
東軒
鄉校文化空間

往南固山城→
全州川

往甄萱王宮宅
酒道家路

清唱文化館
工藝名人館
傳統酒博物館
承光齋
傳統韓紙院
名品館
說禮院

Core Riviera飯店

鄉校路

工藝村館
工房村館
同樂園
豐南軒
三樂軒
韓醫藥文化中心
太祖路

工藝品
展覽館
銀杏路

韓屋生活體驗館
崔明姬文學館
扇子文化館
東學革命紀念館
銀杏路
學忍堂
笑談園
剛庵書法館

忠慶路

甲起園
嗡嗡屋
藝術中心
校洞藝術中心

往火車站、巴士站、韓紙博物館、德津公園、全北大學
Home plus
全州市廳

慶基殿路

全州GH
御真路
大祖御真展覽館
慶基殿展覽館
慶基殿
慶基殿觀光案內所
觀光案內所

慶基殿路
全州川東路

八達路
三溫暖
殿洞聖堂

往國立全州博物館、全州歷史博物館

客舍
中央會館
家族會館
飯野石鍋飯

木板畫書體驗館
韓藥房

南部市場正門入口
八達路

豐南門
全州川

全州

行程路線規劃

A 三天兩夜行程
以住宿在韓屋村周邊為規劃考量。抵達第一天先逛車站周邊景點，第二、三天採取半天一個主要大景點的策略，可悠閒而詳細的走完全州。

第一天(半天)

韓屋村 `下午` → 🚌 15分鐘 → 德津公園 全北大學 `停留約2小時` → 🚌 15分鐘 → 晚餐 `韓屋村周邊` → 🚶 → 回住宿點休息

第二天(整天)

韓屋村 `09:00` → 🚌 17分鐘 → 國立全州 博物館 `停留約3小時` → 🚌 17分鐘 → 午餐 `韓屋村周邊` → 🚌 30分鐘 → 韓紙博物館 `停留約2小時` → 🚌 30分鐘 → 晚餐 `韓屋村周邊`

🚶 → 回住宿點休息

第三天(半天)

韓屋村 `09:00` → 🚶 → 韓屋村 周邊景點 → 🚶 → 午餐 `韓屋村周邊` → 🚌 10分鐘 → 回巴士站 離開全州

B 兩天一夜行程
同樣以住宿在韓屋村周邊為規劃考量，不過因為停留時間較短，建議除了韓屋村周邊的景點，也可考慮到韓紙博物館參觀，裡頭有免費韓紙製作體驗！

第一天(半天)

韓屋村 `中午` → 🚶 → 午餐 `韓屋村周邊` → 🚕 30分鐘 → 韓紙博物館 `停留約2小時` → 🚌 30分鐘 → 晚餐 `韓屋村周邊` → 🚶 → 回住宿點休息

第二天

韓屋村 `09:00` → 🚶 → 韓屋村 周邊景點 → 🚶 → 午餐 `韓屋村周邊` → 🚌 10分鐘 → 回巴士站 離開全州

C 一天行程

只有一天時間？無論如何也要安排**2**餐時間好好享受全州美食。若剛好是秋季時節，也可先到周邊的內藏山賞楓，當天到全州住一晚，隔日遊逛全州後繼續前往下一個城市。

韓屋村	→	午餐	🚶	韓屋村周邊景點	🚶	晚餐	→	離開全州
中午		韓屋村周邊				韓屋村周邊		

• 觀光資訊看這裡 •

全州官方網站

www.jeonju.go.kr

全州觀光案內所 (관광안내소)

全州韓屋村觀光案內所
☎ (063)282-1330
➡ 全州韓屋村內

慶基殿觀光案內所
☎ (063)281-2891
➡ 慶基殿前

高速巴士站觀光案內所
☎ (063)281-2739
➡ 高速巴士站後門

全州火車站觀光案內所
☎ (063)281-2024
➡ 全州火車站內

以上服務時間：09:00～18:00

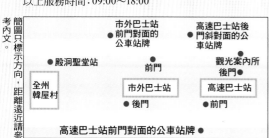

簡圖只標示方向，距離遠近請參考內文。

```
        市外巴士站        高速巴士站後
        前門對面的        ●門斜對面的公
        公車站牌          車站牌
 ●殿洞聖堂站      ●前門       ●觀光案內所
                              後門
┌──────┐  ┌──────┐  ┌──────┐
│全州    │  │市外巴士站│  │高速巴士站│
│韓屋村  │  └──────┘  └──────┘
└──────┘    ●後門       ●前門
   高速巴士站前門對面的公車站牌 ●
```

全州高速巴士站
(전주 고속버스터미널)

如何前往全州

|巴士|

　　全州有高速巴士站和市外巴士站，兩站的位置相近(請見左下簡圖)，步行約3～5分鐘可至。從首爾或釜山前往全州，若不考慮票價高低，建議選擇離你在首爾、釜山的住宿地點較近的巴士站出發即可。

|火車|

　　全州火車站為一般火車和高鐵KTX(全羅線於2011年10月5日通車，行經全州站)的共用站，但因各地前往全州的鐵路班次較少或需換車，因此較建議搭巴士前往全州。

全州市外巴士站
(전주 시외버스터미널)

全州

首爾▶▶全州(巴士、火車)

交通工具	高速巴士		市外巴士	火車無窮花號	火車新村號
出發站名	高速巴士站(P.36)	東首爾巴士站(P.37)	南部巴士站(P.37)	龍山火車站(P.39)	龍山火車站(P.39)
路線別	湖南線	首爾→全州	首爾→全州	首爾→全州	首爾→全州
到達全州	高速巴士站	高速巴士站	市外巴士站	全州火車站	全州火車站
頭末班車	05:30～22:00 (深夜22:00～24:00)	06:00～20:00 (深夜22:05)	06:00～21:30	06:35～22:45	08:35、18:15
班車間距	5～10分(深夜20分鐘一班)	30分	一天31班	一天9班	一天2班
車資(₩) (成人票價)	一般 12,200 優等 17,900 深夜 19,600	一般 13,000 優等 19,900 深夜 21,800	11,100	一般 16,300 自由 13,000	特席 27,800 一般 24,200 自由 23,000
行車時間	約2小時45分	約2小時50分	約2小時40分	約3小時半	約3小時20分

※以上資訊若有異動，依當地最新公布為準，前往時請務必再次確認。　　　　　　　　　　　製表：Helena
※首爾的龍山火車站(P.39)每天另有5班高鐵KTX來往全州。

釜山、木浦、慶州、清州▶▶全州(巴士)

出發地點	釜山		木浦		慶州	清州
交通工具	高速巴士	市外巴士	市外巴士		市外巴士	市外巴士
出發站名	釜山綜合巴士站(老圃洞)(P.151)	釜山西部市外巴士站(沙上)(P.151)	木浦綜合巴士站(P.200)		慶州市外巴士站(P.132)	清州市外巴士站(P.102)
路線別	釜山→全州	釜山→全州	木浦→全州		慶州→全州	清州→全州
到達全州	高速巴士站	市外巴士站	市外巴士站		市外巴士站	市外巴士站
頭末班車	06:40～19:00 (深夜22:20)	07:00～19:00 (深夜22:30)	07:20～16:30	07:20～18:20 (直達)	10:10～18:10	07:20～19:30
班車間距	一天13班	一天10班	60分鐘一班	一天8班	一天4班	一天21班
車資(₩) (成人票價)	一般 15,400 優等 22,700 深夜 24,900	19,500 深夜 21,500	11,400	11,400	18,000	9,200
行車時間	約3小時20分	約3小時20分	約3小時半	約2小時半	約4小時	約2小時30分

※以上資訊若有異動，依當地最新公布為準，前往時請務必再次確認。　　　　　　　　　　　製表：Helena

慶州、安東經西大邱(서대구)▶▶全州(巴士)

　　　　　　　　　　　　　　　　　　　　　　　　　　　　　　　　　　　　　製表：Helena

出發地點	慶州	安東	西大邱	
交通工具	市外巴士	市外巴士	市外巴士	
出發站名	慶州市外巴士站(P.132)	安東巴士站(P.116)	大邱西部巴士站	
路線別	慶州→西大邱	安東→西大邱	西大邱→全州	
到達	大邱西部巴士站		全州市外巴士站	
頭末班車	06:30～22:30	10:05、15:15、21:00	07:00～19:40 (直達)	07:24～17:58
班車間距	一天20班	一天3班	一天11班	一天9班
車資(₩) (成人票價)	5,200	6,900	12,200	12,200
行車時間	約1小時20分	約1小時30分	約2小時40分	約4小時

※**1.** 以上資訊若有異動，依當地最新公布為準，前往時請務必再次確認。
　2. 大邱的市內交通
　因安東到西大邱的巴士班次較少，如果錯過時間，也可先到東大邱或北大邱，再換車到西大邱，之後轉往全州：
　❶到東大邱高速巴士站(동대구고속버스터미널)後，再轉搭旁邊的地鐵(지하철)；從地鐵「135東大邱(동대구)」站，搭到地鐵「123聖堂못(성당못)」站，車程約30分鐘，票價1,100W(不可使用首爾的T-money卡)，從3號出口出來即是大邱西部巴士站。
　❷到大邱北部市外巴士站(대구북부시외버스공용정류장)後，轉搭計程車前往大邱西部巴士站(대구서부정류장)，車程時間約15分鐘，車資約6,000W(大邱北部市外巴士站附近為工業區，建議晚上勿前往)。
　❸東大邱高速巴士站另有直達全州的班車，但班次略少(約每1～1.5小時一班)、票價較高(17,300W)，行車時間約3小時半。

全州火車站(전주역)

市內交通

在全州市區搭公車,可使用首爾的T-money卡,一般公車單程車資投現1,000₩,刷卡950₩。若要使用T-money卡,建議在首爾或釜山儲值多一點金額較妥當。

如何從車站往返韓屋村

高速巴士站:在後門斜對面公車站牌搭5-1號公車,約10分鐘在殿洞聖堂(전동성당)站下車,步行到路口,斜對面即是全州韓屋村。回程時,從韓屋村搭79號公車,在高速巴士站的前門下車。

市外巴士站:在前門斜對面公車站牌搭5-1號公車可到韓屋村,步行方式同上面高速巴士站。回程時,從韓屋村搭79號公車,在巴士站前門下車。

全州火車站:出火車站後,面對廣場右前方的公車站牌,搭79號公車,約20分鐘可到韓屋村,步行方式同上面高速巴士站。回程時,從韓屋村搭乘79號公車前往即可。

全州韓屋村周邊公車站位置圖

簡圖只標示方向,距離遠近
請參考內文

```
                          客舍      往巴士站
                           ↑
公車站Ⓐ                   Ⓑ  Ⓐ      慶基殿
往巴士站/火車站/韓紙博物館/    豐南門
德津公園/全北大學                      ●殿洞聖堂
公車站Ⓑ                    ↓
往國立全州博物館           南部   往國立全    全州
全州歷史博物館             市場   州博物館   韓屋村
```

貼心小叮嚀

全州市區的79號公車,是先從高速巴士站的前門行駛到後門,之後轉往全州火車站,再開往韓屋村,所以請不要在高速巴士站的後門搭79號公車往韓屋村。

住宿

全州的住宿區以巴士站周邊和韓屋村為主,如果要住一般旅館,建議到當地後再找住宿即可;但若想住韓屋、且有特定想要住的地點,則建議事先預訂;如果想住韓屋但沒有事先預訂、或沒有特定想要住的地方,建議可到慶基殿或是韓屋村的觀光案內所詢問住宿資訊。

全州

全州住宿資訊

住宿區域	巴士站	韓屋村
類型	一般旅館	古式韓屋、民宿
價格(W) /2人一室	約3～4萬	約4～5萬
假日加價	不一定，約5千～1萬	不一定，約5千～1萬
刷卡	大多可以	不一定
基本設備	基本盥洗用品、電視、飲水機、小冰箱	不一定，大多是公用
特別設備或服務	房間內有網路或提供免費飲料	韓式傳統炕房地鋪
是否需要預定	不需要，特殊節慶除外	若有特定想住的地點，建議先預訂
特殊備註	有些業者並非每日提供打掃服務	周邊環境較為熱鬧
建議選擇	行李較多、或不想住韓屋	想要體驗韓屋、或以韓屋村周邊為主要活動範圍

※店家的營業內容，依當日實際情況為準。　　　　　　　　　　　　　製表：Helena

逛街購物

漫步街、電影街

　　位於全州客舍旁的漫步街和電影街，是全州市區較熱鬧的區域之一，有電影院、彩妝保養品店、速食店和各式餐廳、小吃攤販，是年輕人聚集地，而電影街也是每年舉辦全州國際電影節的活動場地之一。

DATA
🕐 此區域約中午過後到晚上10點之間較為熱鬧
➡ 請見P.191客舍的前往方式。

全北大學大門前鬧區

　　全北大學大門前的區域，聚集各式的餐廳商家，是全州市區內較熱鬧的區域之一，也有不少全州市內的公車在此匯集。

DATA
🕐 午餐到晚餐之間的時間較為熱鬧。
➡ 請見P.193德津公園和全北大學的前往方式。

大賣場連鎖店

　　全州的大賣場分店離主要景點韓屋村都較遠、或沒有直達公車，離韓屋村最近的是位於全州市廳(전주시청)附近的Home plus全州完山店❶，從韓屋村步行前往約需20～30分鐘；全州火車站對面廣場直走約10分鐘有Home plus全州店。

❶ Home plus 全州完山店

Home plus(홈플러스)營業資訊

店別	分店	賣場營業時間	退稅	直接寄回臺灣服務	生鮮商品	位置	電話
H	全州完山店 (전주완산점)	09:00～24:00	×	×	B1	近全州市廳 ✉전북 전주시 완산구 중노송2동 495-6번지 32필지	(063)263-2080
H	全州店 (전주점)	10:00～24:00	×	×	B1	近全州火車站 ✉전라북도 전주시 우아3가 733-1	(063)249-8000

※店家的營業內容，依當日實際情況為準。　　　　　　　　　　　　　製表：Helena

在韓國的餐廳裡，
小菜若吃不夠，都
是可以再續的，但
還請酌量取用喔！

餐廳&飲食

來到全州，絕對不能錯過的就是吃美食，尤其是頗富盛名的全州拌飯和黃豆芽湯飯，更是必吃的經典好料。拌飯有石鍋拌飯和黃銅碗拌飯兩種，將飯菜攪拌均勻後大口吃下，會有滿滿的幸福感！除了齒頰留香，道地的全州拌飯更有滿桌子豪華豐盛的小菜，在視覺上也大大享受！此外，全州另一有名的黃豆芽湯飯，滿滿的黃豆芽伴著清爽美味的湯底，尤其是冬天，吃上一碗熱呼呼的黃豆芽湯飯，頓時有種卜派吃了菠菜、活力十足的感覺！

| 中央會館 중앙회관 |

中央會館是一家無窮花模範店(韓國評價餐廳的用法)餐廳，除了小菜豐富、份量豪華，最大特色是一次能端上兩個鍋，一個是鐵鍋，另一個是黃銅碗，先將鐵鍋裡的飯盛到黃銅碗裡攪拌❶，底層留一點飯，桌上會有裝著熱水的小鐵壺，把熱水倒入鐵鍋裡，趁著吃拌飯的同時，鐵鍋裡就會變成鍋巴湯❷！附有免費咖啡。

韓定食(한정식)套餐

全州拌飯的餐廳，部分另有提供韓定食套餐，菜色內容更豐富豪華，但大多需事先預約，或至少要4人以上才可以點餐。

▲一人份的黃銅碗拌飯就一大桌！

菜單(部分)

餐名	韓文
生牛肉拌飯(韓牛)	육회비빔밥(한우)
生牛肉拌飯	육회비빔밥
黃銅碗拌飯	비빔밥
拌生牛肉	육회
海鮮煎餅	해물파전
海鮮豆腐鍋	해물 순두부찌개
肉湯豆腐鍋	고기 순두부찌개

※店家的營業內容，依當日實際情況為準。

DATA

✉ 전주시 완산구 중앙동 3가78-1
☎ (063)285-4288，285-8288
🕐 10:30～22:00
💲 7,000～30,000W左右
➡ 請見P.191客舍的前往方式，從客舍對面的巷子進去，靠右側步行1分鐘以內的巷子右轉，靠左側即可看到。

貼心小叮嚀

黃銅碗的菜上面有放辣椒醬，若實在無法吃辣，攪拌前先酌量挑出。

| 甲起園 갑기원 |

　　位於全州韓屋村內、慶基殿的附近，除了有全州拌飯必備的豪華小菜，這家店很貼心的是，辣椒醬會另外放在小碟子裡，由客人自行酌量添加，對於不吃辣的人來說，可省去將辣椒醬挑出的不便，也不會有辣到吃不下去的困擾。附有免費咖啡。

▲一人份的生牛肉拌飯。

菜單(部分)

中文	韓文
生牛肉拌飯(韓牛)	육회비빔밥(한우)
黃銅碗拌飯	비빔밥
拌生牛肉(韓牛)	육회(한우)

※店家的營業內容，依當日實際情況為準。

DATA

- http www.gobkiwon.com
- ✉ 전주시 완산구 풍남동 3가 89-3번지
- ☎ (063)288-0039，288-0086
- ⏰ 10:00～21:00
- 💲 10,000～30,000W左右
- ➡ 全州韓屋村內，面對慶基殿右邊巷子直走約3～4分鐘的路口，靠右側即可看到。

| 嗡嗡屋 왱이집 |

　　嗡嗡屋是一家無窮花模範店(韓國評價餐廳的用法)餐廳，進到店裡不用點菜，因為這裡只賣一樣餐點——黃豆芽湯飯(콩나물국밥)❶。價格5,000W，有豐富的黃豆芽，湯頭清爽好喝，附贈半熟蛋和一包紫菜❷。半熟蛋的吃法是，先撕一些紫菜放進去、再舀一些湯攪拌一下❸，接著喝下去！不論何時來碗這豐富的湯飯，都有精神奕奕的幸福感覺。

DATA

- ✉ 전주시 완산구 경원동 2가 13번지
- ☎ (063)287-6979，231-1783
- ⏰ 24小時營業
- ➡ 全州韓屋村內，面對慶基殿右邊的巷子直走，約5分鐘的巷口左轉❹，再步行約1分鐘，靠右側即可看到。

貼心小叮嚀

　　黃豆芽下和飯的中間會有一層辣椒粉，若不敢吃辣，請在辣椒粉散開前先挑出。

| 家族會館 가족회관 |

店老闆為了堅持品質，除了飲料，若無預約直接前往用餐，就只有黃銅碗拌飯(비빔밥)和蒸蛋(계란찜)兩樣餐點(前者10,000W、後者3,000W)，雖然販賣的品項簡單，但一樣常常高朋滿座。附有免費咖啡。店內的韓牛生生肉拌飯(육회비빔밥)需事先預約，價格15,000W。

▲一人份的黃銅碗拌飯，陣仗很壯觀！

DATA

- http www.jeonjubibimbap.com
- ✉ 전주시 완산구 중앙동 3가80번지
- ☎ (063)284-0982，284-2884
- 🕐 11:20～21:00，20:30前可點餐
- ➡ 請見P.191客舍的前往方式，從客舍對面的巷子進去，靠右側步行約1分鐘，郵局❶斜對面的轉角處2樓❷。

貼心小叮嚀

黃銅碗的菜上放有辣椒醬，若實在無法吃辣，攪拌之前請先酌量挑出。

▲一人份的牛肉石鍋拌飯

| 飯野石鍋拌飯 반야 돌솥밥 |

這家店走清爽的野味路線，除了泡菜，還有生菜可以拌在飯裡一起吃，石鍋飯裡沒有辣椒，建議添加店家特製的醬料一起攪拌。記得將鍋底的鍋巴給刮下來吃掉，這可是石鍋拌飯的精華！附有免費咖啡。

菜單(部分)

中文	韓文
松茸石鍋拌飯	송이 돌솥밥
人蔘石鍋拌飯	인삼 돌솥밥
牛肉石鍋拌飯	소고기 돌솥밥
飯野石鍋拌飯(基本款)	반야 돌솥밥
綠豆煎餅	녹두전

※店家的營業內容，依當日實際情況為準。

DATA

- http www.bydfood.co.kr
- ✉ 전주시 완산구 중앙동 4가80-2번지
- ☎ (063)287-1948
- 🕐 11:00～21:00
- 💲 8,000～10,000W左右
- ➡ 豐南門的「湖南第一城」❶牌匾對面的巷子進去，靠左側直走約2分鐘的巷子左轉❷，再走約3分鐘。

必遊景點

全州韓屋村 전주한옥마을

　　韓國規模最大的傳統韓屋村，除了聚集眾多的韓式古宅，還有傳統工藝展覽館、傳統文化中心和傳統酒博物館等，是體驗韓國傳統文化的好去處。不可錯過的景點包括供俸朝鮮國王御真(王的畫像)的慶基殿、太祖李成桂打勝仗時設宴的梧木臺、全州鄉校和全州八景之一的寒碧堂，其中梧木臺可脫鞋子上去，從高處一覽韓屋村景色。

DATA

➡ 1. 從巴士站或火車站搭公車到殿洞聖堂(전동성당)站下車，直走到路口，左轉是豐南門(풍남문) ❶ 右轉過馬路到對面，右邊是殿洞聖堂 ❷，左邊是一間韓藥房 ❸，從此處開始，就是韓屋村的範圍。

2. 沿著中間的太祖路(태조로)直走到底 ❹，右邊高處的是梧木臺 ❺，走到大路口之後，往右轉直走約20～30分鐘到寒碧橋頭、穿過對面的涵洞後 ❻，往後方叉路走上去，就可看到寒碧堂 ❼，從寒碧堂下來後，右轉穿過橋底就可彎回韓屋村，或是從寒碧橋頭涵洞斜對面的下坡路口 ❽，右轉可以直接回韓屋村區。

3. 回韓屋村之後步行約5分鐘，往右邊巷口穿過紅箭門 ❾ 走到底，就是全州鄉校，從鄉校出來之後，右轉再直走即可繞韓屋村一圈，或是走中間的小巷弄，也可以走回殿洞聖堂所在的太祖路上。

全州韓屋村(전주한옥마을)
|豐南門 풍남문|

全州古城的南門，是四大門中唯一被保留下來的，建於朝鮮中期，壬辰倭亂(西元1592~1598年)時被損毀，現存建築是1978年重新修建的。

全州韓屋村(전주한옥마을)
|慶基殿 경기전|

是供奉朝鮮太祖李成桂「御真」(王的畫像)的地方，建於太宗10年(西元1410年)，在2010年11月6日之前，朝鮮太祖和其他君王的御真被供俸在正殿，在太祖御真供俸於全州的600周年當天，新建的御真展覽館正式開館，將各君王的御真遷移到新館1樓供俸，地下室則展出朝鮮時期的相關文物資料，並且介紹朝鮮各王陵的樣式和位置，慶基殿也是韓劇《龍之淚》(용의눈물)，(KBS電視臺於1997年播映)、《宮野蠻王妃》(궁)，(MBC電視臺於2006年播映)的拍攝場景之一。

▲新建的御真展覽館

DATA
🕐 夏季09:00~18:00；冬季09:00~17:00
💲 免費

▲以前供奉御真的正殿

全州韓屋村(전주한옥마을)
|梧木臺 오목대|

是朝鮮太祖李成桂打勝仗後，在全州設宴款待宗親的場所。登上梧木臺可俯瞰全州韓屋村，周邊散步道路夜晚時有照明設備，是賞夜景的好去處。

DATA
🕐 24小時　💲 免費
❗ 若要登上梧木臺，請脫鞋。

全州

全州韓屋村(전주한옥마을)

|寒碧堂 한벽당|

寒碧堂是全州八景之一，倚著峭壁建於全州川之上，是朝鮮時期文人雅士交流聚會的場所，被指定為全羅北道有形文化財產第15號，可以脫鞋子進到寒碧堂內參觀。

▲寒碧堂前的全州川

DATA
🕐 24小時　💲 免費

全州韓屋村(전주한옥마을)

|全州鄉校 전주향교|

鄉校是朝鮮時期(西元1392～1910年)的國立教育機構，相當於中學的教育程度。全州鄉校原來在慶基殿附近，西元1603年遷移至此，被指定為史蹟第379號，是韓劇《成均館緋聞》(성균관 스캔들)(KBS電視臺於2010年播映)的拍攝地之一。

DATA
🕐 3～9月09:00～18:00；10～2月
　09:00～17:00。全年無休
💲 免費

|客舍 객사|

客舍是接待中央官員巡視地方時的住處，舍館規模代表當地的富裕程度和官員權威，全州客舍主建築物正面掛有「豐沛之館」匾額，豐沛指的是中國漢高祖劉邦的故鄉，引申之意為全州是朝鮮王朝的發源地。

▲面對客舍，右邊的巷子可前往漫步街、電影街的熱鬧區域。

DATA
🕐 09:00～18:00
💲 免費
➡ 從韓屋村靠近殿洞聖堂的路口對面，往巴士站方向步行約7分鐘的十字路口左轉，之後步行約1分鐘即可看到，面對客舍的右邊巷子可往電影街熱鬧區域(請見P.185)。

國立全州博物館
국립전주박물관

　　國立全州博物館主要針對全羅北道的文化遺產進行蒐集、研究和保存，展區分為戶外展覽場和室內展示館，前者展出百濟時期全羅道地區的各式古墳❶，後者包括了文物古蹟室、美術作品和全羅北道生活室，以及展出飲食模型❷和出版物的民俗室。

　　面對本館，左邊是文化體驗館，1樓的感覺體驗室是專為視障者和小朋友設置的，一般人也可進去參觀，室內陳列多件古蹟文物的複製品❸，可透過觸摸的方式觀察並了解古文物❹；2樓是體驗學習室，只要付基本的材料費，就可以體驗韓國的傳統工藝。

DATA

- http jeonju.museum.go.kr
- 🕐 平日09:00～18:00；週六、日、公休日09:00～19:00。最後入場時間為閉館前1小時；3～10月的週六延長開放到21：00。
- 休 元旦、每週一(若週一為假日，則下一個平常日為休館日)
- 💲 免費
- ➡ 請見P.184全州韓屋村周邊公車站位置圖，在B公車站搭61、644、684、807、814、866號公車，約17分鐘在國立全州博物館(국립전주박물관)站下車，往回走不到1分鐘即到全州博物館外❺，右手邊是全州歷史博物館(전주역사박물관)❻。回程時到對向搭公車即可。

▲感覺體驗室的展示品，只要沒有被玻璃隔開的，都歡迎摸看、敲敲看、聽聽看。

|韓紙博物館 한지박물관|

全州韓紙頗富盛名，這是憑藉著優良原料和純熟技術所製作出來的傳統手工藝，除了是韓屋的糊門用紙，也廣泛應用在服飾用品的製作。位於造紙廠內的韓紙博物館，介紹了韓紙的歷史、應用和未來的發展方向，進入博物館之後，要從右邊樓梯上2樓開始參觀，再順著動線回到1樓，有免費的韓紙製作體驗活動，也可選購各式韓紙紀念品。

DATA

- http www.hanjimuseum.co.kr
- (063)210-8103
- 09:00～17:00
- 休 週日、元旦、中秋及特定假日
- 請見P.184全州韓屋村周邊公車站位置圖，在A公車站搭211、215、221、225、231、235、241、245、251、291號公車，約30分鐘在정비공단(拼音jeong-bi-gong-dan)站下車，過馬路到對面往回走，可以看到韓紙博物館的指示牌 ，步行約10分鐘後在路口右轉，再走約1分鐘可到工廠大門口 。進入造紙廠區前，先在警衛室登記基本資料，進入廠區後往右邊走可到達韓紙博物館 ❺。回程時於去程下車處對面搭公車即可。

▲博物館1樓有免費韓紙製作體驗活動❶：木框裡放著竹簾，先抓著木框上的把手，將木框由上到下、從前到後撈起紙漿，左右搖晃10下，再將木框打開，把竹簾拿起來交給韓紙老師，老師會協助將紙烘乾，韓紙製作就算大功告成。可在旁邊蓋紀念印章❷。

德津公園 덕진공원
全北大學 전북대학교

德津公園是以德津湖為中心而建立的公園，每年4～10月有音樂噴水秀，是全州市民散步休閒去處之一。7、8月德津湖中會開滿荷花，10、11月則有楓紅和淡黃銀杏交錯的景致，旁邊的全北大學，到了秋季也有著美麗楓紅的秋景，學校周邊有許多商家攤販，是年輕人的聚集區域。

DATA

- 06:00～24:00
  - 音樂噴水秀：4、5、9、10月13:30、15:30、17:30、20:00；6～8月13:30、15:30、17:30、20:30
- 免費
- **Step1**：請見P.184全州韓屋村周邊公車站位置圖，在A公車站搭211、215、221、225、231、235、241、245、251、291號公車，約17分鐘在德津公園(덕진공원)站下車後，往前走到巷口右轉❶，再直走約3分鐘即可到達德津公園。
  Step2：走進德津公園後，德津湖旁的大樓就是全北大學校區。
  Step3：如果是先前往全北大學，要提早一站在全北大學(전북대학교)站下車，往前直走約2分鐘的巷口右轉❷，再直走約5分鐘即可到達全北大學正門。

▲德津公園　　　　▲全北大學裡的楓紅

全羅北道전라북도

順遊城市

井邑정읍
Jeongeup

東草
首爾 江陵
水原
安城
清州 安東
大邱 慶州
全州 金海
井邑 晉州 釜山
木浦

位於井邑的內藏山國立公園，是韓國有名的賞楓景點之一，秋天賞楓旺季時，人潮非常多，無論是纜車或接駁車，都有很可觀的排隊人潮，建議早上早一點前往。除了賞楓，內藏山在其他的季節裡，也是韓國有名的登山休閒地。

● 觀光資訊看這裡 ●

井邑官方網站

jeongeup.go.kr

井邑觀光案內所(관광안내소)

井邑綜合觀光案內所

☎ (063)536-6776
➡ 井邑火車站前

內藏山觀光案內所

☎ (063)537-1330
➡ 內藏山售票處旁

以上服務時間：09:00～18:00

↑ 往內藏山
井邑市外巴士公用站
便利商店
井邑火車站

簡圖只標示方向，距離遠近請參考內文

▲井邑綜合觀光案內所

如何前往井邑

從全州：全州前往井邑搭巴士可達(請見右表)。

從首爾：如果要從首爾前往井邑，可搭火車，由龍山火車站出發，建議搭乘高鐵KTX前往，出井邑火車站後，直走約5分鐘到井邑市外公用巴士站前，搭171號公車可前往內藏山。

井邑聯外交通：井邑市外公用巴士站含高速巴士和市外巴士路線。進入巴士站第一間是高速巴士售票處，往首爾要在這裡買票；第二間是市外巴士售票處，往全州要在這裡買票。巴士站外觀易被誤認是停車場或工地，前往時要稍微注意一下。

全州 ◀▶ 井邑(巴士)

製表：Helena

交通工具	市外巴士	
出發站名	全州市外巴士站(P.182)	井邑市外巴士公用站
路線別	全州→井邑	井邑→全州
到達	井邑市外巴士公用站	全州市外巴士站
頭末班車	06:20～22:00	06:30～22:00
班車間距	10～20分	
車資(₩)(成人票價)	3,900	
行車時間	約1小時	

說明：以上資訊若有異動，依當地最新公布為準，前往時請務必再次確認。

井邑火車站(정읍역)

井邑市外公用巴士站
(정읍 시외버스공용터미널)

▲井邑市外公用巴士站的入口處

住宿

井邑市區的巴士站、火車站周邊和內藏山區都有旅館和飯店，一般旅館的住宿費用約一晚40,000₩，但到了賞楓旺季，漲幅幾乎都在20,000₩左右，而且還未必能住到合意的地點！建議如果只前往內藏寺的周邊範圍，不妨住在全州，選擇較多、價格也較便宜，還可以一遊全州。

必遊景點

內藏山國立公園
내장산국립공원

內藏山是韓國有名的賞楓勝地之一，從入口處開始的「楓葉隧道」、一直到內藏寺，每當秋天的楓紅時節，總是擠滿前來朝聖的遊客，絡繹不絕、從早到晚人聲鼎沸。建議早上早一點前往，可稍微減少一點點排隊搭纜車或是接駁車的時間，拍照時也較為方便。

DATA

http naejang.knps.or.kr

🕐 部分區域有些時節不開放，且限制夜間登山，時間為日落後至日出前2小時

💲 大人2,500₩，青少年800₩，小孩400₩
　　纜車：大人單程4,000₩(來回6,000₩)
　　　　　小孩單程2,000₩(來回3,000₩)

➡ **Step1：**從井邑市外公用巴士站前搭171號公車，約20~30分鐘，在內藏山入口底站下車，可使用首爾的T-money卡，車資單程投現1,100₩，刷卡1,050₩。
Step2：下車後走到路口左轉，直走約20分鐘可到內藏山售票處。回程公車會停在下車處往前的兩家便利商店的中間❶。
Step3：從售票處走到搭纜車的地方，約需1個半小時，經過搭纜車處後，再往前走約20分鐘可到內藏寺。

全羅南道전라남도

木浦市
Ｍｏｋｐｏ

목포시

位於韓國西南邊的木浦市，為朝鮮半島最西南端的港口，東邊、北邊與務安郡、南邊和靈岩郡相接，西臨黃海，是一個海洋風情的港口都市，也是遊覽全羅南道海上國家公園和周邊島嶼的轉運點之一。木浦火車站是火車和高鐵ＫＴＸ湖南線南邊的起迄站。

유달산정상
해발228M

作
者
說

木浦的自然條件優異，加上位於日本和
中國之間，從19世紀末開港後，就受到
列強諸國的矚目。木浦和釜山同為海港
城市，但相較於釜山的熱鬧繁華，木浦
散發出來的是較為純樸的寧靜與悠閒。
來到木浦，請登上儒達山，仔細欣賞散
落在周邊海上的大小島嶼，放慢腳步，
慢慢享受大海帶來的無限感動。

木浦市
遊逛戰略

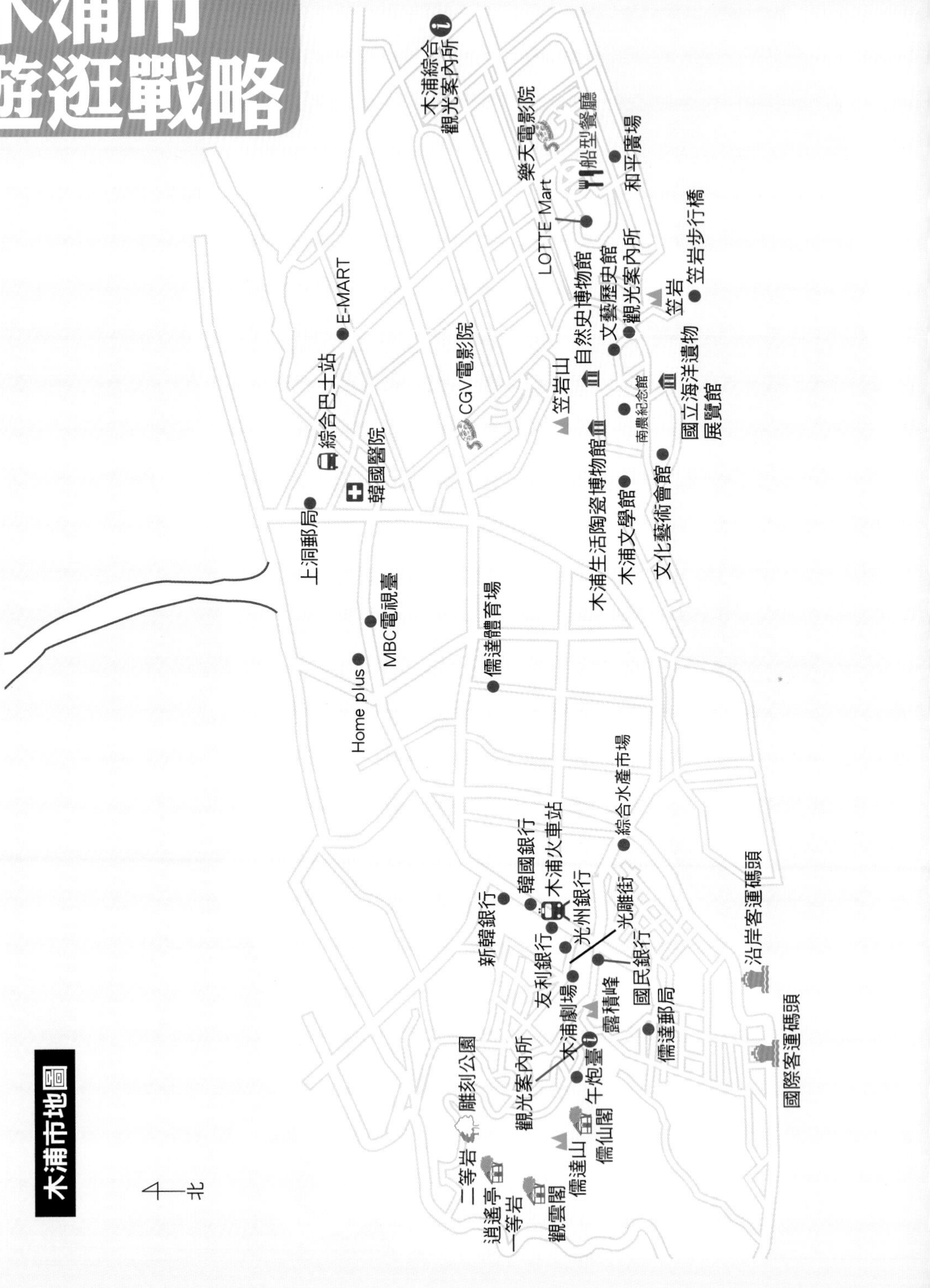

木浦綜合觀光案內所 ℹ️

樂天電影院

船型餐廳

和平廣場

笠岩步行橋

笠岩

LOTTE Mart

自然史博物館 🏛️
文藝歷史館
觀光案內所

南農紀念館

國立海洋遺物展覽館 🏛️

笠岩山 ▲

E-MART

綜合巴士站 🚌

韓國醫院 ✚

CGV電影院 ⛽

上洞郵局

MBC電視臺

儒達體育場

木浦生活陶瓷博物館 🏛️

木浦文學館

文化藝術會館

Home plus

韓國銀行

新韓銀行

友利銀行

光州銀行

木浦火車站 🚉

光雕街

綜合水產市場

國民銀行

露積峰

木浦劇場 ℹ️

露積峰郵局

儒達銀行

沿岸客運碼頭

國際客運碼頭

雕刻公園

觀光案內所

午炮臺

儒仙閣

儒達山 ▲

觀雲閣

一等岩

逍遙亭 ▲

一等岩

北 ↑

木浦市地圖

木浦

行程路線規劃

A 三天兩夜行程

以住宿在巴士站周邊為規劃考量，第一天主攻左邊的儒達山周邊、第二天主攻笠岩周邊，重點是兩個晚上分別都欣賞到不同的光影秀。

第一天(半天)

巴士站 (下午) → 15+15分鐘 🚌🚶 → 儒達山、露積峰 (停留約4小時) → 15分鐘 🚶 → 光雕街 → 15分鐘 🚌 → 回住宿點休息

第二天(整天)

巴士站 (09:00) → 15分鐘 🚕 → 笠岩周邊的博物館 → 🚶 → 笠岩步行橋 (停留約30分鐘) → 10分鐘 🚶 → 和平廣場 → 🚶 → 海中水舞 → 10分鐘 🚕 → 回住宿點休息

第三天(早上)

離開木浦

B 兩天一夜行程

同樣以住宿在巴士站周邊為規劃考量，第一天晚上把握機會欣賞海中水舞秀，第二天遊逛完儒達山再回住宿點領行李、搭巴士離開。

第一天(半天)

巴士站 (09:00) → 10分鐘 🚕 → 笠岩步行橋 (停留約30分鐘) → 10分鐘 🚶 → 和平廣場 → 🚶 → 海中水舞 → 10分鐘 🚕 → 回住宿點休息

第二天(半天)

住宿點 (08:00) → 15+15分鐘 🚌🚶 → 儒達山、露積峰 (停留約4小時) → 15+15分鐘 🚌🚶 → 回巴士站 離開木浦

● 觀光資訊看這裡

木浦官方網站

www.mokpo.go.kr

木浦市觀光案內所
(관광안내소)

木浦綜合觀光案內所
☎ (061)270-8598
➡ 木浦市內東邊

木浦港國際客運碼頭觀光案內所
☎ (061)270-8593
➡ 碼頭大廳內

木浦火車站觀光案內所
☎ (061)270-8599
➡ 木浦火車站內
以上服務時間：09:00～18:00

如何前往木浦 ▶

|巴士|
木浦的綜合巴士站包含高速巴士和市外巴士路線，高速巴士主要以往返首爾為主，而市外巴士則是連結周邊城市和釜山。

|火車|
木浦火車站是一般火車和高鐵KTX湖南線南邊的起迄站，位於市內熱鬧區光雕街和儒達山附近。

|客船|
木浦港分為沿岸客運碼頭和國際客運碼頭，如果要來往木浦周邊的島嶼，例如紅島、黑山島，請在沿岸客運碼頭上下船；但若是來往濟州島，則要在國際客運碼頭上下船。

綜合巴士站
(종합버스터미널)

木浦火車站(목포역)

木浦港國際客運碼頭
(목포항 국제 여객터미널)

木浦沿岸客運碼頭
(목포연안 여객터미널)

首爾▶▶木浦(巴士、火車)

交通工具	高速巴士	高鐵KTX	火車新村號	火車無窮花號
出發站名	高速巴士站(P.36)	龍山火車站(P.39)	龍山火車站	龍山火車站
路線別	湖南線	湖南線	湖南線	湖南線
到達木浦	綜合巴士站	木浦火車站	木浦火車站	木浦火車站
頭末班車	05:30～21:00(深夜22:00、23:00、24:00)	05:20～21:40	08:55～23:10	07:15～18:55
班車間距	30～40分	一天12班	一天2班	一天6班
車資(W)(成人票價)	一般 19,600優等 29,200深夜 32,100	特席 56,700一般 40,500自由 38,500	特席 42,100一般 36,600自由 34,800	一般 24,600自由 19,200
行車時間	約4小時20分	約3小時15分	約4小時56分	約5小時17分

全州、釜山▶▶木浦(巴士)

出發地點	全州	釜山	
交通工具	市外巴士	市外巴士	
出發站名	全州市外巴士站(P.182)	釜山西部市外巴士站(沙上)	
路線別	全州→木浦	釜山→木浦	
到達木浦	綜合巴士站	綜合巴士站	
頭末班車	07:23～18:21(直達)	06:05～17:10	06:30～15:20
班車間距	一天8班	一天12班	一天6班
車資(W)(成人票價)	11,400	27,000	
行車時間	約2小時30分	約3小時40分	約5小時30分

木浦◀▶濟州島(客船)

船名	開船時間		航行時間	票價(W)	休航日	備註
	濟州島出發	木浦返回				
퀸메리(Queen Mary,瑪莉皇后)	16:50	翌日09:00	約5小時半	26,500～274,500	週一	週日濟州島出發時間為16:30
카훼리레인보우(Car Ferry Rainbow,汽車渡輪彩虹號)	08:00	14:30	約5小時半	26,500～56,500	週日	
핑크돌핀(Pink Dolphin,粉紅海豚)	09:30	14:00	約3小時10分	49,650	每月第4個週三	

製表：Helena

※**1.** 以上資訊若有異動，依當地最新公布為準，前往時請務必再次確認。

2. 木浦往返濟州島的粉紅海豚(핑크돌핀)號，屬於小型快船，雖然航程時間較短，但因為船身小、穩定度稍差，遇到風浪較大時會有搭雲霄飛車的感覺，容易暈船的人請考量自身狀況，務必及早做好止吐準備。船上每個座位前，都備有一大把嘔吐袋可供使用。

3. 建議至少於開船時間30分鐘前抵達碼頭。

市内交通

在木浦市區搭公車，可使用首爾的T-money卡，一般公車單程車資投現1,100W，刷卡1,050W，座席公車(座位較多或路線較長)單程車資投現1,500W，刷卡1,450W。若要使用T-money卡，建議在首爾或釜山儲值多一點金額較妥當。

木浦聯外交通站點的公車站位置說明圖

木浦國際客運碼頭	→1號公車 1分鐘→	木浦沿岸客運碼頭	→1號公車 5分鐘→	木浦火車站	→1號公車 15分鐘→	木浦綜合巴士站

走出碼頭大樓，直走約3分鐘到馬路邊，再左轉走約3分鐘，就可看到公車站牌(往木浦火車站的方向)。對向站牌在隔壁條馬路邊。

走出碼頭大樓，右轉走約3分鐘可看到公車站牌(往木浦火車站的方向)，從下船處走過去約1分鐘。對向站牌在碼頭大樓的大門對面。

走出車站後，前方即有公車站牌(往綜合巴士站的方向)。對向公車站牌在右斜前方。

公車站牌寫的是市外巴士站(시외버스터미널)，和綜合巴士站是同一個地點。走出巴士站大門右斜前方有計程車招呼站，過招呼站後有公車站牌(往木浦火車站的方向)。對向站牌在十字路口的右斜對面。

住宿

木浦可以住宿的區域和選擇很多，建議以往返的交通站點位置來選擇，到當地後再找住宿即可。

木浦住宿資訊

住宿區域	國際客運碼頭、沿岸客運碼頭	木浦火車站	綜合巴士站	和平廣場
類型	一般旅館	一般旅館	一般旅館	商務旅館、飯店
價格(₩)(2人一室)	約4萬	約4萬	一般房約3萬、有網路約4萬	約4萬以上
假日加價	不一定，約5千～1萬	不一定，約5千～1萬	不一定，約5千～1萬	不一定，約5千～1萬
刷卡	大多可以	大多可以	大多可以	可
基本設備	基本盥洗用品、電視、飲水機、小冰箱	基本盥洗用品、電視、飲水機、小冰箱	基本盥洗用品、電視、飲水機、小冰箱	比照一般飯店
特別設備或服務	房間內有網路或提供免費飲料	房間內有網路或提供免費飲料	房間內有網路或提供免費飲料	比照一般飯店
是否需要預定	不需要，特殊節慶除外	不需要，特殊節慶除外	不需要，特殊節慶除外	不需要，特殊節慶除外
特殊備註	有些業者並非每日提供打掃服務	有些業者並非每日提供打掃服務，且周邊環境較為熱鬧	有些業者並非每日提供打掃服務	距主要聯外交通站點稍遠
建議選擇	之後要去濟州島	選擇搭火車或ＫＴＸ離開木浦	選擇搭巴士離開木浦	喜歡海景房間且預算較高

※以上資訊若有異動，依當地最新公布為準，前往時請務必再次確認。　　　　　　　　　　　　　　　　　製表：Helena

逛街購物

和平廣場

　　位於木浦東南方的海邊，周邊有各式餐廳和流動夜市攤販，還有笠岩步行橋和海中水舞的演出，是晚上散步休閒的好去處。(P.205另有詳細介紹)

DATA

🕐 餐廳中午就會有營業，但夜市攤販要過傍晚才會陸續開始，所以建議傍晚時間前往，週末假日的晚上尤佳。

➡ 請見P.205和平廣場的前往方式。

光雕街

　　位於木浦火車站對面巷弄內，是木浦市內較熱鬧的區域之一，有服飾店、彩妝保養品店、各式餐廳和酒吧。夜晚時分街燈打開後，成為名副其實的光雕街，是殺時間及逛街的好去處。

DATA

🕐 各店家的營業時間不同，約中午過後到晚上10點之間較為熱鬧。

➡ 請見P.204儒達山的交通方式，KB國民銀行的巷口右轉之後，即是光雕街區域。

|大賣場連鎖店|

韓國三大連鎖賣場都有木浦分店，分別在木浦市區以及和平廣場，想買東西挑離住宿點最近的一家去就好。若要搭公車前往，用店名詢問司機即可。

DATA

▶ **E-MART❶**：

1.公車：在綜合巴士站後面這一側的公車站牌搭13號公車，約2分鐘在E-MART站下車，對面就是E-MART超市。

2.步行：從綜合巴士站過馬路到左斜對面，穿過橋下直走，約15分鐘可到。

❷ Home plus

❶ E-MART

Home plus❷：在綜合巴士站前公車站牌搭1號公車，約6分鐘在3號廣場天橋(3호광장육교)站下車即可。回程在對面搭1號公車即可。

LOTTE Mart❸：在綜合巴士站前公車站牌搭700號座席公車，約15分鐘在LOTTE Mart站下車，往回走到路口，左轉之後走約2分鐘到路口，往右邊就可以看到LOTTE Mart超市(左邊的是樂天電影院)，再步行約2分鐘即到。回程在下車處對面搭700號公車即可。

❸ LOTTE Mart

E-MART(이마트)、Home plus(홈플러스)、LOTTE Mart(롯데마트)營業資訊

店別	分店	賣場營業時間	退稅	直接寄回臺灣	生鮮商品	位置	電話
E	木浦店 (목포점)	10:00～24:00 (元旦、中秋休息)	○ (10:00～24:00)	×	1F	近巴士站 ✉전남 목포시 옥암동 915-25번지	(061)260-1234
H	木浦店 (목포점)	10:00～23:00	×	×	B2	近巴士站 ✉전남 목포시 용당동 1087-1	(061)241-8114
L	木浦店 (목포점)	10:00～24:00	○ (10:00～24:00)	×	1F	近和平廣場 ✉전라남도 목포시 상동 1134	(061)280-2500

※店家的營業內容，依當日實際狀況為準。

製表：Helena

必遊景點

儒達山 유달산
露積峰 노적봉

▲露積峰

位於木浦西邊的儒達山，海拔228公尺，登山的路途大致上都算平穩好走，是木浦市民散步休閒的好去處。登上最高處的一等岩，可眺望木浦市區和散落在周邊的島嶼，讓人有種登高望遠、心曠神怡的感覺。

位於儒達山入口對面的露積峰，相傳是李舜臣將軍(西元1545～1598年)在壬辰倭亂(西元1592～1598年)時，為了擊退倭寇，用糧草覆蓋在露積峰上偽裝成軍糧，引誘敵人誤以為朝鮮的軍隊數量龐大，於是自行撤退。

▲儒達山入口處

DATA

🕐 24小時

➡ **搭1號公車在木浦火車站(목포역)下車，之後步行**

前往：在綜合巴士站前公車站牌搭1號公車，約15分鐘在木浦火車站(목포역)下

車，往車行方向步行約5分鐘，KB國民銀行的巷口右轉❶，再直走約10～15分鐘即可到達入山口。

貼心小叮嚀

建議自備餐點前往。

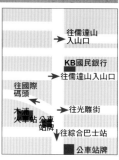

往儒達山入山口
KB國民銀行
往儒達山入山口
往國際碼頭
木浦火車站 公車站牌
往光雕街
往綜合巴士站
🔲 公車站牌

▼登上儒達山的一等岩，可以欣賞木浦市區和周邊島嶼的優美景色。

유달산정상
해발228M

|和平廣場 평화광장|

倚著海邊而建的道路,附近飯店、餐廳林立,是木浦的熱鬧區域之一,可安步當車、沿著海濱散步,或租借腳踏車、協力車,享受海風拂面的舒暢感。海邊有各式小吃攤販,彷彿置身南臺灣流動夜市的感覺,不同的是,臺灣夜市裡常見的牛排、鹹酥雞等肉類美食,在木浦這個海港城市裡,理所當然地被新鮮的海產取代,除了辣炒年糕和魚板等韓國小吃,還能吃到新鮮的生魚片!白天人潮不多較冷清,但愈夜愈有人氣,晚上還有水舞演出,不時可以看到附近居民穿著便裝或睡衣出來散步,有別於一般購物血拼的熱鬧。

DATA

🕐 建議傍晚時間前往,週末假日的晚上尤佳。

➡ 1.請見P.203 LOTTE Mart的交通方式,下公車後往回走到路口,左轉直走約10分鐘即可達;若從LOTTE Mart步行過去約7分鐘。
2.從綜合巴士站搭計程車去,車程約10分鐘,車資約4,000W。
3.請見P.203 E-MART的步行方式,經過E-MART後繼續直走,從綜合巴士站出發,步行約1小時可到。

|海中水舞 춤추는 바다분수|

位於和平廣場中央的海中水舞,配合炫彩奪目的LED燈光和各種節奏風格的音樂,曲目不限韓文,亦有耳熟能詳的外文名曲,讓人不禁隨著音樂節奏大聲高歌或擺動身體,是和平廣場上深受木浦市民喜歡的演出。

DATA

🕐 表演時間每場20分鐘。平日20:00、20:40、21:20;週末20:00、20:40、21:20、22:00

🚫 週一

➡ 請見上面前往和平廣場的方式,水舞位於和平廣場旁的海上。

貼心小叮嚀

1.演出時間會依日落時間有所變更,如遇颱風、雨天和強風時,表演會取消。
2.若風速每秒超過6m以上,則會終止演出。

|笠岩步行橋 갓바위 보행교|

笠岩位於木浦海邊,是自然形成的岩石,因外型像是兩個帶著斗笠的人形而得名,為木浦八景之一,2009年被指定為文化遺產天然紀念物第500號,木浦市政府在周圍海面上搭建了一座步行橋,白天可清楚觀看笠岩四周,晚上配合著五彩繽紛的LED燈光,很有浪漫的氛圍。

DATA

🕐 4~10月06:00~23:00;11~3月07:00~21:00

➡ 請見上面前往和平廣場的方式,面對海邊往右轉,沿海邊步行約10分鐘即可到達。

遊韓國行程規劃指南　　　　生活技能080

作　　　者	Helena
攝　　　影	Helena
韓文審定	李美林(이미림)老師(國立台師大進修推廣學院韓語快易通課程)
	金延珍(김연진)

總 編 輯	張芳玲
書系主編	張敏慧
特約編輯	梁雲芳
美術設計	何仙玲
修訂編輯	徐湘琪
修訂美編	IRIS Fox

太雅出版社
TEL：(02)2836-0755　FAX：(02)2831-8057
E-MAIL：taiya@morningstar.com.tw
郵政信箱：台北市郵政53-1291號信箱
太雅網址：http://taiya.morningstar.com.tw
購書網址：http://www.morningstar.com.tw

發 行 所	太雅出版有限公司
	台北市11148忠誠路一段30號7樓
	行政院新聞局局版台業字第五○○四號

承　　製	知己圖書股份有限公司　台中市407工業區30路1號
	TEL：(04)2358-1803

總 經 銷	知己圖書股份有限公司
	台北公司　台北市106羅斯福路二段95號4樓之3
	TEL：(02)2367-2044　FAX：(02)2363-5741
	台中公司　台中市407工業區30路1號
	TEL：(04)2359-5819　FAX：(04)2359-5493
	郵政劃撥　15060393
	戶　名　知己圖書股份有限公司

廣告刊登	太雅廣告部
	TEL：(02)2836-0755　E-mail：taiya@morningstar.com.tw

初　　版	西元2011年06月10日
初版二刷	西元2012年02月15日
定　　價	330元

（本書如有破損或缺頁，請寄回本公司發行部更換，或撥讀者服務專線04-23595819）

ISBN　978-986-6107-12-2
Published by TAIYA Publishing Co.,Ltd.
Printed in Taiwan

● 編輯室：
本書內容為作者實地採訪的資料，書本發行後，開放時間、服務內容、票價費用、商店餐廳營業狀況等，均有變動的可能，建議讀者多利用書中的網址或電話查詢最新的資訊，也歡迎實地旅行或是居住的讀者，不吝提供最新資訊，以幫助我們下一次的增修。

聯絡信箱：taiya@morningstar.com.tw

國家圖書館出版品預行編目(CIP)資料

遊韓國行程規劃指南
Helena著.攝影. -- 初版. -- 臺北市：太雅，
2011.06
　　面；　公分. -- (So easy ; 80)
ISBN 978-986-6107-12-2(平裝)
1.自助旅行　　2.韓國
732.9　　　　　　　　　　　100003742

這次購買的書名是：
遊韓國行程規劃指南

(生活技能 080)

以下問題有星星符號*者，必填，並以正楷填寫清晰。

* 01 姓名：＿＿＿＿＿＿＿＿＿＿＿＿＿　性別：□男 □女　生日：民國＿＿＿＿＿年

* 02 您的電話：＿＿＿＿＿＿＿＿＿＿＿＿＿＿＿＿＿＿＿＿＿＿＿＿＿＿＿＿＿＿＿＿

* 03 E-Mail：＿＿＿＿＿＿＿＿＿＿＿＿＿＿＿＿＿＿＿＿＿＿＿＿＿＿＿＿＿＿＿＿

* 04 地址：□□□□□＿＿＿＿＿＿＿＿＿＿＿＿＿＿＿＿＿＿＿＿＿＿＿＿＿＿＿＿

05 您的旅行習慣是怎樣的：
□跟團　　　　　□機＋酒自由行　　□完全自助　　　□旅居
□短期遊學　　　□打工度假

06 通常在一趟旅行中，您的購物預算是多少(新台幣)：
□10,000以下　　□10,000～30,000　　□30,000～100,000　　□100,000以上

07 您最近3次前往旅行的地方分別是(空格處請填寫城市)：
□台灣＿＿＿＿＿＿＿　　□日本＿＿＿＿＿＿　　□韓國＿＿＿＿＿＿＿
□中國大陸＿＿＿＿＿　　　　□美國＿＿＿＿＿
□加拿大＿＿＿＿＿＿　　□歐洲＿＿＿＿＿＿　　□東南亞＿＿＿＿＿＿
□紐西蘭＿＿＿＿＿＿　　□澳洲＿＿＿＿＿＿　　□度假小島＿＿＿＿＿
□其他＿＿＿＿＿＿＿＿＿＿＿＿＿＿＿＿＿＿＿＿＿＿＿＿＿＿＿＿＿＿

08 您通常跟怎樣的旅伴一起旅行：
□父母　　　　　□另一半　　　　□朋友2人行　　□跟團
□親子　　　　　□自己一個　　　□朋友3～5人

09 在旅行過程中最讓你困擾的是：
□迷路　　　　　□住宿　　　　　□餐飲　　　　　□買伴手禮
□行程規劃　　　□語言障礙　　　□語言障礙　　　□突發意外

10 您需要怎樣的旅館資訊：
□星級旅館　　　□商務旅館　　　□一般旅館　　　□民宿
□青年旅館　　　□搭配機票套裝行程的旅館

11 您認為本書哪些資訊重要：(請選出前三項，用1、2、3表示)
□行程規劃　　　□景點　　　　　□住宿　　　　　□購物逛街
□餐飲　　　　　□貼心提醒　　　□地圖　　　　　□教戰守則

12 如果您是智慧型手機或平板電腦的使用者，會購買旅遊電子書嗎？
□會　　　　　　□不會

13 如果您使用旅遊電子書，您最期待哪些功能呢？ (請選出前三項，用1、2、3表示)
□地圖　　　　　□GPS定位　　　□交通　　　　　□住宿
□美食　　　　　□景點　　　　　□購物　　　　　□其他＿＿＿＿＿＿＿

14 若你有使用過電子書或是官方網路提供下載之數位資訊，真正使用經驗及習慣？
□隨身攜帶很方便且實用　　　　□國外上網不方便，無法取得資訊
□電子工具螢幕太小，不方便閱讀　□其他＿＿＿＿＿＿＿＿＿＿＿＿＿

15 計畫旅行前，您通常會購買多少本參考書：＿＿＿＿＿＿＿＿＿＿＿＿本

16 您最常參考的旅遊網站、或是蒐集資訊的來源是：

＿＿＿＿＿＿＿＿＿＿＿＿＿＿＿＿＿＿＿＿＿＿＿＿＿＿＿＿＿＿＿＿＿

17 您習慣向哪個旅行社預訂行程、機票、住宿、或其他旅遊相關票券：

＿＿＿＿＿＿＿＿＿＿＿＿＿＿＿＿＿＿＿＿＿＿＿＿＿＿＿＿＿＿＿＿＿

填表日期：＿＿＿＿年＿＿＿＿月＿＿＿＿日

讀者回函
掌握最新的旅遊與學習情報，請加入太雅出版社「旅行與學習俱樂部」

很高興您選擇了太雅出版社，陪伴您一起享受旅行與學習的樂趣。只要將以下資料填妥回覆，您就是「太雅部落格」會員，將能收到最新出版的電子報訊息！

填問卷，送好書
凡填妥問卷(星號*者，必填)，前1,000名寄回、或傳真回覆問卷讀者，即可獲得太雅出版社「布偶DIY」系列《天使娃娃與裝飾》或《農場裡的絨毛玩偶》一本。活動時間為2012/01/01～2012/12/31，寄書先後順序以郵戳為憑。

二選一，請勾選
□

□

太雅部落格
http://taiya.morningstar.com.tw

（請沿此虛壓摺）

| 廣　告　回　信 |
| 台灣北區郵政管理局登記證 |
| 北 台 字 第 1 2 8 9 6 號 |
| 免　貼　郵　票 |

太雅出版社　　編輯部收

台北郵政53-1291號信箱
電話：(02)2836-0755
傳真：(02)2831-8057
（若用傳真回覆，請先放大影印再傳真，謝謝！）

（請沿此虛壓摺）

太雅

太雅部落格 http://taiya.morningstar.com.tw

有 行 動 力 的 旅 行 ， 從 太 雅 出 版 社 開 始